KB235478

미디어와 쾌락

미디어와 쾌락

ⓒ 인물과사상사, 2003

초판인쇄	2003. 2. 24.
초판발행	2003. 2. 26.
초판3쇄	2006. 7. 26.

지 은 이	강준만 외
편 집	홍석봉 · 김학수
마 케 팅	이태준
펴 낸 이	강준우
관 리	정현주 · 박진영
디 자 인	김정현
펴 낸 곳	인물과사상사

등 록	1998. 3. 11(가제17-204호)
주 소	서울시 강동구 성내동 434-10 광명빌딩 3층
전 화	02)471-4439
팩 스	02)474-1413
우 편	134-600 서울 강동우체국 사서함 164호

E-mail	insa@inmul.co.kr
홈페이지	http://www.inmul.co.kr

값 10,000원

ISBN 89-88410-69-6 03300

넷세대는 미디어를 어떻게 소비하는가?

미디어와 쾌락

강준만 외

이 책은 좀 별난 책이다. 내가 전북대학교에서 2002학년 2학기에 맡은 3개의 강좌를 수강한 학생들에게 요청한 리포트를 중심으로 하여 만들어진 책이다. 모두 학생들이 쓴 66편의 글과 내가 쓴 9편의 글로 구성됐다.

왜 나는 이런 책을 내게 되었는가? 나는 올해로 전북대에서 일한 지 15년째가 되는데, 매년 매학기마다 "학생들이 애써 쓴 리포트를 그대로 사장시키는 게 아깝다"는 생각을 하곤 했다. 늘 학생들의 리포트에 나의 평가와 감상을 써서 학생들에게 돌려주었지만, 학생들은 자신의 리포트를 소중하게 생각하진 않는 것 같았다.

나는 학생들에게 리포트 작성 과제를 낼 때마다 늘 '표절 금지'를 강조해 왔다. 아예 표절을 원천적으로 할 수 없는 주제의 리포트 작성을 요청하기도 했다. 학생들 스스로 쓴 리포트엔 때로 그 어떤 학술서에서도 볼 수 없는 미디어에 대한 귀중한 고찰과 더불어 소중한 정보가 담겨 있곤 했는데, 그걸 그대로 흘려보내고 사장되게끔 하는 걸 어찌 안타깝게 생각하지 않을 수 있으랴.

그러나 늘 안타깝다는 생각만 했을 뿐 학생들의 리포트를 본격적으로 책으로 묶어낼 생각은 하지 못했다. 이런 책을 꼭 내야겠다는 결심을 하게 된 건 내가 최근에 출간한 『한국 현대사 산책』을 집필할 때였다.

우리는 역사가 늘 '엘리트의 역사' 일 뿐이며 민중의 삶은 담겨 있지 않다는 불만을 토로하곤 한다. 언론과 미디어 역사의 경우엔 어떨까? 그것도 마찬가지다. 언론과 미디어에 대해 통제를 시도하는 쪽과 저항을 하는 쪽의 엘리트들, 또는 큰 업적을 이룬 엘리트들에 관한 기록만 있을 뿐이다.

나는 『한국 현대사 산책』을 쓰면서 1970년대의 한국인들이 언론과 미디어를 어떻게 이용 또는 소비했는지 그걸 꼭 밝히고 싶었지만 그것에 관한 기록은 거의 전무했다. 당시 나의 이용 및 소비 행태를 중심으로 내 마음대로 창작해 쓸 수는 없는 노릇이었으니 그건 비켜갈 수밖에 없었던 것이다.

굳이 멀리 가지 않더라도 지금으로부터 수십 년 후의 연구자들이

2002년의 한국인들이 언론과 미디어를 어떻게 이용 또는 소비했는지 알고 싶어한다면 무슨 자료를 참고해야 할까? 유감스럽게도 그때에도 자료는 없을 것이다. 지금 이 순간에도, 그 누구도 보통 사람들의 언론과 미디어 이용 또는 소비 행태엔 주목하지 않기 때문이다. 단지 마케팅 조사의 일환으로 계량화된 통계 수치는 있을망정 보통 사람들의 증언은 없다. 아니 보통 사람들도 자신의 소비 행태에 대해 무관심하게 살아가고 있다. 나는 그래선 안 되겠다는 생각이 들었고, 나래도 학생들의 리포트를 통해서나마 기록을 남겨 놓자는 생각을 하게 되었다.

이 책은 오늘날의 사람들에겐 그리 매력적인 책은 아닐 것이다. 모두가 다 알고 있고 실천하는 일들을 이용자/소비자 자신이 기록한 것에 지나지 않기 때문이다. 물론 20대 초반의 젊은이들 위주의 기록이기 때문에 나이가 더 먹은 세대는 이 책에서 무언가 크게 느끼고 배우는 게 있을 수도 있겠지만, 나는 지금 당장의 효용보다는 먼 훗날의 연구자들로부터 내가 아주 중요하고 의미 있는 일을 했다는 평가를 받는 것에 더 큰 기대를 걸련다.

그러나 언론학도들에겐 '수용자 연구'의 차원에서 지금 당장 좀 다른 의미를 가질 수도 있을 것이다. 외국 이론의 섭렵은 꼭 필요하다. 그러나 우리 현실을 보면 그 다음 단계로 나아가지 않고 내내 외국 이론을 이해하고 소개하고 누가 더 많이 아나 하는 경쟁만 하는 걸로 날을 새는 게 아닌가 하는 생각이 들 때가 많다. 한국과 우리 자신에 대한 연구가 부족하며 서구 중심적인 이론 강박증에 시달리고 있는 게 아니냐는 것이다.

그런 점에서 이 책은 언론학도들에게 좋은 자극을 줄 수도 있으리라 믿는다. 공부하는 사람들에게 '뻔한 것 아니냐'는 자만은 금물이다. 너무도 익숙해 미처 생각해보지 못하던 것을 익숙지 않다는 듯 정색을 하고 살펴보는 건 재미도 있고 의미도 있는 일일 게다.

그간 수많은 지식인들이 우리의 일상적 삶을 지배하는 미디어의 가공할 위상과 영향력에 대해 많은 말을 해왔지만, 그 어떤 이론이나 수사적 표현보다는 미디어 이용자/소비자 자신의 육성을 통해 그 위상과 영향력을 음미해보는 건 좀 색다른 느낌을 줄 것이다. 나는 학생들의 리포트를 읽으면서 내가 잘 안다고 생각했던 것에 대해 새로운 느낌을 받으면서 그 사안에 대한 나의 이해를 심층화하는 기쁨을 맛보았다. 내가 느낀 그런 기쁨을 공유하는 분들이 많기를 바란다.

이 책은 모두 10개의 장으로 구성돼 있다. 제1장 일상적 삶에서의 미디어, 제2장 일상적 삶에서의 인터넷, 제3장 일상적 삶에서의 휴대폰, 제4장 드라마와 영화의 마력, 제5장 미디어 비평과 비판, 제6장 '비판적 시각'의 명암, 제7장 지방언론의 현실과 전망, 제8장 문화간 커뮤니케이션, 제9장 영어와의 전쟁, 제10장 외국 미디어 연구 등이다.

이 책의 제목이 말해주듯이, 이 책의 주요 테마는 '쾌락'이다. 넓은 의미에서의 쾌락이다. 사람들은 정보 욕구 때문에 뉴스를 본다고 말하지만, 그러한 정보 욕구마저도 전부는 아닐망정 상당 부분 쾌락 추구와 무관치 않은 것임을 어찌 부인할 수 있으랴. 지방언론의 문제마저도 그것이 당면하고 있는 가장 큰 장벽이 대중의 쾌락 추구욕이 아니던가. 이 책에 실린 글들은 그 점을 가슴이 시릴 정도로 적나라하게 증언해줄 것이다. '미디어와 쾌락'이라는 주제에 대해 관심이 있는 분들은 내가 참여해서 낸 『시사인물사전 9: 쾌락의 독재』(인물과사상사, 2000)라는 책을 참고하시는 것도 좋겠다.

나는 이 작업을 하기 위해 컴퓨터 앞에서 20여일 내내 하루 종일 밤 늦게까지 매달려 지내야 했다. 왜 그렇게 오랜 시간이 걸렸는가? 무엇보다도 글을 '압축'하는 데에 가장 많은 시간이 소요되었다. 제10장에 실린, 대학원생들이 쓴 리포트는 각기 200자 원고로 100매가 넘는 것들이었지만, 그 핵심적인 내용만 10분의 1 분량으로 소개하는 데에 그치고 만 게 아쉽다. '압축'과 더불어 글의 흐름을 매끄럽게 만드느라 내가 글에 손을 댄 것에 대해 학생들의 너그러운 이해를 바라마지 않는다. 책으로 내기로 한 이상 독자들을 배려하는 것이 중요하다는 점에 동의하여 주시리라 믿는다.

좋은 리포트를 써준 학생들에게 고맙다는 말씀을 드려야겠다. 그간 '인터넷 짜깁기'로 리포트를 써온 학생들에게 나의 색다른 주문은 적잖은 고통을 안겨주었을 것이다. 특히 내 강의를 듣겠다고 '교환 학생 프로 그램'을 이용해 멀리 부산과 진주에서 전주를 찾아준 학생들껜 더욱 그렇다.

나는 이 작업을 하는 내내 즐거웠다. 학생들의 재미있는 주장과 표현에 혼자 크게 웃은 적도 한두 번이 아니었다. 다른 일반 독자들도 나의 그런 즐거움을 공유할 수 있다면 더욱 좋겠다. 앞으로 매학기마다 각기 주제를 달리해 학생들의 리포트를 책으로 묶어내 '역사적 기록'으로 남기려는 작업을 하려는 '야심'을 품고 있는 지라, 이 책에 대한 일반 독자들의 반응을 기대하지 않을 수 없다.

2003년 1월
강준만 올림

미디어와 쾌락

머리말: '미디어 소비' 에 대한 기록이 필요하다

제1장
일상적 삶에서의 미디어

미디어와 같이 보내는 24시간의 기록 ①

김태정 _ 경제학부 3학년, tjkim7@hanmail.net

07:00 휴대폰 알람이 울린다. 난 비몽사몽으로 알람을 끄고 다시 쓰러진다. 5분 후 다시 휴대폰 알람이 울린다. 다시 끄고 쓰러진다. 옆방의 TV 볼륨이 너무 커 신경 쓰이지만 내 몸은 너무 무겁다.

07:55 휴대폰에서 〈사계의 봄〉이 울려 퍼진다. 저 멜로디는 어머니 전환데 ……. 늘 하시는 말씀. "해 떴다. 여태껏 자냐? 빨리 일어나 밥 먹고 학교가~ 밥 굶지 말고 잘 먹고 다녀~." 난 몸을 일으켜 컴퓨터 전원 버튼부터 누르고 TV를 켠다. 항상 아침 TV는 나의 아침과는 다르게 역동적이고 빠르게 진행된다. 증권투자를 하는 나는 항상 일어나자마자 컴퓨터를 켜면 미국 다우지수와 나스닥지수를 먼저 보고 전날과 밤새 일어난 세계 증시동향, 국제 환율동향, 거시경제지표 등을 확인한다. 요즘 부시가 이라크를 들들 볶아서 이라크의 '유엔 무기사찰 수용안'을 받아냈지만 아버지를 닮아서 그런지 전쟁놀이를 아주 좋

아하는 부시는 그래도 쳐들어간다고 오기를 부린다. 수많은 매스미디어를 통해 알 수 있듯이 국제 사회가 미 행정부의 중동에 대한 강경 정책을 비판하는 데도 왜 부시는 고집을 부리는지 ……. 부시가 가장 맘에 안 드는 부분은 세계 경제의 심장인 미 경제가 9·11 테러 이후 지속적인 불안정을 보이는 데도 불구하고 위와 같이 경제에 고춧가루 뿌리는 짓을 한다는 것이다. ‘주식시장이 안 좋으니깐 내가 흥분했네 …….’

　오늘은 미시경제학 강의가 있다. 우리 홍 교수님은 한 학기에 4번의 시험과 거의 10번의 리포트로 수강생들의 한 학기를 아주 ‘알차고’ ‘몽롱하게’ 만들어주신다. 벌써 1번의 시험을 보고 3번의 리포트를 제출했다. 홍 교수님 홈페이지를 열 때마다 어떤 과제가 올라가 있을까? …… ‘이젠 익숙해졌다.’ …… 그러나 오늘 홍 교수님 홈페이지를 여는 순간 …… 아니, 이게 웬일인가? 지난주에 시험을 봤다고 이번 주는 과제가 없는 걸까? 오랜만에 아침부터 내 얼굴에 생기가 돈다.~ 아무튼 이번 주는 좀 여유로운 한 주가 되겠구만 …….

　08:48 미래에셋증권 HTS(홈 트레이딩 시스템)를 실행시키고 ……. 아홉시! 드디어 오늘 장이 시작된다. 예상대로 지난주 연일 하락하던 다우지수 덕에 하락 출발이다. 내 주식들도 힘이 없다. 이 순간 제일 원망스러운 놈은 워싱턴 D.C.에 사는 원숭이를 꼭 닮은 바로 그 놈이다. 모니터 안에 수많은 그래프와 마치 무너진 댐에서 물 쏟아지듯 흘러 들어오는 기사들 ……. 잠시 혼란스러워진다.

　09:37 신문 사이트 검색 중 자연스레 눈이 가는 기사 발견. 며칠 전 나온 기사. ‘C양 국회의원들에게 10여회 성상납’에 관한 기사들이

살이 통통하게 부풀려 나오고 있다. C양이 매니저의 설득으로 스폰서 유치를 위해 정치인을 비롯한 여러 유력 인사들에게 몸을 바쳤다는 것이다. C양은 그 후 자책감으로 연예 활동을 중단했다고 ……, 궁금하다. C양이 누구지? 역시 나도 미디어에서 이런 것을 접하면 지나칠 수 없다. 왜? 나도 사람이기 전에 동물이기 때문이다. 그런데 이 기사가 검색 탑 5에 드는 걸 보면 나뿐 아니라 아주 많은 사람들이 검색하는 것을 알 수 있다.

그런데 좀 의심이 가는 부분이 있다. 연예인들 비리 ……. 아니 문란한 성을 얘기해야 하나 ……. 아무튼 이런 일들이 O양과 P양 사건 이후에 많은 관심을 받고 있지만 사실 그 전부터 다수 대중들은 알고 있었고 소수 특권층은 경험하고 있었던 일이 아닌가 싶다. 뭐 그리 큰일이라고? 혹시 이거 또 정치적인 쇼가 아닌가 싶다. DJ 아들들 문제, 대북 자금 지원 등 대선에 악영향을 주는 일들로부터 미디어를 통해 대중들의 관심을 조금이나마 다른 데로 돌려보려는 식상한 쇼 아니야?

솔직히 나는 드라마보다 정치판이 더 재미있다. 논픽션이 픽션보다 더 흥미진진하다. 어찌나 서로 째려보면서 헐뜯고 못 잡아먹어서 안달인지 ……. 가끔 국회 본회의장에서 옷 잡고 싸우는 걸 보면 나는 절대 지나치지 않고 즐겁게 본다(솔직히 우리 정치문화에 대해 안타까움을 잃은 지 오래다). 오죽하면 유럽 Y셔츠 광고에 우리 국회의원들이 주연으로 나올까? '우리 의원들 참으로 자랑스럽다.' …… 그러면서 선거철만 되면 고향 와서 어찌나 아양을 떠는지 ……. 아주 구여워 죽겠다. …… '아이구 세금 아까워.' …… 내가 어릴 때부터 왜 어른들이 썩을 놈들, 염병할 놈들 하며 정치인들에게 손가락질을 했는지 갈수록 동감하고 있다.

가끔 이런 생각을 한다. 영화감독이나 드라마 연출 출신 정치인이 많이 생기면 우리가 언제든 미디어를 통해 좀더 재밌는 구성의 시나리오를 감상할 수 있지 않을까? 아니, 내가 방송국에서 일 좀 하다가 정치판에 뛰어들어볼까? 그러면 확실히 엽기 대한민국 국회를 만들 자신 있는데 …….

11:36 미시경제학 강의 중. 여자 후배한테 문자가 온다. "오빠~ 강의 중이져? 밥 사줘여~ 아라쩌? 상대 1호관 앞에서 기다릴께여^^~" (언제부턴가 우리 소중한 한글을 지들 맘대로 꼬아 쓴다). 점심 전에 여자들의 문자가 많이 온다. 왜냐? 나를 물주로 생각하기 때문이다. 나쁜 아니겠지 ……. 하지만 난 가려서 밥 사준다. 정신적 교감이 가는 애들한테만 ……. "날 물로 보지마!!"

12:33 기덕원 앞. 줄이 길게 늘어서 있다. 학교 신문이 보인다. '교수, 학생들 서울로 유출 심각' 뭐 이런 일은 더욱 증가할 것이다. 규모의 경제화가 심화될수록 더욱 늘어나는 게 뻔하다는 생각이다. 서울에서 학교를 다녀본 나는 별 차이를 못 느끼겠는데 ……. (내가 오후반이어서 그랬나 ……. 아니 착실히 오전부터 학교에 나갔어도 별 차이를 못 느꼈을 것이다). 어디서든 열심히 하면 되지. 오히려 캠퍼스 분위기는 여기가 더 좋다! 1년 내내 축제하는 것 같다. 서울로 가려는 분위기가 사람들을 동요시키는 걸까? 아니 사회 전반의 구조적인 문제가 더 크겠지.

14:52 통화금융론 시간. 우리의 박 교수님, 언제나 그랬듯, 하나도 웃기지 않는 유머로 학생들의 관심을 유도한다. 난 휴대폰 무선 인터넷으로 오늘 주식시장 마감 상황을 확인한다. 예상보다 덜 떨어졌다.

난 매도와 보유의 갈림길에 섰다. 장 마감 후 애널리스트들의 의견을 본 뒤 생각해야겠다.

15:35 강의가 거의 끝날 무렵, 내 휴대폰이 작은형 휴대폰 번호가 찍힌 채 3차례나 나를 흔든다. 급한 일이라 생각하고 난 잠시 강의실 밖으로 나가 전화를 받지만 ……. "앙~아~앙~" 작은형이 아니라 너무도 귀여운 내 두 살짜리 조카 다은이가 단축 다이얼을 수차례 누른 것이다. "다은아~ 삼촌이야~ 잘 있었어?" "앙~아~앙~찌찌~" 다은이는 통신 매체로는 나랑 커뮤니케이션이 안 된다. 직접 봐야지 눈 마주치고 웃곤 한다.

16:56 매스컴 연구방법론 쉬는 시간에 아버지께서 전화하셨다 "10월 생활비랑 용돈 우리은행으로 입금시켰다. 밥 잘 먹고 학교 열심히 다녀라." 아빠한테 전화 받는 내용 중 내가 가장 흐뭇해하는 부분이다.(그런데 나이 먹을수록 부담이 커지는 건 왜일까?)

18:25 헬스장이다. 행정병 출신인 난 입대 전보다 전역 후 몸이 더 왜소해졌다. 그래서인지 TV에서 건장한 체격의 남자들을 보면 부럽다. 그래서 계속 미루다가 결심하고 일주일 전부터 대중가요가 쩌렁쩌렁 울리는 헬스장에서 난 '낑낑' 대고 있다.

20:45 내 원룸이다. 얼마 전 『개미』를 써서 '떼돈'을 벌었던 베르나르 베르베르가 쓴 『뇌』 1·2권과 『어린왕자』 영문판 및 테이프를 인터넷 서점에서 클릭하고 결제했다. 옥션에서는 트레이닝복과 카펙을 샀다. 온라인 쇼핑을 할 때 가끔 멋있는 그래픽 이미지에 속곤 했으나

요즘은 요령을 터득한 탓인지 생활화돼서 신뢰도가 많이 상향조정됐다. 우선은 시중보다 가격이 싸고 다량다종의 검색 편의성 때문에 나는 인터넷 쇼핑을 애용한다. "인터넷 사업자들~ 소비자들 우롱할 생각하지 말아요. 열 받으면 소비자보호원에 일러버릴 거예요!!"

21:17 난 군것질하는 동안 9시 뉴스를 시청한다. 9시 뉴스는 항상 내게 신선하고 때로는 식상한 새로움(?)을 건네준다. 근데 요즘 9시 뉴스를 보면 편두통이 온다. 가끔은, 산에 가서 살까? 하고 공상에 잠긴다.

22:21 작년부터 일부에서 유행인 '시트콤을 영어로 보기'를 인터넷으로 본다. 한국 사람이라 더 친근감이 가서인지 다른 외국어 영상물보단 이해가 빠르다. 토익 책을 보는 것보다 이런 방법으로 영어 실력을 쌓아 가는 게 더 능률적이라고 난 생각한다.

23:02 금융자격증을 따려고 인터넷 학습을 듣는다. 조그마한 윈도우 안에서 열심히 강의하는 강사가 조금은 답답해 보인다. 오늘은 접속자 수가 많아서인지 끊김 현상이 나타난다. 그만큼 경쟁자 수가 많다는 얘기다. '열심히 해야지.'

24:51 난 자기 전에 항상 국내 증권정보 검색과 함께 미국 다우 사이트와 나스닥 사이트에 접속해 실시간 시황을 본 후 바로 메일을 확인한다. 그간 너무 떨어진 다우지수가 오랜만에 고개를 든 모습이다. 그러나 단기적 기술적 반등이라 생각한다.
군대 후임한테 메일이 왔다. 제대했단다. "형 담주에 서울 오면 여자 하나 해줘~”이게 주제다. (그런데 여자가 물건이냐? 하나 해주게? 정신 불나간 놈^^). 왜 주위에서 나보고 여자 소개시켜 달라고 그러는지 모르겠다. 이렇게 순진한 나한테 ……. 근데 이 녀석이 착실한 모범생인데 갑자기 왜 그러지? 갑자기 사회인이 돼서 잠시 ‘헤까닥’ 했나? 하지만 난 걱정하지 않는다. 이놈도 언젠가는 정신을 차려 대한민국의 건실한 구성원이 되리란 걸 나는 믿는다. ‘아~암. 서로 믿어야지 모든 게 긍정적으로 돌아가는 것이지 …….’

졸린다. 자야지. 오늘도 이렇게 나는 24시간 돌아가는 매스미디어 톱니바퀴들 속에서 하나의 작은 톱니로써 하루 종일 돌기도 하고 쉬기도 했다. 지금 이 순간도 나는 순도 99.9% 매스미디어 바다에서 숨쉬고 있나 보다.

미디어와 같이 보내는 24시간의 기록 ②

장 훈 _ 무역학과 2학년, zinijang@hanmail.net

어느 월요일 아침. 이런, 벌써 8시가 넘었다. 월요일부터 금요일까지 1교시 수업을 듣는 나는 졸린 눈을 비비며 일어난다. 시간이 얼마 남지 않았으니 오늘도 아침밥은 굶어야겠다. 대충 씻고 차에 탄다. 오디오를 켠다. 오디오에선 요즘 내가 즐겨 듣는 에미넴의 신곡이 흘러 나오고 있다. 미국에서 출시된 지 한 달도 안 된 아주 따끈따끈한 노래다. 가사도 제대로 모르지만 들리는 대로 따라 불러본다.

겨우 늦지 않게 학교에 도착했다. 강의실에 들어서니 이미 많은 학우들이 자리를 가득 채우고 있다. 강의명은 영문수필이다. 오늘도 예습을 못한 나는 100분 동안을 숨죽이며 지내야 할 것이다.

겨우 수업이 끝났다. 내가 바로 뛰어가는 곳은 사회대 전산실. 인터넷에 접속하여 미국 메이저리그 사이트에 들어가 본다. 오늘 최희섭은 어떻게 됐지? 김병현은? 와일드카드 경쟁은 어떻게 됐을까? 기대가 크다. 지금 지구 반대편에서 행해지고 있는 경기를 이곳에서 바로바로 확인해 볼 수가 있다.

어느 정도 확인을 해 보고선 또다른 창을 하나 켠다. 야후를 통해 세계 뉴스를 검색해보고 산타페 자동차 동호회에 들어가 본다. 산타페 동호회엔 전국 각지의 동호회원들이 활동하고 있다. 놀라운 일은 이들뿐만이 아니라는 것. 호주에 살고 있는 동호회원이 있는가 하면 가까이엔 일본, 멀리는 유럽 또는 미국에 살고 있는 동호회원들이 활발한 활동을 하고 있다. 오늘은 게시판에 미국에서 현대자동차가 마력수를 허위 기재했다가 경고를 받았다는 글이 올라와 있다. 이 글은 미국에 계시는 동호회 회원이 직접 올려 준 글이다. 현대가 위기를 겪을 게 분명해 보인다.

인터넷 서핑을 마치고 나서 다시 집으로 향한다. 오전 수업을 마치고 나면 오후까진 어느 정도 시간이 있기 때문이다. 집에 도착해서 못 먹은 아침을 준비한다. 어디선가 전화가 온다. 반가운 목소리다. 미국에 살고 계시는 삼촌이다. 지난번 9 · 11 테러로 할머니의 걱정이 크셨는데 안부 전화를 하신 것이다.

그때도 뉴욕에 계신 삼촌과 전화 통화를 하면서 미국의 세계무역센터가 무너지는 것을 보았다. 그 당시 삼촌께선 일을 하고 계셨는데 텔레비전을 못 보신 모양이었다. 뉴욕에서 테러가 일어났다는 뉴스 속보에 걱정이 되어 전화를 걸었더니 삼촌은 다른 나라 일 말하듯 하셨다. 오히려 우리가 전화를 통해 생중계를 해주고 있었으니 말이다. 내가 삼촌에게 "어, 빌딩 무너진다~!!"라고 말하자 "훈아, 그런 거짓말이 어딨어?"라며 믿지 못하셨던 삼촌의 말씀이 아직까지 기억에 남는다.

삼촌의 안부 전화가 끝나고 밥을 먹고난 후 신문을 펼친다. 부시가 이라크를 못 잡아먹어 안달이 났나 보다. 옆에선 미국의 영원한 하수인 영국이 맞장구를 치고 있다. 그러나 세계 다른 나라들의 반응은 냉담해 보인다. 미국의 경제가 연일 안 좋다. 주가가 계속 하락하고 있다. 역시나 세계 각국의 경제 또한 도미노처럼 안 좋아지고 있다. 우리나라의 주가는 사상 최악이라고 한다.

이제 잠시 공부를 해야 할 시간이다. 방에 들어가서 토익 책 한 권을 들고 나온다. 벌써 몇 달째 이 책과 씨름 중이다. 영어를 배워서 뭘 하나 하는 생각이 잠시 든다. 하지만 이내 곧 내 생각이 잘못되었음을 깨닫고 책을 편다.

벌써 시간이 이렇게 되었다. 또다시 강의를 받으러 학교에 가야 할 시간이다. 가는 길에 친구가 부탁한 잡지 한 권을 빌렸다. 세계 각국에서 유행 중인 머리 스타일과 패션에 대한 소개를 보고자 하는 모양이다. 요즘은 각국의 문화적 성향, 즉 라이프 스타일이 거의 비슷해진 느낌이다.

학교 강의실에 도착을 했다. 이번 시간은 국제금융론이다. 역시나 미국 경제학자들의 이론을 배운다. 미국의 경제는 세계 각국의 경제와 많은 관계가 있으니 주의 깊게 들었다. 수업이 거의 끝나갈 무렵 교수님께서는 현재의 세계 경제 상태를 설명해 주신다. 이 시간 현재 미국의 주가 하락 폭이 작아졌다고 하신다. 아침에 읽었던 신문기사는 이제 더 이상 새로운 뉴스가 아닌 것이다.

다행이란 생각으로 수업을 마치고 다시 전산실로 향한다. 컴퓨터를 켜고 내가 좋아하는 비디오게임 커뮤니티에 접속한다. 드디어 기다리고 기다리던 게임이 일본과 한국에서 동시발매된다고 한다. 미국에서 발매된 또다른 게임은 이번 달 말에 한국에 발매될 것이란 기사다. 예전엔 동시발매란 기대하기 힘든 일이었지만 요즘은 가능한 일인가 보다. 일본의 비디오게임기가 지금은 전 세계인에게 없어선 안 될 공동의 게임기가 되어 버렸다.

전산실에서 나와 서점으로 향한다. 이번 주 베스트셀러는 무엇인지 대략 살펴본다. 미국의 베스트셀러와 우리의 베스트셀러가 비슷한 부분이 많다. 잡지코너로 간다. 예전엔 구경하기 힘들었던 미국판 잡지들이 한국판으로 번역되어 나와 있다. 한쪽엔 미국에서 직수입한 미국판 잡지들도 자리를 차지하고 있다.

서점을 나와 피씨방엘 들른다. 친구와 스타크래프트를 하러간 것이지만 실력이 없는 우리는 배틀넷으로 만족할 수밖에 없다. 우리나라보다 실력이 떨어지는 해외 서버에도 접속하여 짧은 영어지만 대화를 나누며 게임을 즐긴다.

저녁이 되어 집에 들어온 나는 즐겨 보는 프로 중 하나인 시트콤 『FRIENDS』를 시청한다. 『FRIENDS』가 끝난 후 내일 예고편을 알아보기 위해 인터넷으로 미국의 NBC 사이트에 접속한다. 내일 예고편이 아주 상세히 소개되어 있다. 끊임없이 떠오르는 배너광고와 함께. 이렇게 나의 하루는 또 흘러가고 나의 오늘 일상은 끝이 난다.

미디어와 같이 보내는 48시간의 기록

이민중 _ 영어영문학과 98학번, lmcanna@hanmail.net

2002년 10월 30일 수요일 아침 7시 30분.

나는 몇 분 전부터 깨어 있다. 하지만 일어나진 않는다. 눈을 감은 채 '울릴 때가 됐는데 ……' 생각하며 울리지 마라 하는 심정으로 기도한다. 내가 아침마다 기다리는 것은 통신회사들이 쏘아 보내주는 신호를 받는 나의 휴대폰 알람이다.

휴대폰은 현대인들의 필수품이다. 나의 하루는 이 휴대폰의 알람을 끄면서 시작된다. 내가 필요해서 사용하지만 내가 갖고 다니지 않는다면 나보다도 주위 사람들이 더 못 견뎌할 정도이다. 초등학교 시절, 미래에는 줄 없이 주머니에 전화기를 한 대씩 갖고 다니게 될 거라는 선생님의 예언은 적중했다.

휴대'폰'은 이제 '폰'의 의미만 가지고 있는 것이 아니다. 그것은 게임을 즐기는 장난감으로 혹은 액세서리로 자리잡았고, 사진기의 역할을 수행하며 일정관리를 해주는 충실한 비서 역할도 거뜬히 해내고 있다.

나는 휴대폰에서 우리 젊은이들의 '허영'을 본다. 휴대폰이 그네들에게는 계급적 상징물로 작용한다. 그들은 그것으로 자신의 무언가를 표출해 내려고 애쓴다. 남보다 못한 휴대폰을 가지고 있는 것을 부끄럽게 생각하고 멋진 신형의 휴대폰을 가지고 있으면 대단히 뿌듯해 한다.

자신의 정체성이 정립되지 않은 상태에서 자신을 나타낼 무언가를 발견하지 못한 우리의 청소년들은 지금 신형 휴대폰 전시장을 돌며 안달한다. 내가 시간제로 일하고 있는 학원의 아이들은 쉬는 시간이면 휴대폰 이야기로 떠들썩하다. 누군가가 휴대폰을 좋은 것으로 바꾼 날에는 그것이 온 학원을 흔들어댄다. 아직 쓸만한 (그들에게는 쓸만하지 않겠지만) 휴대폰을 새것으로 바꾸는 그들의 모습을 보고 그 아이들의 집안 형편을 짐작하는 것은 옳지 않다. 상당수는 자신과 맞지 않는 소비를 하고 있기 때문이다.

휴대폰 알람으로 잠을 깬 몇 분 후 라디오가 켜진다. 휴대폰 알람으로 깨어나지 못하는 것에 대비해 맞춰 놓은 것이다. 객지에서 자취하는 나로서는 아침에 이것들의 도움이 없다면 불안해서 잠을 제대로 이루지 못할 것이다. 라디오에선 생기 발랄한 DJ가 날씨를 전해주고-옷을 어떻게 입으라든지, 우산을 챙기라든지 등등을 어머니처럼 챙겨준다-아침 뉴스를 브리핑해주며, 재미있는 이야기와 좋은 음악들로 상쾌한 아침을 맞게 해준다.

학교에 도착한 나는 구내서점에 들러 신문을 구입한다. 요즘 많은 대학생들은 인터넷으로 신문을 보지만 난 그것에 익숙지 않다. 손에 침을 묻혀 가며 읽는 신문이 제 맛이다. 신문 속에서 나는 세상을 보고 정보를 얻어낸다. 내가 좋아하는 야구의 결과를 볼 수 있고 영화의 정보를 얻어내며 매주 토요일 어떤 책을 읽어볼까 하며 신문을 뒤적인다. 사실 책 속에서 책의 정보를 얻어내고 책의 내용, 비평 같은 것을 읽어야 하지만 어찌된 일인지 신문 속에서 그것들을 더 많이 얻어낸다.

3교시 수업시간. 허벅지에 진동이 느껴진다. 점심 같이 먹자는 문자 메시지일 것이다. 휴대폰에 대한 논의는 많이 이뤄지고 있지만 아직 휴대폰의 문자 메시지에는 주목하는 사람이 그렇게 많은 것 같지가 않다. 사실 우리 젊은 세대들에게는 문자 메시지가 하나의 아이콘으로 작용하고 있는데도 말이다. 지금도 수많은 젊은이들의 문자가 전파를 타고 얼마나 많이 이동하고 있을까. 젊은이들의 의사소통 매체로 단연 문자 메시지를 꼽는 게 옳을 것이다.

점심을 먹은 후 컴퓨터실의 컴퓨터 앞에 앉는다. 메일을 확인하고 답장을 보내준다. 하루라도 메일을 확인하지 않으면 조금 불안한 게 사실이다. 몇 시간마다 한 번씩 확인하는 친구들이 내 주위엔 많다.

컴퓨터와 인터넷. 인간을 편리하게 하기 위해 만들어진 도구이다. 그리고 인간을 정말 편리하게 해주고 있는 것이 사실이다. 하지만 나는 이것이 편리한 도구로만 존재하지 않는다는 것을 체험하고 있다. 현대인들은 정보에 묻혀 산다. 계속 쌓여 가는 엄청난 정보를 잘 챙겨보지 않으면 뒤처진다. 그것이 유용한 정보인지 아닌지는 그리 중요하지 않다. 그리고 그것을 구분해 가며 읽을 여유는 없다.

주위를 둘러본다. 편리함을 주기 위해 만들어진 컴퓨터를 공부하기 위해 엄청난 시간과 정력을 낭비하는 친구들이 눈에 띈다. 컴퓨터를 잘 사용하지 못하면 큰일나는 사회가 되어버렸다. 내가 컴퓨터를 잘 다루지 못하니 이런 푸념을 하는 것일 수도 있겠다. 난 강의 발표 때만 되면 초라해지는 나의 모습을 발견한다. 뭔가 요란한 것을 이용하여 발표하지 않으면 준비를 덜한 듯 보이기 때문이다. 인터넷을 이용해 정보를 얻으려고 하는 내가, 인터넷을 관리하는 과목을 커리큘럼상 교양과목으로 수강을 받아야 했을 땐 정말 난감했다.

아르바이트를 마치고 집에 돌아온 나는 제일 먼저 컴퓨터를 켜고 이곳 저곳을 서핑한다. 동아리 홈페이지나 관심 분야의 카페를 돌아다닌 후 라디오의 취침 예약 버튼을 누른 후 하루를 마감한다.

2002년 10월 27일 일요일.

시험도 끝이 나고 해서 오랜만에 집에 와 지내게 된 하루다. 아침부터 난 축제에 빠져든다. 이른바 '가을 축제'로 불리는 미 프로야구 월드 시리즈 6차전 경기를 TV로 시청을 한다. 북미대륙의 야구 리그면서 '월드 시리즈'라고 이름 붙인 게 오만하긴 하지만, 전 세계의 야구 팬들을 TV 앞에 묶어 놓는다는 점에선 어느 정도 수긍이 간다. 하지만 미국인들의 축제를 즐기는 나를 보며 또한번 미국에 대해 그리고 TV에 대해 무서움을 느낀다.

점심까지 미국의 가을 축제를 즐긴 나는 친구와 영화관을 찾는다. 『I am Sam』을 봤다. 난 영화를 좋아한다. 누군가가 수백억·수천억 원의 돈을 들여 공들여 만든 작품을, 7천 원이라는 비교적 저렴한 가격으로 편히 안락한 장소에서 즐길 수 있다는 데 매력이 있는 것 같다. 다른 어떤 문화·예술공연보다도 저렴하다.

『I am Sam』은 따뜻한 영화다. 결국 돈 문제가 걸린 거겠지. 영화 전반에 깔리는 비틀즈 음악도 괜찮다. 눈은 자극적이고 신선한 것에서 즐거움을 얻지만, 귀는 익숙하고 차분한 것에서 편안함을 얻는다는 말이 있듯, 그렇게 계속 영화나 TV에서 쏘아대는 데 멋지게 들릴 수밖에.

집에 돌아온 나는 아버지와 9시 뉴스를 보며 정치 이야기, 사회 이야기 등을 나눈다. TV라는 매개체를 통해 대화가 이뤄지고 있는 셈이다. TV가 없는 우리 집은 얼마나 삭막할까 생각하니 서글프다. 나의 휴일은 또 이렇게 지나간다.

　나의 하루의 일과표는 때론 TV 편성표에 좌우되기도 한다. 신문은 내가 주로 읽는 책들을 소개해주고, 영화를 소개해주고, 그 영화는 또 어떤 음반을 사게 만든다. 미디어는 나의 생활의 일부 아니 대부분이 되고 말았다.

우리 가족의 미디어 이용 행태

정태안 _ 법학과 98학번, jungmean@hotmail.com

글 시작부터 느끼는 것이지만, 내가 인터넷 등의 자료에 얼마나 익숙해져 있었는지 최소한의 개요조차 혼자서 만들기가 너무 어렵다. 나를 비롯한 대부분의 주위 친구들을 돌아보건대, 어느 틈에 스며든 인터넷의 영향으로 자료의 홍수 속에, 우리는 스스로 글 쓰고 생각하고 비판하는 방법을 많이 잃어가고 있는 것 같다.

이 글에서는 철저히 수용자의 입장에서 나와 내 가족이 느끼는 미디어와 그 영향에 대해 이야기해 보고자 한다. 우리 가족은 아버지(56), 어머니(52), 나(24), 동생(22) 이렇게 4명이다. 아버지는 개인택시 운전을 하시고 전업주부셨던 어머니도 최근 부업을 하고 계신다. IMF 이후 어려워진 경제사정 때문에 우리와 비슷한 수준의 가정에선 부업을 하고 있는 가정이 늘고 있는 것 같다. 동생은 서울대 영문과 3학년으로 군대에 가기 위해 휴학 중이다. 나는 군대에 다녀와 전북대 법학과 2학년에 복학했다. 한 달 수입은 대략 250만 원 선인데 다른 재산은 없고 택시가 7천만 원 정도 그리고 살고 있는 28평짜리 아파트가 전부다. 우리나라 소득 수준을 상·중·하로 나누면 하에 속하는 것 같다.

아버지께서 즐겨 이용하시는 미디어를 먼저 검토해 보겠다. 아버지께서 가장 많이 이용하시는 미디어는 라디오다. 택시운전을 하신다는 특수성 때문에 라디오를 하루 종일 들으시는 경우가 많으시기 때문이다. FM 99.1Mhz를 주로 들으시는데, 요즘 대부분의 라디오 방송처럼 진행자가 나와서 게스트 한두 명과 신변잡기적인 대화를 하거나 편지를 읽어주고 노래를 틀어주는 등의 프로가 대부분이다. 집중해서 듣지 않아도 된다는 점에서 그냥 틀어놓고 다른 일을 하시는 것 같다.

그래서 아버지는 말씀하실 땐 보통 여기저기서 일어난 일들을 많이 알고 계시지만, 정작 어떤 일에 대해 특별한 생각이나 고민 등을 하시지는 않는 것 같다. 대부분의 정보가 그냥 흥미로 흘러 지나가는 것 같다.

그 다음으로 아버지께서 즐기시는 미디어는 TV인데 주로 저녁 시간대엔 뉴스나 드라마 미니시리즈 등을, 주말엔 영화 등을 시청하신다. 우리 집은 아직 공중파 방송 이외에 위성방송이나 케이블TV 등을 보진 않는다.

아버지께서 즐기시는 세 번째 미디어는 신문인데, 예전엔 잘 몰랐으나 요즘 들어 좀 자세히 보니 정치면 주요 기사 한두 가지 이외에는 자세히 읽지 않으신다. 그 내용이 그 내용이라고 하신다. 소위 노동자인 아버지와 아버지의 친구 분들은 TV를 보시며 때로는 TV가 말하고자 하는 방향과 전혀 다른 방향으로 이해를 하시고도 재미있게 보시는 경우가 많다. 게다가 뉴스를 볼 때도 정작 어떤 보도의 경우에는 적절한 근거도 없이 아예 순 거짓말이라 욕하고 나름대로 경험에 비추어 결정을 내리신다. 뉴스도 다른 프로그램처럼 볼거리 정도로 여기시고 정보의 객관성에 대해선 낮은 점수를 주고 계시는 것 같아 보인다.

두 번째로 어머니께서 즐기시는 미디어에 대해 알아보겠다. 요즘 대부분의 어머니 연배의 아주머니들이 그러시듯 단연 TV가 1순위다. 마땅한 다른 즐길 거리가 부족하기 때문에 그런 현상이 두드러지는 것 같다. 시간이 나면 일단 틀어놓고 다른 일을 하시는 경우가 많고 대부분의 드라마를 보신다. 아마도 대부분의 멜로 드라마가 우리의 어머니들을 위한 것이 아닐까 싶다. 확실한 공감대가 형성되는 듯하다.

어머니는 그 외에 미디어는 별로 이용하지 않으신다. 이 또한 어머니 세대의 특성 중 하나인데, TV 이외 미디어에는 별로 관심이 없으신 것 같다. 생각컨대 아직도 어머니 연배의 많은 가정주부들은 자기 직업이 따로 없는 경우가 대부분이고, 자기 직업이 있더라도 가사를 거의 혼자 하시는 경우가 많기 때문에, TV처럼 그냥 틀어 놓아도 순간순간 이해가 빠르고 또한 별로 집중하지 않고 다른 일을 하면서도 볼 수 있다는 특성 때문에, 이런 현상이 두드러지는 것 같다. 그러나 어머니께선 신문을 보시지 않으시면서 내가 『조선일보』를 『한겨레』로 바꿀 땐 반대를 가장 많이 하셨다. 가장 큰 이유는 신문의 부피 때문이었던 것 같다.

내가 즐겨 이용하는 미디어는 순서대로 보자면 컴퓨터와 신문 그리고 TV다. 고등학교 2학년 때부터 컴퓨터를 쓰기 시작했는데 주로 게임 등을 위해 사용하다가 대학교에 들어오면서부터는 신문·방송 등도 컴퓨터를 통해 많은 부분 접하고 있다.

신문은 『한겨레』를 보고 있다. 대학교 입학 때부터 언론에 관심이 많던 선배의 영향으로 그전까진 아무 생각 없이 보던 『조선일보』에 대해 비판적인 시각을 가지게 돼 신문을 바꿀 것을 주장하였으나, 가족

내 발언권이 약해 실패하였다가 군대에 다녀와서야 바꿀 수 있게 되었다. 아직까지도 우리나라 대부분 가정에선 아들이 군대에 다녀와야 성인으로 인정해주는 게 현실임을 실감했다.

TV는 고등학교 때부터 기숙사 생활을 했고 늦게까지 자율학습 등을 하다보니 볼 기회가 별로 없었는데, 그 영향인지 뉴스와 다큐멘터리 그리고 음악 프로그램 외에는 거의 보지 않는다. 사실 요즘은 개인적으로 바쁜 일 탓인지 미디어와 거의 접하고 있지 않은데 막상 떨어져 보니 사실 하루하루 사는 생활에는 별로 지장이 없는 것 같다.

내 동생의 경우엔 단연 컴퓨터 의존도가 높다. 나보다 더 어릴 적부터 컴퓨터를 접했기 때문인지 내 동생은 항상 새로운 사이트를 찾고 또한 자주 찾는 사이트의 수도 나보다 훨씬 많고 다양하다. 신문은 통독 정도의 읽기로 매일 보지만 TV는 뉴스 이외에는 거의 보지 않고 인기있는 드라마 한두 개는 보는 것 같다. 아마도 친구들과의 대화용인 것 같다. 별다른 흥미를 느끼는 것 같지는 않다.

우리 집의 TV와의 '작은 전쟁'

이경원 _ 국어국문학과 1학년, hollosuki@hanmail.net

우리 집에는 텔레비전이 두 대 있다. 한 대는 엄마 아빠의 신혼 시절에 장만한, 그러니까 내 나이보다 한 살 더 먹은 정말 조그마한 텔레비전이고, 나머지 한 대는 산 지 얼마 되지 않은 큰 텔레비전이다. 큰 텔레비전은 한창 교육방송 열풍이 불 때 내가 매일 그것을 시청하겠다는 핑계로 우리 집에 오게 되었다. 작은 텔레비전은 채널이 부족한 관계로 위성방송을 달 수 없었기 때문이다. 그래서 부모님께서는 열심히 하겠다는 딸의 말에 감동하시며 큰 텔레비전을 장만하셨다.

하지만 텔레비전을 산 뒤 내가 교육방송을 시청한 횟수는 손에 꼽을 정도다. 반면 연예 프로나 쇼 프로그램 또 스포츠 프로그램 등등, 기타의 프로그램을 시청한 횟수는 손으로 꼽을 수조차 없을 만큼 많다. 어쨌든 이런 경위로 우리 집에 오게 된 큰 텔레비전은 우리 가족의 무한한 사랑을 받으며 잘 지내고 있었다. 이렇게 큰 텔레비전에 익숙해지다 보니 그 동안 작은 텔레비전을 어떻게 봤었는지 기억이 나지 않았다. 어떻게 그런 조그마한 화면을 들여다보고 있었는지 …….

우리 가족은 작은 텔레비전이든 큰 텔레비전이든 텔레비전이라는 매체에 많은 영향을 받았다. 그 영향은 텔레비전의 크기와 상관없다고 생각한다. 하지만 한 가지 변한 게 있다면 텔레비전의 크기가 커지고 케이블을 설치함으로써 채널이 늘어나 각자에게 미치는 영향력이 더 넓고 다양해졌다는 것이다. 한마디로 각자가 즐기는 채널이 생기고 따라서 그것에서 얻는 정보나 즐거움이 다 달라졌다는 것이다. 어느 선전에서 골라 먹는 재미가 있다는 멘트가 나왔었는데 그 말이 어울릴 듯싶다. 우리 가족은 골라 보는 재미에 푹 빠져 있었다. 그냥 아무런 생각 없이 익숙해져 있던 현상이었는데 이렇게 쓰려고 정리하다 보니 피식 웃음이 나온다.

먼저 우리 아빠의 텔레비전에 대해서 적어볼까 한다. 아빠는 텔레비전을 즐겨보시는 편은 아니었다. 그냥 뉴스나 스포츠 중계를 보시는 정도였는데 채널이 늘어난 뒤로 이것을 제외하고도 보시는 프로그램이 많이 늘었다. 아빠가 새롭게 정을 붙인 프로그램은 거의 영어권 방송이나 일본 방송이었다. 그 방송 중에서도 여전히 뉴스나 스포츠 중계를 보신다는 것에서는 별로 변한 게 없었지만, 다른 언어로 된 프로그램을 보면서 통역하는 것을 즐기신다는 것은 새로웠었다. 그리고 다른 나라의 동물 다큐 프로그램도 즐겨 보셨는데 희한한 동물의 표정이나 행동을 따라해서 배꼽을 잡고 웃은 적이 한두 번이 아니다. 아빠의 채널이 늘어남에 따라 아빠의 유머와 우리 가족의 웃음이 늘어난 셈이다.

다음은 우리 엄마의 텔레비전인데 내가 생각하기에 우리 가족의 텔레비전 중 가장 유익한 텔레비전이 아닐까 생각한다. 우리 엄마는 첼로를 전공하시고 지금은 음악교사로 재직 중이시다. 처녀 시절에는 그렇지 않았지만 결혼하고 직장생활 하느라 또 아이들 키우기에 바쁘셔서, 첼로 연주는커녕 음악회 한 번 제대로 가 본 적이 없으신 분이다. 그래서 그냥 오디오로 음악을 듣는 게 다였는데 채널이 늘어난 뒤로 매일 음악회를 감상하며 만족스러워 하셨다. 채널 중에 음악회를 전문으로 다루는 채널이 있기 때문에 그토록 좋아하는 음악을 맘껏 들으시고 또 수업에 필요한 부분은 녹화도 하실 수 있었기 때문이다. 덕분에 우리 집은 매일 저녁 클래식 음악에 휩싸여 있었다. 실제 음악회처럼 들으려면 볼륨을 높여야 한다는 엄마의 생각 때문에 조금 귀가 아프기도 했지만, 엄마의 표정을 보면 차마 볼륨을 낮추라는 말을 할 수가 없었다. 결혼이라는 틀 안에서 책임을 다해온 엄마의 잃어버린 시간들을 그 안에서 찾고 계신 것 같았기 때문이다. 옆에서 졸고 있는 아빠와 나에게 열심히 설명을 하는 엄마를 보며 교육방송을 핑계대긴 했지만 텔레비전을 산 것이 잘한 일이라는 생각을 했었다.

다음은 나의 텔레비전이다. 내가 즐겨보는 프로그램은 거의 연예 프로그램이나 쇼 프로그램 그리고 스포츠 중계이다. 특히 스포츠 중계를 가장 좋아하는데 골프와 당구를 빼고는 다 소화하는 편이다. 채널이 늘어나면서 거의 전 세계의 스포츠를 가리지 않고 보는 재미에 빠져 있던 나는 또다른 재미를 발견하게 되었다. 그것은 바로 영화였다. 24시간 내내 영화를 방영하는 채널이 있기 때문에 한 편 두 편 보기 시작했는데 정말 취미가 되어버렸다. 여러 영화를 보면서 내가 경험하지 못한 여러 삶의 모습들을 보고 느낄 수 있었고, 처음에는 아무 생각 없이 재미로만 보던 영화를 지금은 나름대로 비평해보는 버릇도 생겼다. 엄마와 아빠는 내가 고등학교를 졸업한 지 1년이 다 된 지금도 가끔 영화를 보는 나에게 이렇게 말씀하시고는 한다. "어이구 그게 교육방송이냐?" 할 말은 없지만 내가 볼 수 있는 교육방송이 없다는 사실로 스스로를 위로하곤 한다.

　마지막으로 우리 막내의 텔레비전에 대해 이야기해 보겠다. 텔레비전을 시청하는 시간으로 볼 때 막내는 텔레비전을 독점하고 있었다. 더 놀라운 사실은 시간상으로 제일 많이 텔레비전을 보는 막내의 채널이 딱 하나라는 것이었다. 24시간 내내 만화를 보여주는 채널이 그것이었다. 나이가 어려서 그런지 만화라면 자다가도 벌떡 일어날 정도였는데 그 채널은 우리가 모르는 채널이었다. 그런데 어떻게 그런 생각을 했는지 시간만 나면 리모콘을 가지고 나오지 않는 채널들을 개척한 것이다. 그리고 그 노력의 결과로 언제든지 켜기만 하면 만화가 나오는 채널을 알아내었다. 덕분에 우리 가족은 다른 프로그램을 보고 싶으면 물질적으로 막내를 포섭하거나 막내가 자리를 뜬 틈에 리모콘을 사수해야 했다. 만화를 보기 시작하면서 막내가 달라진 것이 있다면 어휘력이 엄청나게 늘었다는 것이다. 상황에 적절한 말이 아닌 경우가 많았지만 자신이 알고 있는 어휘력을 어디든지 사용하려고 했다. 덕분에 동생은 나이에 비해 말도 유창하고 글도 꽤 잘 쓰는 편이다.

　이런 좋은 점만 있다면 좋았겠지만 꼭 그렇지는 않았다. 자제력을 잃어버린 것이다. 집에 오자마자 텔레비전을 켰고 거의 엉덩이를 떼지 않을 정도였다. 그래서 안경을 쓰게 되었고 엄마 아빠는 슬슬 화가 나기 시작하셨다.

　지금은 그런 막내 덕분에 큰 텔레비전을 보지 않는다. 화가 난 아빠가 코드를 뽑아 테이프로 감아 놓으셨기 때문이다. 막내는 처음에 적응하기 어려운 듯했다. 그것은 우리도 마찬가지였다. 텔레비전을 보았던 시간에 아무것도 할 게 없었기 때문이다. 나도 좋아하는 프로그램을 보지 못해 말 없이 막내를 째려보기도 했다.

　그런 상태로 거의 두 달 가까이 지내 익숙해지나 했는데 아시안 게임의 막이 올랐다. 스포츠 좋아하는 우리 아빠는 우리의 기대를 저버리지 않으셨다. 큰 인심 쓰시는 척하며 아시안 게임 기간에만 텔레비전 시청을 허용하신 것이다. 그래서 다시 우리는 텔레비전을 시청했고 막내는 그냥 그대로 지속될지 모른다는 기대를 키웠던 것 같다. 하지만 아빠는 아시안 게임이 끝나는 날 정확히, 다시 코드를 테이프로 감았고 막내의 얼굴에는 실망의 빛이 감돌았다.

그 뒤 얼마간의 시간이 흘렀다. 그리고 우리 집은 여전히 텔레비전을 보지 않는다. 아시안 게임의 후유증으로 얼마간 힘들기도 했지만 이제는 다시 익숙해져 가고 있다. 텔레비전을 보지 않자 우리 가족에게는 작은 변화가 있었다. 그것은 대화의 시간이 늘어났다는 것이다. 텔레비전을 보던 시간에 모여 앉아 이야기를 하게 되었고 덕분에 분위기가 더욱 좋아졌다. 또 엄마의 입이 벌어질 일도 일어났다. 그것은 바로 전기요금 때문이다. 텔레비전을 보지 않자 전기요금이 엄청나게 줄어든 것이다. 쉴 틈도 없이 일했던 텔레비전이 휴가를 받았으니 당연한 일이다.

텔레비전을 보지 않으면 계속 이런 분위기가 유지될 줄 알았다. 하지만 나의 생각은 여지없이 빗나가고 말았다. 요즘 우리 가족은 텔레비전 앞에 엉덩이를 붙이는 대신 이제 돌아가면서 컴퓨터 앞에 앉는다. 특히 풀죽어 있던 막내는 다시 컴퓨터를 독점하면서 얼굴에 화색이 돌기 시작했다. 온갖 게임에 재미를 붙인 것이다. 컴퓨터도 텔레비전 신세가 될까봐 가끔 충고를 하지만 듣지 않는다. 아빠가 컴퓨터 코드에도 테이프를 감는다면 어떻게 될까? 아마도 우리 가족은 또다른 즐거움을 찾아 그 앞에 엉덩이를 정착시킬 것이다.

그래도 미디어는 '축복'이다

김영빈 _ 지구환경과학과 97학번, clerfile@hanmail.net

아침 7시. 여느 날처럼 눈을 뜨면 잠이 채 깨지 않았음에도 가장 먼저 컴퓨터를 켜는 걸로 하루의 일과를 시작한다. 지난밤 컴퓨터를 사용한 지 불과 몇 시간이나 지났을까? 배가 고프지도 않고 잠이 오지 않아도 때가 되면 밥을 먹고 잠을 자는 것처럼, 이제는 익숙한 일이 되어 버린 듯하다. 졸린 가운데서도 잠깐 동안 메일 확인을 하고 까페에 올라온 새 글들을 확인하며 학교 갈 채비를 한다.

학교에 가기 위해 버스에 오른 순간 버스에서 흘러나오는 큰 노래 소리에 짜증이 밀려온다. 볼륨 좀 줄여 달라는 말이 간절하지만 그냥 자리를 잡고 앉는다. 그리곤 이어폰을 귀에 꽂고 좋아하는 노래를 크게 들으며 학교까지 간다. 수업시간이다. 드르륵 드르륵 거리는 휴대폰 진동 소리 때문에 강의에 집중할 수가 없다. 아무런 방해가 없어도 강의에 집중하기가 힘든데 말이다. 요즘은 진동 소리가 왜 그리도 요란한지.

수업이 끝나고 다음 수업까지 남은 시간. 친구들과 게임방에서 게임을 하며 시간을 보낸다. 예비역이 아니었을 땐 대부분의 남는 시간을 당구를 치며 보냈었는데, 복학하고 나선 남는 시간의 대부분을 게임방에서 보낸다. 컴퓨터 앞에 앉자마자 또다시 까페에 들어가 새로 올라온 글들을 읽어보구서야 게임을 시작한다. 게임을 시작하자 다른 어떤 생각도 들지 않는다. 오로지 이겨야 한다는 생각 외엔.

얼마나 지났을까? 수업시간에 늦었음을 깨닫곤 강의실로 열심히 뛴다. 수업에 들어가서는 열심히 뛰어 힘들어선지 쏟아지는 잠을 참아가며 수업을 듣는다. 수업을 모두 마치고선 모처럼 커피숍에 간다. 갈 때마다 느끼는 거지만 인테리어도 좋구, 커피 맛도 좋구, 들려주는 음악 또한 정말 좋아 커피숍에 갈 때면 늘 이곳을 찾는다.

하지만 그보다 더 이곳을 찾게 되는 이유는 큰 화면을 통해서 뮤직비디오를 볼 수 있어서다. 물론 집에서나 게임방에서나 컴퓨터를 통해 아님 케이블TV를 통해 언제든 볼 수 있지만, 몇 배 혹은 몇 십 배 되는 큰 화면이 전해주는 느낌을 똑같이 전달해주기엔 무언가 부족한 듯싶다. 영화를 보기 위해 일부러 극장을 찾는 것도 같은 이유가 아닐까? TV와 스크린의 크기만큼 전달되는 느낌의 차이가 돈을 지불하고서라도 극장을 찾게 하는 건 아닐까?

친구와 뮤직비디오를 보며 이런저런 얘기를 나누다 주말에 극장에 같이 가기로 약속하고 버스정류장으로 발걸음을 옮긴다. 아침부터 인상을 찌푸리게 했던 기사 아저씨완 달리 이번 기사 아저씨의 버스에선 조용한 DJ의 음성이 들려온다. 자리에 앉아 가만히 귀를 기울이다 보니 어느새 집이다. 집에 들어서자마자 거실에 모여 앉은 식구들과 TV를 보며 오늘 있었던 일들을 포함해 이런저런 얘기를 나누곤 내 방으로 들어간다. 그리곤 컴퓨터를 켜고 인터넷방송을 들으며 까페에 올라온 글들을 확인하고선 하루를 정리한다.

이젠 큰 이유도 없이 메일을 확인하거나 인터넷에 접속하는 것이 습관처럼 되어버린 이런 나의 모습이, 대부분 학생들의 모습과 크게 다르진 않지 싶다. TV, 휴대폰, 라디오, 인터넷, 잡지, 영화 ……. 하루 생활 속에 이런 미디어가 함께 하지 않는 순간들이 있을까? 너무 익숙해져서 마치 신체의 일부분처럼 느껴지는 미디어. 이런 미디어가 없는 생활이란? 단순히 그런 생각을 하는 것만으로도 가슴이 답답해오고 겁이 나진 않는가?

휴대폰 배터리가 방전됐거나 어딘가에 휴대폰을 두고 나왔을 때의 불안함이란! 집에 돌아와서 배터리를 충전하고 휴대폰 전원이 들어오고는 것을 확인하고 나서야 불안에서 탈출해 안도할 수 있었던 건 다들 한 번쯤은 경험해보지 않았을까? 편하기 위해 사용한 미디어에 오히려 우리가 길들여지고 있진 않은지 하는 걱정이 드는 건 지나친 걸까? 그런데 정말 미디어가 예전의 나의 생활과 지금의 나의 생활을 얼마나 달라지게 한 걸까?

아마도 97학번 이전 세대들은 쉽게 공감하리라 생각되는데, 지금은 컴퓨터가 있고 인터넷이 되는 곳이면 어디서든 쉽게 수강신청을 할 수 있다. 얼마나 편리한가? 하지만 처음부터 그랬다면 그걸 느끼지 못 할지도 모르겠다. 내가 대학교에 입학해서 처음 수강신청을 했을 땐 일일이 수강과목 담당학과를 찾아다니며, 많은 학생들과 줄을 서서 차례를 기다려 교수님 확인을 받고, 서둘러 다른 과목 확인을 받으러 달려가곤 했었다. 그러다 때론 줄을 선 학우들끼리 티격태격 할 때도 있었으니 지금은 얼마나 편리해졌는가.

우리의 실생활에서 이용할 수 있는 미디어의 효용은 무수히 많다. 하지만 동전이 앞뒷면을 동시에 갖는 것처럼 미디어 또한 긍정적인 면뿐만 아니라 부정적인 면을 동시에 갖고 있다. 예컨대 인터넷의 부작용으론 쏟아지는 스팸메일이나 각종 사생활 침해사례, 리포트 표절 등을 들 수 있을 것이다. 하지만 이런 부정적인 부분을 상쇄하고도 남을 만큼 미디어는 긍정적인 부분이 많다고 생각한다. 편리하고 이로움이 큰 미디어에 이미 익숙해진 지금, 어느 정도의 부작용은 충분히 부담할 수 있지 않을까? 아니 어쩌면 우리가 미디어라는 '축복'을 향유하기 위해 당연히 부담해야 할 비용이 아닐까?

대중매체로부터 차단된 나의 어린 시절

정민승 _ 경상대 영어영문학과 4학년, prufrock@empal.com

이 글을 쓰기에 앞서, 이것저것 생각해보는 시간을 가졌다. 기억 속에도 뚜렷하게 자리잡지 못한 나의 '과거'를 끄집어내는 작업이었다. 쉬운 일이 아니었다. 내가 언제부터 매스컴을 접해왔고, 어떤 방식으로 접했으며, 또 어떤 이유와 계기로 해서 '접'하던 매스컴을 '이용'하기에 이르렀는지를.

매스컴의 '매'자도 모르던 시절이 나에게도 있었다. 그 무지의 시절이 없는 사람이 있겠냐만, 나에게 있어서는 그 기간이 무척이나 길었다. 매스컴에 대한 인식이 내 사고의 영역에서 헤엄친 지는 그렇게 오래된 일이 아니다.

"당신 뭣하러 멀리 진주에서 이곳 전주까지 와서 이런 수업을 듣고 앉았소?" 그 누가 나에게 이렇게 묻는다면 무어라고 답해야 할까? 늦게 배운 도둑질이 날 새는 줄 모르고 늦게 배운 담배가 줄담배가 된다고 했던가. "늦게 알게된 '언론'이라는 '놈'에게 매료되어서 왔소."

뭐, 이런 정도로 그 이유를 둘러댈 것이다. 매스컴이라는 개념에 대한 늦은 나의 인식은 그 '뒤늦음'에 대한 보상이라도 받으려는 것처럼 문학 책을 덮고 언론 관련 서적에 손을 대게 만들었다. 그것도 '전학'을 해가면서까지 언론학과에 투신할 정도로 말이다.

과거의 나에게 있어서 매스컴이라는 것은 나의 어린 시절의 삶에 파고들 수 있을 정도로 그렇게 나의 삶과 어떤 특별한 관계가 없었다. 그 이유를 생각해보니 나의 성장 환경과 밀접한 관계를 가지고 있었다. 그곳은 경남 사천의 한 농촌, 마을 앞을 흐르는 강과 뒤에는 뛰어 놀기에 안성맞춤인 야산이 어우러진, 외진 마을이었다.

20년 전쯤의 기억을 더듬어 보면, 여름이면 그 강에서 '살았다.'─덕분에 대학 친구들이 수영 배운다고 수영장을 출입할 때, 해수욕장에서 튜브를 빌릴 때, 나는 그들을 '조롱'할 수 있는 자리에 설 수 있었다. 그리고 봄, 가을이면 그 야산을 누비며 나무로 어설프게 만든 총으로 전쟁놀이를 했다. 겨울에는 강에서 얼음을 지치며 놀았고, 그러다 지치면 남쪽 강둑 밖으로 넘어가 차가운 북풍을 둑으로 막고 앉아 따스한 햇살을 받으며, 손수 만든 가오리연을 그 차가운 북풍에 실어 멀리 멀리 날리면서 어린 시절을 보냈다. 이런 시절이 상당히 길었다. 10살 남짓까지 이랬으니까. 그야말로 매체, 대중매체라는 것이 끼어들 틈이 없던 시절이었다. 요즘의 아이들이 책 속에, 컴퓨터에, 텔레비전에 묻혀 사는 것과 확연히 달랐던 때였다.

그 와중에, 정확한 시기는 알 수 없지만, 사우디에서 돌아온 고모부의 '귀국 선물'로 집에 텔레비전이 들어왔지만, 텔레비전 앞에서 보내는 시간은 그렇게 많지 않았다. 초저녁에만 텔레비전을 이용했다. 순전히 오락용이었던 것이다. 『독수리 5형제』, 『마징가 Z』, 『미래소년 코난』 등등의 소위 만화영화를 즐기는 데만 이용했을 뿐이었다. 진실로 그러했다. 뉴스만 나오면 '확' 돌려버렸고, 2개의 채널—둘 이상의 채널이 있었지만 우리 동네 모든 가구에선 2채널만 '감상' 할 수 있었다—모두에서 만화가 외면 될 때는, 사정없이 전원을 눌러 껐으니까. 아니 돌려서 끈 것 같다.

광주에서 민주항쟁이 일어나고, 가까운 경상대학교에서도 데모가 일어나 숙부께서도 데모를 했다지만, 마냥 즐겁기만 한 우리들의 눈과 귀에 들어올 리 만무했다. 물론 라디오가 그 이전에 있기는 했지만—우리 모친께서 시집 올 때 혼수로 해온 것이라고 했다—앞에 딱 앉아서 '주의 집중' 을 무리하게 요구하는 물건이이서, 우리들에게 그렇게 인기 있는 것이 되지는 못했다. 물론 요즘의 어린이들을 위한 방송처럼 맞나는 프로그램들이 부족해서 그랬을 수도 있다. '재미와 흥미' 는 모든 것들을 참고 이겨낼 수 있는 어린 시절의 힘의 원동력이었으니까. 재미있는 프로그램들이 있었다면 몰라도, 매번 같은 목소리로 '땡전' 뉴스와 '또이' 뉴스로 도배되다시피 한 프로그램들은, 그 시절 우리의 '주의' 을 휘감아 잡기에는 턱없이 부족한 것이었다.

나의 어린 시절이 매스 미디어의 영향을 크게 받지 않은 또다른 이유는 그러한 매체들이 쉽게 전달될 수 없는 지리적인 위치도 한몫을 한 것으로 생각된다. 쉽게 얘기해서 텔레비전과 라디오의 중계 시설이 열악했던 관계로 그 전파들이 우리 동네의 텔레비전과 라디오에 닿질 못했던 것이다. 오죽했으면 희미하게 춤추는 화면이 당연한 것으로 여기고 있다가 실물 같은 화면을 서울의 고모 댁에서 보고, 놀라 '나자빠진' 적이 있었을까.

신문은 다른 대중매체에 비해 가장 늦게 접한 매체였다. 초등학교 4학년, 그러니까 15년 전의 일이다. 지금에 와서 알게 된 것이지만 그 당시에는 상당한 영향력이 있었다고 하는 『한국일보』가 들어왔다. 그러나 9월 25일의 신문은 이튿날인 26일에 우체부 아저씨의 오토바이에 실려 배달이 되었다. 학교 교과서도 잘 들춰보지 않는 '촌놈'의 특성상, 그림도 아니고 깨알 같은 글씨로 그림을 그린 듯한 신문이 손에 잡힐 리 없었다. 간혹 소풍 가기 전날 밤에 설레임으로 잠을 이루지 못할 때 날씨를 보는 수준에 그쳤다.

또한 방학 과제물로 스크랩 해오라는 것들-그 시절은 반공 스크랩 외에는 과제로 내주지 않았다-은 친절하게도 화보집으로 동네 문방구에 나와 있었다. 그래서 스크랩을 하는 데 있어 신문의 중요성은 그렇게 크지 않았다. 어디서 그런 화보집을 냈는지, 안기부에서 냈을까? 그게 궁금해지면서 화보집 맨 뒷장의 출판사 정도는 따로 메모해 둘걸 하는 후회가 지금은 들지만, 당시의 내 식견으로는 그럴 필요성조차도 못 느낀 것이다.

우리는 몇 백 원의 돈을 주고 사서는, 그걸 다시 내 구미에 맞게 아니면 우리 담임 선생님의 '입맛'에 맞는 방향으로 사진들을 정리해서 개학일에 제출하곤 했다. 사태가 이 정도였으니 신문을 이용한 교육(NIE)과 같은 지금의 상황과는 사뭇 달랐다.

지금까지 나의 흙 냄새나는 과거를 이렇게 글로 뱉어보니 그 이유가 어쨌든 간에, 나의 과거는 매스 미디어에 거의 노출되지 않은 때문지 않은 자연 그대로의 삶이었다는 결론에 도달하게 된다. 매스 미디어보다는 학교에서 받은 영향이 컸던 것 같다. 한동안 까마득히 잊고 지낸 나의 옛 모습이 떠오른다. 오랫동안 잊고 지낸 그 모습은 '반공 소년'이었다. '나는 공산당이 싫어요'라고 외친 형에게는 못 미치겠지만, 반공에 관한 글도 많이 썼고 그 글로 웅변대회에까지 나가서 상을 휩쓸곤 했으니까 말이다.

문화 길들이기와 미래형 쾌락의 환상:
허버트 실러의 『정보 불평등』

강준만

'문화 길들이기' 와 산학협동

지난 2000년 지병인 폐병으로 사망한 미국의 커뮤니케이션 학자 허버트 실러가 1996년에 출간한 『정보 불평등』(민음사, 2001)이란 책을 사회학자 김동춘이 번역해 국내에 소개했다. 김동춘은 "이 책을 통해서 현대 자본주의 사회에서 미디어의 영향력과 기업화된 미디어 산업의 해독에 대해 눈을 뜨게 되었다"고 말한다.

나는 이 책을 읽으면서 '문화 길들이기' 와 정보고속도로가 제공하는 미래형 쾌락의 환상에 주목했다. 실러는 〈문화 길들이기〉라는 글에서 이런 질문을 던진다.

"우리는 왜 우리의 삶에 관련된 제도와 관행들을 전적으로 신뢰하거나, 아예 냉소한 나머지 특권과 지배가 구조화된 상황에 대해 아무런 문제도 제기하지 않는 것일까?" (17쪽)

우리는 미디어와 미디어 체제를 하늘에서 떨어져 우리에게 원래부터 주어진 것으로 간주하는 경향이 있다. 이런 경향은 '비가시적인 통제 체제'로 인해 더욱 강화된다. 실러는 그게 "미디어와 문화 부문에서 일하는 기간 요원들이 어떻게 그들의 일자리를 얻느냐 하는 문제"라고 말하지만, 실상은 그 이상의 것이라고 보아야 할 것이다.

우선 미디어와 미디어 체제를 문제삼아야 할 사회적 기능이 부여된 대학의 미디어 관련학과들의 모습을 직시해보자. 이들은 '산학협동'이라는 미명하에 미디어 및 미디어 체제와 사이좋게 지내는 걸 원한다. 그게 곧 교수는 물론 학생들에게도 큰 이익으로 돌아가기 때문이다.

여기서 잠시 사적인 이야기를 한다면, 내가 가장 스트레스를 받는 것도 바로 그 문제 때문이다. 학생들의 취업에 도움이 되는 교수가 되려면 가능한 한 기존 미디어 및 미디어 체제와 잘 어울려 지내야 한다. 유착을 하면 더욱 좋을 것이다. 그런데 나는 그렇게 하지 못하고 있다. 오히려 정반대로 비판을 하기에 바쁘다. 늘 이게 나를 괴롭힌다.

서울대 교수는 무슨 일을 해도 괜찮다. 학생들 스스로 '서울대'라는 간판을 활용할 수 있기 때문이다. 서울대 교수는 취업을 못한 학생에게 "그거밖에 못 되느냐?"고 오히려 큰소리칠 수 있다. 반면 지방대 교수는 학생에게 죄스러워 한다. 물론 지방대에도 서울대 교수처럼 당당하게 행동하는 교수들이 많긴 하지만, 내심 학생들에게 미안하게 생각하는 교수들이 훨씬 더 많을 것이다.

서울대 교수들이 그런 비판의 악역(惡役)을 맡아주면 얼마나 좋을까? '서울대'라는 간판의 권위도 있기 때문에 훨씬 더 잘 먹혀들 게 아닌가. 그러나 대부분의 분야가 그렇듯이, 서울대 교수들이 가장 보수적이다. 왜 그럴까?

'지금 이대로' 너무 행복하기 때문일 거라고 주장하는 사람들이 있다. 이들의 설명에 따르면, 비판적 지식인들은 자신이 행복하지 않기 때문에, 좋게 말하자면 사회를 바꾸고 싶어하고 나쁘게 말하자면 사회를 향해 화풀이하는 거다. 나는 이런 시각에 일리가 있다고 생각하지만 이것만으로 모든 걸 다 설명할 수는 없다고 본다. 나는 서울대라는 집단과 구조와 문화 자체가 적어도 현 단계의 한국 사회에선 '보수'의 정수(精髓) 그 자체라고 생각한다.

연고대 교수들이라도 좀 나서주면 좋겠지만 이들은 서울대의 철저한 아류다. 이게 바로 한국 대학 지식계의 비극인 것이다. 그렇다고 통곡할 필요는 없다. 그게 바로 '미국화'의 길이요 '선진화'의 길이라고 생각하면 된다.

교육과 문화에 대한 환상

한국과 미국을 막론하고 학계의 모든 분야가 다 그런 식이다. 대학은 이미 사회 체제에 흡수된 상업주의 시스템으로 거듭났으며 그 안에서 활동하는 지식인들도 그 시스템에 안주해 가고 있다. 실러가 프랑스의 지식인 레지스 드브레의 다음과 같은 발언을 인용, 소개한 것도 바로 그런 문제의식의 연장선상에서 비롯된 것임은 두말할 나위가 없다.

"프랑스 지식인들은 때로 대단히 다양한 직업 집단에 대해 '권력'이라는 개념을 적절하게 사용한다. 하지만 자신들에게 적용한 적은 없다. 과거에 다른 부문에서 작용했던 '권력' 기제와 네트워크 그리고 이를 표현한 것들에 대해서는 끊임없이 이야기하지만, 대학·출판·미디어에서 현재 존재하는 선택과 검열, 장려와 배제라는 기제에 대해서는 고집스럽게 침묵을 지키고 있는 것처럼 보인다. 지식권력이 지식인들

의 눈앞에서는 존재하지 않을 수도 있을까?"(20쪽)

일단 문화가 길들여지면 그건 '자연 법칙' 이상의 무게를 갖게 된다. 계급 갈등마저도 문화적인 위장막하에선 개인 능력이나 취향의 문제로 변질된다. 미국에서 '명문대에 입학하는 길은 우편번호에 달렸다' 는 말이 나오게 된 건 무얼 의미하겠는가? 실러는 이와 관련된 기사를 다음과 같이 인용, 소개하고 있다.

"명문 캘리포니아대학의 분교에 입학 허가를 얻은 사람들을 조사한 결과, 당락에 있어서 우편번호가 평균성적만큼이나 중요할지도 모른다는 사실이 드러났다. 이는 시스템 자체가 소수 부자에게 유리하다는 사실을 보여준다. 캘리포니아대학의 각 분교에 100명 이상의 학생을 보낸 고등학교들의 명단은 사교계 명단을 방불케 한다. 전부는 아니지만 압도적인 수가 백인 부유층 거주지의 학교들이다."(26쪽)

물론 한국도 크게 다르지 않다. '선진화' 라는 미명하에 점점 더 미국을 닮으려 애쓰고 있다. 동국대 사회학과 교수 조은은 『한겨레』 11월 25일자에 기고한 〈"너희가 대학을 아느냐?"〉라는 제목의 칼럼에서 연세대가 시도하겠다는 '기여우대입학제' 를 비판하면서 다음과 같이 말한다.

"수능점수에 따른 대학의 서열은 거의 학부모의 사회적 지위와 같이 가고 있다. 웬만한 사회학자는 대학의 순위에 맞춰 학부모들의 직업과 소득, 학력, 그리고 거주지까지 어느 정도 맞힐 수 있다. 교육을 통한 계급 재생산이 아니라 교육현장이 곧 한국사회 계급의 공고화를 극명하게 보여주는 현장이 되고 있다."

우리는 교육과 문화에 대한 환상부터 버려야 할지도 모른다. 그 영역이 공정한 곳이라는 환상 말이다. 미국 유력지들의 서평 기사는 어떨까? 세계적인 지명도를 갖고 있는 『뉴욕 타임스』의 서평 기사는? 공정할까? 공정하지 않다! 무슨 음모 때문일까? 그러나 음모론을 제기할 필요조차 없다는 것이 실러의 주장이다. 왜?

　"대체로 누가 서평을 하고 그들이 어떤 언급을 할지를 예측하는 것이 점점 더 가능해지고 있다. 논쟁의 여지가 비교적 적은 영역에 대해서는 서평자 선정에서 다소의 상상력이나 개방성을 발휘하는 것이 쉽사리 용인된다. 그러나 주제가 사회적으로 중요한 문제에 관한 것이라면 관용의 여지는 급속히 줄어든다. 사실 비판적 시각에서 사회 문제에 접근하는 책들은 거의 서평 대상으로 선택되지 못한다."(34~35쪽)

상업주의에 환장한 미국 문화

　그렇다. '비판적 시각'은 점점 더 부담스럽고 시대착오적인 것으로 전락해가고 있다. 이른바 '시장(市場)'에서 환영받지 못하기 때문이다. 우리가 즐겨 쓰는 '시장'이라는 말이 우리의 전통적인 시장을 의미하는 것이라면, 시장에서의 싸움은 해볼 만한 것인지도 모른다. 그 경우의 싸움은 머릿수 싸움이 될 것이기 때문이다. 그러나 우리 시대를 지배하는 '시장 논리'는 그런 시장의 논리가 아니다. 과연 누구의 시장인가? 실러는 존 맥매너스의 『시장지향적 언론 Market-Driven Journalism』이라는 책의 한 대목을 다음과 같이 소개한다.

　"방송이든 신문이든 시청자 혹은 독자를 만족시키기 위한 노력은 1인 1표와 같은 종류의 민주주의가 아니다. 시장 지향적 언론은 가난한 사람과 나이 든 사람보다 부유한 사람과 젊은 사람에게 더 관심을 둔다. 왜냐하면 뉴스의 선택이 광고주들의 선호를 만족시켜야 하기 때문이다. 사실 합리적인 시장 지향적 언론은 독자와 시청자와 같은 시장보다는-그리고 때로 그것을 희생시켜 가며-투자자, 광고주, 권력자들을 위한 시장에 봉사해야만 한다. 시장 지향적 언론이 진정으로 독자나 시청자를 위한 것이라고 생각하는 것은 순진한 발상이다. …… 대부분의 경우 시장 지향적 언론이라는 말은 모순어법이며 모순적인 개념이다."(40쪽)

지식인도 시장의 법칙을 따라야만 한다. 그래야만 유명해지고 권력을 얻게 된다. 실러는 그런 지식인의 대표적인 사례로 헨리 키신저를 지목한다.

"수십 년 간 헨리 키신저가 방송에 가장 자주 등장해서 시사적인 문제에 대해 자신의 지혜를 제공하는 인물 중 한 명이 된 이유는 그의 얼굴이 화면에 잘 받거나 그의 목소리가 듣기 좋기 때문이 아니다. 처음에 하버드대학의 소장 교수였던 그가 록펠러 가문에 의해 세상에 알려지게 되었기 때문에, 그는 오랫동안 자신의 후원자들을 위해 열성적으로 봉사한 것이다. 그가 부자들에게 호소력을 가질 수 있었던 것은 원자폭탄을 떨어뜨릴 수 있다는 생각을 하는 데 주저하지 않았던 그의 태도 때문이었다."(49~50쪽)

영화는 어떤가? 미국에 영화평론의 자유가 있는가? 변변치 않다는 것이 실러의 주장이다. 그가 소개하는 한 사례를 들어보자.

"연예계를 대상으로 한 잡지인 『버라이어티』의 한 평론가는 파라마운트 영화사가 4천만 달러의 돈과 해리슨 포드를 기용해서 만든 스릴러 영화 『패트리어트 게임』에 대한 평론에서 과감하게도 이 영화를 '파시즘적'이라고 비난했다. 『로스앤젤레스 타임스』의 보도에 따르면, 파라마운트사는 이에 격분해서 이 잡지에 대한 광고를 모두 취소시켰다. 더욱이 이 잡지에서 20년이나 일한 베테랑 평론가는 어린이 영화 평론으로 밀려났고, 결국 해고되었다. 『버라이어티』의 편집장은 파라마운트 커뮤니케이션사의 회장이자 최고경영자인 마틴 데이비스에게 사과문을 보냈다. 이 편지에서 그는 그 평론가가 '전문성이 떨어지며 앞으로 더 이상은 파라마운트 영화에 대한 평론을 쓰지 못할 것'이라고 썼다. 언론의 역사는 이런 이야기들로 가득 차 있다. 그 가운데 대부분은 보도되지도 않았던 것들이다."(57쪽)

이처럼 오늘날 미국 문화는 상업주의에 압도되고 있다. 아니 속된 말로 상업주의에 환장했다는 표현이 더 실감나겠다. 문화판에 투신한 최고급 두뇌들이 주로 하는 일이라는 게 한푼의 이윤이라도 더 짜내는 것이니 지나친 표현도 아니다. 예컨대, 이미 1980년대에 도입된 시간 압축 기법이라는 건 어떤가.

"시간 압축 기법은 일반적으로 영화와 옛날 텔레비전 프로그램의 속도가 빨라지도록 함으로써 상업광고의 여지를 넓히는 데 사용되고 있다. 이 기술은 특히 방송에 매력적인데, 왜냐하면 추가적인 편성 비용 없이 광고 시간을 몇 분 늘일 수 있기 때문이다. 이 기술로 두 시간짜리 영화를 8% 빨리 상영할 수 있으며, 따라서 장면을 삭제하지 않고도 거의 10분 가량의 시간을 얻을 수 있다. 이러한 수단이 원작 영화나 텔레비전 프로그램의 완성도에 가져오는 영향은 고려되지 않는다."(128 ~129쪽)

우리가 인터넷을 중심으로 이미 원 없이 만끽하고 있는 정보사회의 축복은 과장과 환상과 착각으로 뒤범벅된 것이다. 그런 관점에서 실러는 책의 상당 부분을 정보사회를 판매하기 위한 홍보에 대해 의문을 제기하는 데에 할애하고 있다. 그는 정보고속도로와 인터넷에 대한 선전 문구를 소개한 뒤 반론을 펴고 있는데, 몇 가지 살펴보자. 소제목을 다는 것으로 나의 논평을 대신하겠다. 좀 웃자고 과장된 제목을 붙일 것이니, 이 점 이해하시기 바란다.

그렇게 할 일이 없나?

선전: "상상해 보라. 당신이 전화, 텔레비전, 비디오 카메라, 그리고 개인용 컴퓨터를 합쳐놓은 제품을 갖고 있는 모습을. 그러면 당신이 어딜 가든 언제나 당신의 아이는 당신을 볼 수 있고, 당신과 이야기할 수 있을 것이다. 당신은 좋아하는 운동 팀의 최근 경기를 다시 볼 수도 있고, 도서관에 들어온 신간 서적을 안방에서 볼 수 있으며, 식료품·가구·옷 등 당신이 필요한 어떤 것에 대해서도 동네에서 가장 싼 곳이 어딘지 알아낼 수 있을 것이다."

반론: "24시간 내내 당신의 자녀와 쉬지도 않고 함께 있어야 한다고 상상해 보라. 어떤 이는 이것이 혹시 지옥을 묘사한 것이 아닐까 생각할지도 모른다. 당신 팀의 지난 경기를 다시 보는 것도 마찬가지다. 대부분의 경우 이런 일은 가장 쉽게 잊혀지는 것들이다. 모든 사람이 마음껏 도서관의 보고(寶庫)를 이용할 수 있다는 전망은 공공 도서관들이 문을 닫거나 사라질 수 있는 가능성을 간과하고 있다. 그러므로 새로운 수단이 보여줄 수 있는 전망은 고작 쇼핑에 대한 것이 전부다."(145~146쪽)

사람 얼굴 직접 보는 게 그렇게 싫은가?

선전: "상상해 보라. 만약 모든 학생들이 거주지, 가정 환경, 장애 여부에 상관없이 최고의 학교에서 최고의 선생님으로부터 최고의 수업을 받을 수 있다면, 당신의 삶이 얼마나 극적으로 바뀔 것인지."

반론: "이 대학(선구적인 사이버대학이라는 샌프란시스코 소재 피닉스 대학)에는 18,000명의 학생 가운데 천 명이 컴퓨터를 이용해서 학위를 받고 있다. 그 학교에는 동아리도, 기숙사도, 축구팀도 없다. 심지어는

도서관도 없다. 다만 학교측에서 전화비를 부담하는 전화 한 대와 책상 하나가 고작이다. 더 중요한 점은 피닉스대학에서 학생들을 가르치고 있는 2,100명의 강사들 중 정년이 보장된 교수나 전임강사는 한 명도 없고, 이들 모두는 한 강좌에 1,000달러에서 1,200달러를 받도록 개별적으로 계약을 맺고 들어온 사람들이라는 것이다. 이 정도는 대학 강사 임금의 최저 수준에 맞먹는 것이다. 강사를 임시직으로 바꾸고 멀리 사는 학생들을 케이블 텔레비전과 광통신으로 연결하는 것이 아무리 교육의 진보로 떠받들어진다고 하더라도, 그 모든 것들은 기껏해야 이 나라 공교육 제도의 쇠퇴를 은폐하려는 또 한번의 기술적인 눈속임으로 간주될 수 있을 뿐이다. 그것을 혜택이라고 칭송하는 것은 의도했든 하지 않았든 추잡한 사기이다."(146~147쪽)

집에 틀어박혀 지내는 게 축복인가?

선전: "굳이 큰 기관이나 대도시 도서관, 박물관에 가지 않고서도 어디서나 미술, 문학, 과학 분야의 보고들을 구해 볼 수 있을 것이다."

반론: "물론 좋은 일이다. 그러나 만약 아이들을 둘러싼 대부분의 사회적 환경이 쇼핑, 공허한 오락, 그리고 불쾌하기 짝이 없는 선정주의와 같이 더욱 상업성을 부추기는 활동들로만 가득 차 있다면, 도대체 무엇이 그들로 하여금 이와 같은 보물들을 찾도록 만들 수 있겠는가?"(147쪽)

'인간적인 방식'은 '저발전'의 증거인가?

선전: "필요할 때, 필요한 곳에서 줄 서서 기다리지 않고서도 온라

인을 통해서 개선된 미국의 의료 서비스와 기타 사회적 필요에 부응하는 중요한 서비스를 받을 수 있을 것이다."

반론: "여러 해 동안 미국인들은 의사의 왕진(往診)이 마치 '저발전'의 증거인 양 믿게 만드는 환경에서 살아왔다. 그래서 정보고속도로 옹호자들에게는 원격진료가 점점 더 그리고 거의 유일하게 선택할 수 있는 길인 것처럼 보일지도 모른다. 그러나 이것이 이미 증명된 혜택인가? 아니면 단지 사람들의 요구에 인간적인 방식으로 접근하지 않는 자신들의 태도에 대한 정당화인가?"(148쪽)

공동체가 그렇게 싫은가?

선전: "자동차나 버스, 기차로 출근하지 않고도 전자 고속도로를 통해 '재택 근무'를 하게 되므로, 유용하고 만족스러운 고용 기회를 포기하지 않으면서도 어디든 원하는 곳에 거주할 수 있을 것이다."

반론: "통근 시간과 이에 소모되는 에너지 소비를 줄이겠다는 생각은 분명 바람직하다. 그러나 이러한 목표는 예를 들면 대중 교통이나 계획된 사업 입지 선정과 같은 다른 방식으로 이루어져야 한다. 재택근무를 전 국민의 생활방식으로 만들겠다는 발상은 사람들을 더욱 개별화되도록 만들고 공동체를 파괴하는 방향으로 나아가고 있는데, 일부러 더 그런 방향으로 몰고 가야 한단 말인가?"(148~149쪽)

도박을 집에서까지 해야 하나?

선전: "기술은 현재 막 만들어지고 있는 전자 초고속도로를 통해 도박의 기회를 제공함으로써 그 시장을 확장할 수 있다. 다시 말해 케이

블 채널과 텔레비전 화면을 이용해서 쌍방향 카지노 게임에 참가함으로써 사람들은 집에서도 도박을 할 수 있게 될 것이다."(162쪽)

이 선전에 대해선 굳이 반론을 할 필요가 없을 것 같다. 이 선전은 미래의 쌍방향 서비스 예찬이 갈 데까지 가 급기야 '도박 예찬론'의 경지에까지 이르렀다는 걸 보여주고 있다.

실러의 모든 반론에 다 동의할 필요는 없다. 나 역시 실러의 모든 주장에 다 동의하진 않는다. 내가 보기에 이 책의 장점은 우리가 너무도 익숙해 있고 당연하게 여기는 것들에 대해 다시 한번 생각해보게 해주는 데에 있다. 미디어가 제공하는 쾌락을 즐기더라도 그 속성과 이면을 알고 즐긴다고 해서 큰일날 것 없지 않은가.

제2장
일상적 삶에서의 인터넷

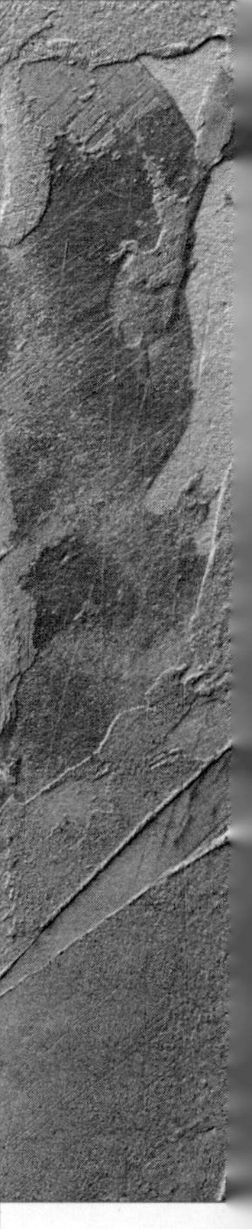

내 삶을 윤택하게 해주는 인터넷

나순덕 _ 재료공학과 3학년, na309@hanmail.net

　나의 일상적 삶에서 인터넷은 과연 무엇일까? 나는 하루에 두세 시간 이상은 그것과 놀아야 한다. 휴일에는 정도가 더욱 심해진다. 인터넷은 이미 나에게 큰 의미로 자리잡은 지 오래이다. 몇 가지 점에서 그렇다.

　첫째, 인터넷은 나에게 '정보의 샘'과 같은 존재라고 말하고 싶다. 인터넷은, 컴퓨터가 내 방 한구석을 차지하고 있는 만큼, 책이 가득한 도서관이나 직접경험을 위한 실제 현장보다 훨씬 빠르고 신속하게 정보를 얻을 수 있게 해준다. 나는 책을 찾고 그와 관계된 자료를 뒤지는 번거로운 작업보다 단순히 단어를 클릭하고 마우스로 가볍게 검색하는 인터넷 사용을 더 선호한다.

　특히 인터넷은 리포트를 준비할 때 먼저 도움을 청하고 싶은 존재이다. 서로 다른 직업이나 다른 분야에 관심을 가지고 있는 사람들이 만든 사이트는 그야말로 살아 있는 정보원이기 때문이다. 새로운 연예인이나 정치인에 대한 프로필을 알고 싶거나 그의 스케줄을 알고 싶을 때 혹은 그들의 관련기사를 접하고 싶을 때는 그들의 사이트에서 많은 정보를 얻기도 한다. 아직 학생으로서 그들을 직접 찾아가 개인적인 면담을 요청하여 성사시키는 것이 그리 가능성 있어 보이지 않기 때문이다. 이렇게 인터넷은 나에게 무한하고 다양한 정보를 주는 고마운 존재이다.

둘째, 인터넷은 나에게 '즐거운 쉼터'와 같은 존재이다. 나는 테트리스라는 인터넷 게임에 푹 빠져버렸다. 변변치 못한 놀이문화에서 인터넷상 게임은 유일한 쉼터요 삶의 즐거움 중 하나이다. 게임에는 여러 종류가 있는데, 컴퓨터와 직접 겨루는 단순한 오락실용 게임과 인터넷 게임은 많은 차이가 있다. 컴퓨터가 아닌 사람들과 같이 즐기면서 게임을 할 수 있다는 점에서 인터넷 게임은 매력을 가지고 있는 것이다.

셋째, 인터넷을 '만남의 장'이라고 표현하고 싶다. 흔히들 채팅이라고 한다. 외로움을 잘 타는 나는 문득 누군가와 이야기를 하고 싶을 때가 있다. 다양한 사람들과의 채팅은 새로운 세계를 느끼고 깨닫게 해주기도 하고 여러 가지 갈증을 해소시켜주기도 한다. 그리고 경쟁적이고 이기적일 수 있는 현대 인간관계에서 조건 없는 친구를 만들 수도 있다. 인터넷은 나의 생활에 주가 될 수는 없지만, 무료하고 지루한 생활에 햇빛이 쨍쨍 내리쬐는 여름날의 소나기와 같은 존재일 것이다.

넷째, 인터넷은 나에게 윤택한 삶을 제공하여 준다. 먼저 특이하고 개성적인 옷이나 액세서리를 좋아하는 나는 인터넷 쇼핑을 많이 활용한다. 많은 쇼핑 사이트를 돌아보며 특이한 디자인이나 독특한 특징을 가진 물건을 골라 가격까지 꼼꼼하게 따질 수 있는 점에서 유리하다. 따로 시간을 내어 다리품을 팔아가며 쇼핑을 해야 하는 수고스러움을 덜어주기 때문에 교통비를 절약하기 위해서라도 난 이 방법을 많이 택한다.

메일이나 메신저를 통한 인터넷 사용 역시 내 생활에 있어서 빼놓을 수 없다. 멀리 떨어져 있는 친구들과 얼굴을 보거나 전화 통화를 하면서는 할 수 없었던 속 깊은 애기를 전하는 데도 인터넷은 큰 역할을 한다. 나는 msn이라는 메신저를 사용하고 있는데 컴퓨터를 켜서 로그인만 하면, 자주 볼 수 없는 친구들이나 주변 사람들과 마치 바로 옆에 있는 것처럼 대화를 할 수도 있다. 해외도 물론이다. 정말 좋아진 세상이다.

인터넷엔 소비자 상대의 많은 사이트들이 홍보 효과를 위해 푸짐한 경품을 내걸고 퀴즈나 조건을 제시하는 경우가 많다. 나에겐 그것들을 찾아 경품을 타는 재미도 여간 만만치 않다. 특히 나는 화장품 전문 사이트를 자주 방문하곤 하는데 그곳에서 하는 행사에 참여해 톡톡한 기쁨을 맛보기도 한다.

정보 제공을 주로 하는 사이트 말고도 이색적인 사이트도 많다. 내가 이용하는 사이트 중에 '커플클럽'이라는 곳이 있는데 연인을 공략하는 형식으로 아주 다양하고 풍부한 재미거리가 있다. 그곳에서는 커플이 같은 아이디로 로그인을 하여 서로 전하고 싶은 메시지를 주고받거나 일기를 쓰기도 하고 사연을 적은 예쁜 글을 올려 채택될 경우에는 상품을 받기도 한다. 또한 커플들끼리 공유할 수 있는 특별한 상품을 준비해놓고 있다. 흔히들 장만하는 커플링에서부터 커플 목걸이 커플T 등등 다양하다. 게다가 오랫동안 서로 써왔던 일기를 일기장으로 따로 제작 신청할 수도 있으니 연인들을 제대로 공략했다고 할 수 있다. 나도 그랬지만 이 사이트를 이용해 더욱 깊은 사랑을 키워나가는 연인들이 꽤 많지 않을까 싶다.

윤택한 생활의 한 조건으로 음악이 빠질 순 없을 것이다. 나 또한 음악 감상을 좋아하고 새로운 음악을 많이 탐색하는 편인데, 인터넷상의 공유파일 '소리바다' 라는 사이트는 정말 고마운 존재다. 음반시장에서는 이런 날 원망할지는 모르겠지만, 음반을 직접 구입하는 것보다 한 곡 한 곡 맘에 드는 음악을 추구하다 보니 주로 파일을 받아 감상하는 편이다. 예전에 소리바다가 잠시 폐쇄 조치된 적이 있지만 그것의 역할이 큰 만큼 그리고 그 조치로 음반시장의 불황을 넘을 수는 없다고 판단된 만큼 지금은 다시 운영되고 있다.

내가 인터넷을 이용해 윤택한 삶을 누리는 마지막 예로 카페나 동호회 활동을 들고 싶다. 비슷한 취미와 특기로 뭉친 사람들이 서로의 관심 분야에 맞는 활동을 하고 친목을 도모하기도 하는 것이다. 나는 한창 스타크래프트라는 게임에 빠져 있는데 그 게임을 함께 추종하고 좋아하는 사람들을 만난다는 것은 큰 기쁨이다. 또한 출신학교 동창들의 모임처럼 자칫 서로 잊고 지낼 사람들을 다시 뭉쳐 친목을 도모하게 하는 일도 중요하다 할 것이다.

내가 인터넷에서 얻는 게 이렇게 많고 크다니 놀랍다. 삶을 한층 더 풍요롭게 하는 공로자라고 말하고 싶다. 그렇다면 인터넷 사용에 있어서 우려할 점은 없는 것일까? 인터넷 추종자인 나도 몇 가지 우려 사항이 있다.

흔히들 인터넷 중독 현상이라고 한다. 나도 예외는 아니다. 책을 보며 지적 양식을 넓혀 가는 시간보다 인터넷과 씨름하는 시간이 더 많기 때문이다. 간편하고 편리한 것만을 추구하다 보니 나태해지고 게을러지며 심지어 건강까지 해치고 있다. 너무 쉽게 얻고자 하는 것을 얻을 수 있다는 것은 길게 볼 때 좋은 일만은 아닌 듯하다.

또 한 가지 지적하자면, 사생활 침해 문제를 들 수 있겠다. 친구들 중 패스워드를 해킹당해서 많은 피해를 본 친구가 있다. 나 같은 경우는 메일 주소를 어떻게 알았는지 원하지 않는 스팸메일이 와서 대단히 번거롭다. 앞으로 이런 피해는 더욱 심해질 것 같다. 이것 말고도 익명성에서 오는 예의 없는 행동, 자살 사이트 등과 같은 불건전한 내용에의 노출, 기타 범죄와 관련된 우려 등도 심각한 문제라고 할 수 있을 것이다.

하지만 세상 어떤 것에도 장·단점이 존재하는 만큼, 인터넷을 어떻게 하면 더욱 긍정적으로 활용할 수 있느냐와 어떻게 하면 부정적인 측면을 줄일 수 있느냐를 고민해 보는 자세가 더 필요하다고 하겠다.

"자세한 얘기는 인터넷에서 하자"?

최정호 _ 신문방송학과 98학번, honest79@lycos.co.kr

나는 종종 컴퓨터 앞에서 서성이다 무의식적으로 인터넷을 클릭하고 한없이 시간을 보낸다. 나뿐만 아니라 대부분의 사람들이 비슷한 경험을 한다. 이것은 '마약 중독'에 빠진 것과 같은 것이라고 볼 수 있다. 잠시라고 생각하며 시작했던 것이 나도 모르게 많은 시간을 허비해 버린 것이다.

이런 얘기는 "인터넷을 항해한다"는 말을 통해 알 수 있다. '항해한다'는 말은 바다와 같은 광대한 곳을 마음껏 돌아다니며 필요한 것을 얻는다는 뜻일 것이다. 하지만 달리 얘기하면 이 말은 '너무 넓기 때문에 목적지 없이 떠돌아다닌다'고 해석할 수도 있는 것이다. 어디로 가야 하는지, 무엇을 찾아야 하는지도 모른 채, 관심을 끄는 주위의 쓸데없는 정보들에 머물게 된다. 즉, 많은 정보 속에서 우리는 선택의 혼란을 느끼지만, 항해하는 그 자체가 즐겁기 때문에 블랙홀에 빠지듯이 한없이 돌아다니는 것이다. 어느덧 우리는 인터넷의 전유물이 되었고,

이제 인터넷 앞에서 강한 인내와 절제가 필요하게 되었다.

마약에 빠져드는 경우도 삶에 뚜렷한 목적 의식이 없거나 무기력할 때 일어난다. 내가 마약에 인터넷을 비유한 이유는 인터넷을 사용하면 할수록 끊기 힘들 정도로 중독되기 때문이다. 하지만 이런 점에도 불구하고 인터넷을 사용하는 것은 다수(대중)에 편승해 이제 하나의 작은 문화를 이뤄 사회를 주도하고 있는 것 같다. 즉, 우리들은 대중과 공감대를 같이 하기 위해 어쩔 수 없이 같은 것을 할 수밖에 없게 된 것이다.

예를 들어 인터넷 공간은 생활의 중심이 돼버렸다. 사이버 공간이라는 막연한 의미가 바로 친구들과 대화하는 모임 장소가 되었고, 우리의 부족한 욕구를 채워주는 훌륭한 디딤돌 역할을 하는 장소가 되었다.

나는 학내에 있는 바둑 동아리에 나간다. 바둑을 두는 것도 즐겁지만 동아리 방에서 사람들과 애기를 나누며, 함께 하는 시간이 좋아서 예비역이 된 지금도 가끔씩 동아리 방으로 발길을 향한다. 그런데 지금은 갈 필요를 못 느낀다. 아니 바둑을 두고 선·후배와 대화하려면 오히려 인터넷에 들어가는 게 낫다. 직접 동아리 방까지 가지 않고도 언제든지 만날 수 있으니 어쩌면 매우 편리하다. 하지만 왠지 아쉽고 허전함이 교차한다.

또 사람들은 "자세한 애기는 인터넷에서 하자"고 한다. 가깝게 지내는 사람이건 멀리 떨어져 지내는 사람이건 메일이나 채팅, 메신저 등의 인터넷 대화가 손쉽고 편리하다. 중독에 걸린 사람만 애용하는 게 아니다. 인터넷이 생활의 중심이 되었기 때문에 모든 사람들이 사용할 수밖에 없다.

인터넷 사용을 시간 낭비라고 하지 않는 사람들도 많다. 오히려 "하루가 다르게 변하고, 바쁘게 돌아가는 세상에 이것처럼 편리하고 좋은 것이 어디 있느냐. 좋은 것을 놔두고 옛것으로 퇴보하자는 말이냐?"고 반문하는 사람도 적지 않다.

나는 인터넷을 사용하면 좋지 않거나 나쁘다고 얘기하는 게 아니다. 또 몇 가지 폐해 때문에 무한한 가능성과 가치를 포기해서도 안 된다고 생각한다. 당장 인터넷이 가져다준 편리함만 얘기해도 이루 다 말할 수 없다.

내가 하고 싶은 얘기는 "필요 이상의 인터넷 사용을 자제하자"는 것이다. 우리는 어떤 것이 희소하다면 그것을 매우 값있게 여기고 적절하게 사용하는 경향이 있지만 그렇지 않으면 마구 사용하는 경향이 있다. 적절히 사용하면 약이지만 선을 넘을 땐 독이 되는 경우가 많다.

무심결에 TV 채널을 돌리듯이 이제는 무심결에 인터넷을 클릭한다. 과연 인터넷을 통해 무엇을 얻을 수 있는지 면밀히 생각해보고, 생활에 유용한 도구로서 아껴가며 사용하자. 한때 인터넷 중독에 빠졌던 나는 이제 나 자신과 굳게 약속하며 그것을 지켜나가고 있다.

나를 수동적으로 만드는 인터넷

김영웅 _ 중문학과 98학번, edmo38@hanmail.net

내가 방과 후 집에 돌아와 제일 먼저 하는 일은 컴퓨터를 켜고 이메일이 왔는지 확인하고 답장하는 것이다. 그 외 각종 인터넷 사이트에 접속해 글을 남기고, 영화를 본다거나, 음악을 듣는다거나, 또다른 곳에서 인터넷을 사용하는 사람과 채팅을 하기도 한다. 그리고 가끔 인터넷 쇼핑몰에 접속해 물건을 구매하기도 하고, 공부에 도움이 되는 사이트에 접속해 강의를 듣는 경우도 있으며, 각종 자료들을 다운받아서 보관하기도 하는 등 집에 있는 대부분의 시간을 인터넷을 하는 데 소비한다(한때는 야한 사이트에 탐닉해 많은 시간을 소비한 적도 있다).

그러나 그 어떤 경우보다도 (대부분의 학생들이 그렇겠지만) 학교에서 교수님이 리포트 과제를 내주셨을 때 인터넷을 가장 진지한 자세로 이용하게 되는 것 같다. 리포트에 대해 어떻게 쓸 것인지에 대한 생각을 하고 계획을 세우기 전에, 일단 검색사이트에 접속해 자료부터 찾고, 많은 자료를 수집할수록 '참고할 수 있는 자료가 많으니 글을 잘 쓸 수 있다'는 생각이 들며, 결국 나중에 그 자료들을 짜깁기해서 리포트를 작성하게 되는 경우가 많다. 그렇게 쓴 리포트에 나의 생각이나 의견 같은 것이 들어갈 리 없다.

지금 쓰고 있는 이 리포트만 하더라도 처음에 쓰려고 마음먹었을 때 인터넷에서 참고할 만한 자료를 찾을 수 없어 얼마나 애를 먹었는지 모른다. 개요를 만들어서 글을 쓰기 시작하면 훨씬 수월하다는 것을 알고는 있지만 개요를 만들어 글을 써본 적이 별로 없으니 내용을 전개해 나가기가 무척이나 힘들다.

인터넷이 나에게 미친 영향은 무엇일까? 긍정적인 영향과 부정적인 영향으로 나누어 얘기할 수 있겠다.

먼저 긍정적인 영향을 얘기해 보면, 원하는 자료나 정보를 책이나 다른 것들을 통해 일일이 찾는 것보다 손쉽고 빠르게 찾을 수 있고, 또한 물건을 주문할 때 매장에 직접 가지 않더라도 집에서 물건을 보고 주문할 수 있어 시간과 노력을 절약할 수 있다는 것, 그리고 채팅과 같은 수단을 통해 인터넷 상의 많은 사람들을 알 수 있다는 것 등을 들 수 있을 것이다.

부정적인 영향으로는 인터넷을 사용하는 시간이 많아지면서 가족들과 같이 하는 시간이 줄었다는 것이다(심지어는 밤늦게까지 인터넷을 하느라 다음날에 피곤해 하루 종일 멍한 경우도 많았다). 또 앞에서 말한 리포트를 쓰는 과정에서 나타났듯이, 나 자신이 수동화되어 누군가에 의해 이미 만들어진 정보나 쓰여진 글을 받아 조금 수정하는 정도의 글쓰기에 너무 익숙해져, 나의 의견을 능동적으로 정리해 나가기가 힘들다는 것이다. 즉 '방대한 정보의 원천'이라 할 수 있는 인터넷에 의존하는 정도가 갈수록 심해져 능동성과 창의성을 잃어버리게 되더라는 것이다. 나는 인터넷에 열심히 빠져들면서도 늘 이게 마음에 걸린다.

인터넷의 위력에 대한 불편함

최동환 _ 신문방송학과 2학년, cbt250@naver.com

지금까지 나에게 영향을 준 미디어는 여러 가지였지만 최근에 들어선 거의 인터넷에만 의존한다고 해도 과언이 아니다. 그 동안 텔레비전·라디오·신문·영화 등의 미디어에서 정보를 얻기도 하고 생활의 지침이랄까 하는 것을 얻어온 내가, 인터넷의 영향력 아래 놓이게 되고 그것에서 거의 모든 정보를 얻게 된 것은, 인터넷의 가공할 만한 위력에 굴복했기 때문일 것이다.

흔히 내가 어떠한 정보의 부족에 봉착했을 때, 가장 많이 듣는 것은 "인터넷에서 찾아봐"라는 무신경하면서도 이해할 수 없다는 듯한 말이다. 나는 인터넷에 의존하지 않고 나에게 다가온 정보 부족의 문제를 해결하고 싶은 것이 작은 소망이기에, 그럴 때 곧장 인터넷으로 달려가진 않는다. 하지만 그렇게 생각하고 결심하고 행동한 지 얼마 지나지 않아 후회를 하게 된다. '인터넷 찾아볼 걸 ……', 후회를 하고는 나는 정보결핍의 불안감을 인터넷으로 해결하게 된다.

나의 하루 일과는 인터넷과 라디오로 시작된다. 하지만 라디오는 단지 습관적으로 듣는 것일 뿐 나에게 큰 의미로 다가오지는 못한다. 예전에는 아침에 신문을 읽으며 하루를 시작했었는데 지금은 인터넷에서 실시간으로 링크되는 전자신문과 동영상으로 대체했다.

얼마 전 장기간 여행할 일이 있었는데 정말 나에게는 놀랄 만한 일이 발생했다. 다른 사람들에게는 별거 아닌 일일 수도 있겠지만, 나는 나와 우리시대 사람들의 인터넷에 종속된 모습에 대해 깊이 생각해볼 수 있었다.

나는 여행의 지루함을 없앨 목적으로 신문과 잡지를 구입하고 나서 기차에 올랐다. 그런데 신문과 잡지를 뒤적뒤적 넘기다가 정말 나도 모르게 부지불식간에 이슈들을 체크해 놓고는, '집에 가서 인터넷으로 찾아봐야지' 라는 생각을 하게 되었다. 나의 이런 생각은 그 신문과 잡지에 글을 기고한 기자와 작가들을 모두 무시한 것 같아서 미안한 생각이 들었다. 그러나 문제는 활자매체의 지면에 나타난 글만을 가지고는 나의 욕구가 채워지지 않는다는 것이었다. 인터넷상에서 여러 신문들의 보도를 비교해보고 그에 대한 정보를 웹(web)상에서 찾아보고 해야 나의 욕구가 채워지더라는 걸 깨달았다.

나의 이러한 습관이 언제부터 생겼는지는 몰라도 이제 더 이상 신문을 비롯한 여러 매체를 예전처럼 접할 수 없게 되었다는 건 분명한 사실이다. 나는 얼마 남지 않은 대통령 선거에 대한 정보도 인터넷을 통해서 확인하곤 한다. 언제부턴가 텔레비전이나 신문에서 보도되는 대선에 대한 내용을 신뢰하지 못하게 된 것이다.

그렇다고 해서 인터넷을 전적으로 믿는다는 말은 아니다. 오히려 나의 정보 검색 능력에 대한 자만에 빠져 있다는 생각이 든다. 인터넷상에서는 내가 원하는 정보를 취하고, 원하지 않는 정보는 과감히 버리고, 다른 시각의 정보를 얼마든지 찾아낼 수 있다. 비단 이 경우뿐만이 아니다.

대학생이다 보니, 종종 리포트를 제출해야만 하는 상황에 처하게 된다. 처음에는 인터넷의 힘을 빌리지 않고 나름대로 책을 찾아보고 나의 의견을 리포트에 옮겨야겠다고 굳은 결심을 한다. 하지만 다른 학생들이 인터넷에서 쉽게 구할 수 있는 내용을, 나만 어렵게 책을 뒤지고 그것을 읽고 나서 평가한다고 해도, 그것에 따른 보상은 전혀 없다.

꼭 그에 따른 보상을 바라는 것은 아니지만, 어느 순간 쉽게 인터넷으로 할 수 있는 일을 바보같이 하고 있다는 생각에 딜레마에 빠지고 만다. 그리고 뒤돌아 서서 내 고집에 내가 뒤엉킨 듯한 느낌이 드는데, 그 느낌이 너무 싫어서 인터넷에 의존하게 되는 것이다. 다시 말해서 리포트를 쓸 때에 인터넷을 이용하면 단 몇 시간 만에 해결할 수 있는 것을, 그것을 제대로 해보겠다고 발버둥치면 며칠이 걸리고 그 리포트의 효용성도 인터넷을 이용했던 경우보다 더 크지는 않다. 좀더 솔직해지자면 바로 이러한 점 때문에 인터넷에 의존해서 레포트를 쓴 기억이 있다. 어떻게 보면 막대한 정보에 대응할 만한 여력이 없었다고 말할 수 있을 것이다.

더욱 심각하다고 생각되는 것은 활자매체로부터 서서히 멀어져만 간다는 것이다. 예전에 비하여 글을 읽는 것 자체가 번거롭게 느껴지는 것은 비단 나만의 문제는 아닐 것이라는 생각이 든다. 우리는 어떤 정보를 획득하는 데 있어 인터넷을 통한 영상물에 너무나도 익숙해져 있다. 그렇기 때문에 활자매체 자체가 부담스럽게 느껴지는 것이다. 나는 영상매체가 사람의 생각을 제약하고 단순화한다는 생각에 찬성하는 입장이라서, 될 수 있는 한 활자매체가 인터넷의 가공할 위력에 맞대응하기를 마음속으로 바랄 뿐이다.

　인터넷은 여러 가지 제약을 파괴시키는 매체이다. 예를 들어 청소년에게 유해한 성, 폭력의 문제를 인터넷을 통해서라면 쉽게 접할 수 있다. 이들은 이러한 것을 자연스럽게 흡수하고 도덕적인 관념을 상실해 버린다. 또한 이들 세대의 사고 방식은 인터넷과 같이 일시적이고 가변적이며 항상 새로운 것만을 추구하는 '하이에나'와 같다. 인터넷의 익명성을 이용한 갖가지 '사이버 범죄'와 게임에 중독되는 사람들은 인터넷의 폐해를 더욱 적나라하게 부각시킨다.

　인터넷의 좋은 점은 이루 헤아릴 수 없이 많다. 하지만 우리가 인터넷을 이용하는 것이지, 인터넷이 우리를 이용하는 것은 아닌 만큼, 우리의 정체성만큼은 공고히 해야 할 것이다. 우리는 과거엔 인터넷 없이도 너무 편하게 살았다.

나의 인터넷 정당 체험기

유미연 _ 정치사회학부 1학년, violet-8@hanmail.net

나는 현재 시사평론가이자 방송인으로 활동했던 유시민 씨가 창당한 '개혁적 국민정당'(이하 '개혁당')의 당원으로서 활동하고 있다. 정치권에서는 개혁당의 위치를 매우 가볍게 여기고 있지만, 난 이 정당이 초심을 끝까지 변치 않고 성장한다면 반드시 그들이 바라는 세상이 도래하리라 믿고 있다.

추석 연휴 마지막 날로 기억되는데, 정동영 민주당 대변인을 사적으로 만나 얘기를 나눈 적이 있다. 당시 나는 개혁당의 창당 소식을 언론학교를 통해 막 접하여 발기인으로 참여할지의 여부를 고민하던 중이었다. 여러 사담을 나누던 중에 개혁당에 대한 아저씨(편의상 내가 쓰는 용어를 사용하겠다)의 의견이 궁금해져서 묻게 되었다. 잠시 대화를 옮겨보기로 한다.

"아저씨. 개혁적 국민 정당에 대해 들어보셨어요?"

"아~ 유시민 씨가 창당한 인터넷 정당을 말하는가 보구나."

"네. 이 정당에 대한 아저씨의 의견이 궁금해요. 아저씨 같은 국회의원들은 어떻게 보고 있나요? 제 주위에 대학생들은 이 정당에 대해 관심이 꽤 많거든요. 긍정적으로 보는 사람도 많구요."

"아저씨도 그 정당의 의도와 용기에는 박수를 보내고 싶어. 하지만 실질적으로 그 영향력을 행사하기엔 아직은 매우 힘이 약한 것이 사실이지. 하지만 중요한 건 우리나라 정치의 성숙을 위해서 밑거름 역할을 하리라고 본다."

평소 존경하고 좋아하는 분의 호평 때문이었을까. 아님 정치가 올바른 길을 걷길 바라는 간절한 마음 때문이었을까. 아저씨와의 대화가 끝나고 나는 이 당에 발기인으로 가입했다. 그리고 현재 개혁당의 일원으로 참여하고 있다.

창당 추진위원을 뽑고 당헌을 개정하는 과정에서 직접 투표권을 행사함으로써 나의 당원으로서의 본격적인 활동은 시작되었다. 창당 실무기획단에서 미리 틀을 만들어 둔 내용을 골자로 하여 온라인 상에서 당원들에게 찬반 여부를 묻는 형식으로 투표는 진행되었다.

이 과정에서 내가 느낀 점은 개혁당에서 주장하는 국민 정당, 인터넷 정당의 실현이란 쉽지만은 않겠구나 하는 점이었다. 창당 추진위원들의 신상 명세와 그들의 소신을 자세히 가늠하기엔 온라인 상에 주어진 자료는 너무 부족했다. 당헌 또한 마찬가지였다. 물론 당헌을 만들기까지 고민하였을 창당 실무기획단의 소중한 합심과 노력을 의심하는 것은 아니다. 그리고 이렇게 허점을 드러내기까지 주어진 시간이 턱없이 부족했음을 간과할 수 없음도 안다. 하지만 불충분한 신상 및 소견에 대한 자료와 당헌에 대한 자세한 인지 과정이 생략되어 발생한 당내 비판의 목소리와 우려 섞인 불평은 개혁당이 반성해야 할 대목이라 하겠다. 참고로 이런 일 이후에 온라인 투표시, 후보의 신상 명세 및 소신에 대한 소개 작업에 심혈을 기울이는 당 지도부의 배려가 확인되고 있음을 밝힌다.

인간의 자발성이란 엄청난 시너지 효과를 발생시키는 파워가 있다. 개혁당의 홈페이지에 보면 유시민 씨가 남긴 말 중 이런 게 있다.

"지금으로서는 꿈 같은 구상이지만, 많은 사람이 같은 꿈을 꾸면 그 꿈은 현실이 됩니다."

창당위원회가 확정되고 노무현 대통령 후보와의 연대를 공식적으로 발표하면서 개혁당의 움직임은 무척 빨라졌다. 특히 지역위원회가 발족되면서 중앙 중심이 아닌 각 지역별로 실무적인 당의 모습이 갖춰짐으로써, 피부에 와 닿는 당의 움직임을 느낄 수 있었다. 더불어 부문위원회라 하여 여성·과학기술·노동·대학생·온라인·홍보위원회·자원봉사단·창당준비소위 등이 조직되었는데, 부문위원회는 해당 당원들의 휴대폰으로 세심하게 연락하는 기동성을 보여 흩어져 있는 당원들의 참여를 극대화했다. 나는 현재 대학생위원회와 전북위원회 소속 전주시 덕진구위원회에 속해 있으며, 가장 작게는 동호회 형식으로 개설된 전북대학교 학생으로 구성된 '건지산의 용사들'에 참여하고 있다.

단체활동을 하다 보면 만날 활동하는 사람만 활동한다는 말이 있다. 맞는 말이다. 이것은 나에게도 해당되는 문제다. 인터넷 정당의 당원이란 타이틀이 무색하게도 요즘 컴퓨터를 켜는 일이 뜸해졌다. 자연히 메일로 받아보는 당내 소식에 며칠 간은 캄캄해질 수밖에 없었다. 3만여 명이나 되는 당원들 중 나 같은 사람이 어디 한둘이랴. 물론 개인 사정 때문에 며칠 간 컴퓨터를 사용하지 못할 수도 있다. 그러나 자발적으로 인터넷을 켜고 당 홈페이지에 들어와 글을 읽고 의견을 남기며 토론에 참가하지 않는 일이 많아지면 많아질수록, 그러한 당원이 늘어나면 늘어날수록, 개혁당의 미래는 어두워질 것이다. 개혁당은 정치의 개혁을 원하는 국민들이 모여 직접 소리를 내는 정당이기에 그렇다. 소수의 수구 세력만이 목소리를 낸다면 기존의 보수정당들과 다를 바가 무엇이랴.

이 글을 쓰며 단소리든 쓴소리든, 참여하는 것이 얼마나 중요한지 나 자신에게 각인시키는 계기로 삼고 있다. 가만히 있으면서 세상을 비판하고 세상에 대해 비관하는 어리석은 그리고 책임 없는 사람이 되지 않으려고 시작한 당원 활동이다. 내가 아니면 안 된다는 적극적인 사고를 하자.

요즘 개혁에 대한 지나친 열의만을 앞세워 준비에 소홀한 나머지 제 풀에 꺾여 지쳐버린 나를 보았다. 하지만 다시금 나의 이러한 열망이 우리나라를 위해 얼마나 필요한 것인가를 깨닫는다. 개혁은 혁명보다 더 어렵다고 한다. 어려운 일인 줄 안다면 쉽게 물러서지 말자. 개혁당의 당원으로서 현재 우리가, 내가 믿는 개혁이란 것이 옳은 것이라면 힘들어도 최선을 다해 참여하련다.

내가 경험한 인터넷의 발전

김호상 _ 전자정보공학부 97학번, seglory@hanmail.net

내가 대학교 1학년이었던 97년도 당시에 인터넷이란 것은 지금과 많이 달랐던 것 같다. 명색이 컴퓨터공학과였지만 우리 과 내에서도 인터넷이라는 것을 사용할 줄 아는 사람은 극히 드물었다. 그때는 인터넷보다는 지금의 인터넷과 유사한 용도로 사용되었던 통신이 더 활성화되어 있었다. 하이텔이나, 천리안, 나우누리 등이 가장 많이 쓰였었고 유니텔도 나온 지 얼마 되지 않아 활성화되었던 것으로 기억한다.

그때의 인터넷 속도는 지금과는 비교도 되지 않았다. 그때는 모뎀을 이용해 통신을 했는데 그 속도가 18Kbps에서부터 56Kbps 정도였다. 물론 그때도 조금 더 고급 사용자들에게는 ISDN이란 것이 있어서 두 배에서 세 배 정도의 속도를 더 낼 수 있었다. 하지만 지금의 mega 단위의 속도는 찾아보기 힘들었다.

모뎀을 이용해서 통신이 아닌 인터넷을 하기 위해서는 PPP 서비스란 것을 많이 이용했다. 물론 사용할 줄 아는 사람들에 한해서 말이다. 컴퓨터 내에서 설정 방법도 어려웠고 PPP 서비스를 지원해주는 서버가 적었기 때문에, 집에서 인터넷을 사용하는 사람은 극소수에 불과했다. 전용선이 설치되어 있었던 학교에서도 현재의 인터넷이라 여겨지는 world wide web을 사용하는 사람은 거의 없었다. 대부분이 인터넷망을 하이텔, 천리안 등과 같은 통신 서버에 접속하는 데 이용했다.

그런데 내가 입대하고 일병 휴가를 나왔을 때였다. 99년도 후반기였던 것 같다. 인터넷 고급 사용자들만이 사용할 줄 알았던 e-mail을 거의 컴맹에 가까웠던 내 친구들과 후배들이 모두 사용하고 있다는 말을 듣게 되었다. 게다가 e-mail로 파일도 주고받는다는 것이었다. 정말 놀랬다. 내가 기억하는 e-mail은 unix 기반 서버에서 텍스트로 된 내용 위주로 전송을 하기 때문에, 파일을 보내기 위해서는 mail을 통해서 보낼 수 있는 형식으로 파일을 변환해야 하고, 또 받은 경우에도 다시 파일로 변환하는 작업들을 해주어야 했었다. 그 작업 자체도 매우 복잡했기 때문에 정말 극소수의 사람들만이 사용했던 방법이었다. 그런데 그때 hanmail과 같은 웹메일이 등장하면서 정말 편리하게 메일을 보낼 수 있게 되었던 것이다.

이건 아마도 98년에 스타크래프트라는 게임의 폭발적인 인기로 PC방이 생겨나고, 이에 따라 인터넷 사용자가 급증했기 때문에 나타난 것이 아닌가 하는 생각이 든다. 어쨌든 그때 인터넷이 사람들에게 굉장히 가까워졌다는 걸 처음 느꼈다. 하긴 지금 생각해 보면 현재의 인터넷은 불과 5년 전의 과거와 비교했을 때 정말 판이하게 다른 모습을 하고 있다.

어떤 매체가 변화할 때 그 매체만이 독립적으로 변화하진 않을 것이란 생각이 든다. 인터넷이라는 매체가 지금과 같이 발전하게 된 계기는 여러 가지가 있을 것이다.

첫째로 위에서 언급했듯이 사용자 수의 증가가 가장 중요할 것이다. 사용자가 증가함으로써 더욱 편리한 컨텐츠가 나왔을 것이고, 그 편리한 컨텐츠 덕에 사용자가 더욱 증가했을 것이다. 이러한 과정이 반복되면서 지금의 인터넷이 만들어지게 된 것이라 생각한다.

둘째로 생각되는 것은 기술의 발달이다. 통신기술의 발달은 인터넷을 확산시키는 기반이 되었다고 생각한다. 잘 만들어진 컨텐츠를 빠르고 확실하게 전송해 주는 것은 통신망이기 때문이다. 특히나 우리나라를 인터넷 강국으로 만든 주원인은 ADSL 서비스의 확산이 아닌가 싶다. ADSL은 모뎀을 이용해야만 했던 사용자들에게 비교적 싼 가격으로 모뎀보다 수백 배 빠른 망을 제공했던 것이다. 이러한 질적인 향상이 인터넷의 확산을 촉진시켰다고 생각한다.

인터넷이 우리에게 미친 영향은 뭘까? 1학년 때 교양수업을 들으면서 가장 힘들었던 게 리포트였던 것 같다. 리포트 하나 작성하려면 복사카드 가지고 도서관에 가서, 전문 서적들을 샅샅이 뒤져 자료가 될 만하다고 생각하는 것들 전부를 복사해다가, 그 내용을 읽고 요약해서 리포트를 쓰곤 했던 기억이 있다. 이번 학기에 듣는 '심리학의 이해' 라는 교양과목이 있는데 얼마 전에 발표를 했다. 그 발표를 준비하는 동안에 난 도서관에 한 번도 가지 않았다. 책을 쳐다보지도 않았던 것 같다. 그냥 인터넷에서 검색어에 주제만 타이핑하고 검색버튼을 누르면 몇 만 개의 관련 문서가 나타난다. 자료가 없어서 문제가 아니라 자료는 무지 많은데 그걸 어떻게 정리하느냐가 문제였다.

요즘에 리포트 쓰기 위해 도서관에 가는 사람이 몇이나 있을지 궁금하다. 굉장히 전문적인 지식까지도 웹사이트에서 찾을 수 있기 때문이다. 게다가 인터넷을 이용해서 찾은 문서는 표절하기도 너무 쉽다. 그냥 쭉 긁어다가 붙이면 된다. 예전엔 표절을 해도 내용은 알고 했지만 이젠 내용도 모르고 표절을 하게 돼버렸다. 물론 이건 좋은 인터넷의 기능을 조금 삐딱하게 사용한 경우다.

다른 경우도 생각해 볼 수 있다. 예전 같으면 전화로 해결했을 버스 시간표, 기차 시간표 확인이나 예매 등도 이젠 모두 인터넷으로 한다. 은행에 가서 직접 손으로 써서 신청하던 계좌이체 같은 경우에도 이젠 인터넷 뱅킹으로 해결한다. 한 달에 한 번 날아오는 고지서를 봐야 대충 알 수 있었던 전화 사용 내역도 인터넷에 들어가면 구체적으로 모든 내용을 알 수가 있다. 이처럼 인터넷의 변화는 우리 생활 패턴에도 직접적으로 큰 변화를 주었다.

요즘 우리 학부의 자유게시판에는 흡연자와 비흡연자의 엄청난 논쟁이 벌어지고 있다. 학부가 사용하는 건물 복도 끝에서 담배를 피우는 것이 정당하다 그렇지 않다에 관한 얘기인데, 난 이게 별로 맘에 들지 않는다. 게시판을 보는 사람은 많을지라도 거기에 글을 쓰는 사람은 소수에 불과한데, 그 소수의 사람들이 마치 자신들이 흡연자 또는 비흡연자의 대변인이라도 되는 것처럼 글을 쓰고, 그 내용에 따라서 여론이 크게 왔다갔다하는 것이다. 게다가 인터넷의 특징 중 하나인 익명성으로 자신의 논지를 펴기 때문에 상대방을 비방하고 욕설까지 섞어서 하는 경우가 많다 보니, 그 글을 읽는 사람들은 흡연자 또는 비흡연자로 구분되는 상대집단에 대해 굉장히 안 좋은 시선을 갖게 된다. 정말 소수의 사람들에 의해서 다수가 판단되어 버리는 것이다. 이런 현상 또한 인터넷으로 나타난 것이다.

그렇다고 여론의 빠른 확산이 꼭 나쁜 영향만 끼치는 건 아니다. 내가 1학년 때 제주도로 자전거 하이킹을 간 적이 있다. 그때 자전거를 가지고 목포역에서 내렸던 우리 일행은 무척 당황했다. 목포역에 전경들과 사복경찰들이 수없이 깔려 있었던 것이다. 그들은 기차에서 내리는 모든 사람들의 신원을 확인하고 짐을 수색하고 있었다. 97년도 한 총련 사건의 여파 때문이었다.

그때 전북에서는 아무런 일도 벌어지지 않았다. 따라서 나는 전남에서 그렇게 심한 탄압이 이루어지고 있다는 걸 상상도 할 수 없었다. 물론 아는 사람은 알고 있었을 것이다. 하지만 전반적인 분위기는 그렇지 않았다. 얼마 멀지도 않은 곳에서 그 정도로 교통과 인원이 통제되고 있다는 걸 대부분 모르고 있었다. 그때 당시의 내 생각에도 그게 꽤 무섭게 느껴졌었다. 정말 만약에 누군가가 언론을 통제한 상태에서 한 지역에 계엄령을 선포해도 모를 수 있겠구나 하는 생각을 했던 것 같다.

지금 생각해 보면 그때와 같은 상황이 현재에 벌어질 수 있을까 하는 의문이 생긴다. 불가능할 것이다. 지금은 어떤 사건이 일어나면 그에 대한 여론이 하루도 되지 않아서 형성될 수 있도록 해주는 인터넷이 있기 때문이다. 이러한 인터넷의 기능은 지금의 정치가 여론을 함부로 휘두른다거나 통제하는 것을 불가능하게 한다. 이건 정말 긍정적인 결과라는 생각이 든다.

인터넷은 사람들 사이에 정보를 쉽게 공유할 수 있도록 해주었다. 우린 그러한 기능을 이용해서 음악파일이나 동영상, 프로그램 등을 공유한다. 말이 공유지 유료 컨텐츠를 무단으로 복제해서 사용하는 경우도 허다하다. 이젠 비디오가 필요 없다. 영화도 인터넷에서 다운받아서 보면 된다. 음악파일도 다운받아서 듣는다. TV 드라마를 제 시간에 못 봤어도 굳이 재방송 시간에 맞출 필요가 없게 되었다. 지금은 인터넷에서 드라마까지도 모두 볼 수 있다. 아예 인터넷에서만 상영하는 영화가 나오기도 한다.

이렇게 사소하게 느껴지는 일들이 예전과 비교해서 생각해 보면 꽤 큰 영향을 주는 것 같다. 예전엔 최신곡을 듣고 싶어서 적어도 한 달에 한 번꼴로 최신가요 테이프를 샀다. 그 테이프에도 내가 좋아하는 노래들이 다 들어 있었던 건 아니다. 몇 곡만 내가 좋아하는 것이고 나머지는 별로 듣고 싶어하지 않는 것들이었다. 테이프를 사기가 싫으면 라디오를 켜놓고 온종일 듣고 있다가 자기가 좋아하는 노래가 나오면 녹음하는 방법도 있었다. 하지만 지금은 그냥 듣고 싶은 노래를 인터넷에서 찾아 들을 수 있고 맘에 들면 컴퓨터에 저장시켜 놓고 듣고 싶을 때 들을 수 있다. mp3 player는 이러한 음악파일을 이동하면서 들을 수 있게 해주는 매체다. 크게 보면 인터넷이란 매체 때문에 생겨난 새로운 매체로도 볼 수 있다.

물론 이러한 것들이 꼭 긍정적이라고는 보기 어렵다. 사람들의 인식이, 음악이라는 것은 돈을 지불하지 않아도 들을 수 있는 것이라는 식으로 변해버렸기 때문이다. 이로 인해 음반산업에 타격이 크다고 한다. 음악뿐만이 아니고 다른 것도 마찬가지일 것이다. 사람들은 손에 잡히는 물리적인 것에는 가치를 두지만 손에 잡히지 않는 것, 즉 소프트웨어에는 값을 치르지 않으려는 경향이 있다. 똑같은 생산품이라는 차원에서 이런 생각은 잘못된 선입견이란 생각이 든다. 이것 또한 인터넷이 준 영향일지도 모른다.

조선일보 게시판 '독자광장'에 대해

송지훈 _ 서어서문학과 3학년, sixfingers@hanmail.net

인터넷 전자신문이 국내에 등장한 지 7년이 지났다. 지난 95년 3월 중앙일보가 시작하여 신속성과 깊이 있는 정보로 각광을 받기 시작한 인터넷 전자신문은, 95년 말에는 조선일보·서울신문(대한매일)·코리아 헤럴드, 96년에는 한국일보·동아일보·경향신문 등 주요 일간지들의 경쟁적인 서비스 제공으로 많이 확산되었다. 이제는 주요 일간지들이 모두 인터넷 전자신문 서비스를 마련해 놓고 많은 자금을 투자하고 있는 상태다.

나는 '신문사 게시판에서 독자와 신문기자(혹은 편집자) 또는 독자와 독자 사이의 상호작용은 어떻게 이루어지고 있는가' 하는 걸 살펴보기 위해 한 사례연구로 조선일보의 게시판을 분석해보았다. 분석 시기는 9월 22일 하루로 정했다. 내가 분석한 게시판 메시지의 총수는 575개였다.

조선일보의 공식 사이트인 www.chosun.com에 가면 좌측 부분에

Opinion이라는 메뉴가 있고 그 하위메뉴에 오피니언, 독자마당, 커뮤니티 등 세 가지 메뉴가 있다. 내가 분석 대상으로 삼은 것은 독자마당이다. 독자마당의 부제는 '시민논객의 열혈토론 한마당'이라고 붙여져 있다. 여기에서 다루어지는 주제는 제한이 없으며 각자 하고 싶은 이야기를 자유롭게 올릴 수 있다. 다만 1일 투고수가 5회로 제한되어 있어 한 사람이 일명 '도배'를 하지 못하도록 금지되어 있다.

총 575개의 글 중 대부분이 '정치 & 정치인'과 관련된 글이었다. 물론 정치인에 대한 비판이나 비방이 대부분으로서 현재 이슈와 관련한 내용이 많았다. 모두 484개가 실림으로써 전체의 84%를 차지했다. 김대중 대통령 아들 김홍걸 씨의 비리를 소재로 한 것들은 잠시 시들해졌지만, 여전히 대북정책이나 김대중 대통령 자신은 소재로 많이 등장했으며, 대통령 선거와 관련하여 '노무현', '이회창' 등의 인물들이 도마 위에 올랐다. 나머지 91개의 글들 가운데 60% 이상은 조선일보 신문사 자체에 관련된 글이었다. 이러한 글들은 신문을 읽고 그에 대한 의견을 제시하는 것이라기보다는 평소에 관심이 있던 이슈에 대해서 자신의 의견만을 제시하는 데 그치고 있었다.

또한 이용자들 대부분이 실명 대신에 가명을 사용하고 있고, 때문에 심한 욕설이나 비속어 등으로 글을 올리는 경우가 많았다. '강원도박' '개장사' '무극노인' '새우깡' 등 확연히 가명임이 드러나는 이름이 전체 글 중 254개를 차지하였으며, 평범한 이름이더라도 그 이름이 본명이 맞는지는 확인할 길이 없었다. 또한 가명을 사용하는 이용자의 게시물은 거의 100% 욕설이나 비속어가 포함되어 있음을 확인하였다.

또, 이용자와 신문 운영자의 상호 의사소통이 있었는지 확인하였으나 단 한 건도 없는 것으로 밝혀졌으며, 이용자와 이용자 간의 의사소통은 일부 있긴 했지만 그 내용에 있어서 상호 비방적인 것이 대부분이었다. 전체 글 중 일명 '리플'의 개수는 188개를 차지하였으며 이 중 37개를 제외한 모든 답글이 욕설 내지는 비방으로 일관되어 있음을 확인할 수 있었다. 요컨대, 수치적으로 보았을 때 게시판 내에서는 쌍방향 커뮤니케이션이 이루어진다기보다는, 각자 하고 싶은 얘기들만 일방향적으로 흐르고 있을 뿐이었다.

전체 분석 대상 중 상호작용이 있는 글은 전체의 32%인 188개였고, 나머지 68%의 글은 일방향적으로 쓰여진 글로 독자가 쓴 대부분의 글이 여기에 포함되었다. 상호작용의 횟수와 성격을 살펴본 결과 여러 사람이 한 사안에 대해 다양한 의견을 제시하기보다는, 일 대 다수의 집단적인 형태의 의견 표명과 같은 상호작용이 중심을 이루고 있다는 사실을 알 수 있었다. 또한 상호작용 횟수가 늘어갈수록 부정적인 태도의 글이 증가하며, 일 대 다수의 상호작용 형태에서 부정적인 태도의 글이 많이 나타났다. 특히 욕설과 비방의 표현이 일 대 다수의 상호작용과 3회 이상의 상호작용 형태에서 드러나는 것으로 보아, 신문사 게시판을 통한 상호작용 유형은 합의를 도출하기보다는 갈등을 유발시키는 측면이 더욱 더 강함을 알 수 있었다.

신문사 입장의 글은 하나도 발견할 수 없었으며, 광고글조차 삭제되지 않은 것으로 보아 관리자는 게시판에 올라온 독자의 글을 읽어보지도 않고 있음을 알 수 있었다. 즉, 신문사 측은 신문사 게시판을 통한 커뮤니케이션에 부정적일 뿐 아니라 제대로 반응하지도 않는다는 것을 알 수 있었다.

신문 운영자는 이용자들에게 '시민논객들의 열혈한마당'이라는 부제까지 붙여서 게시판을 만들어주고, 그것으로 자신들의 소임을 다했다고 여기는 것 같았다. 이용자들이 쓴 의견에 대해 어떤 답도 달지 않았으며 '독자마당'은 이용자들끼리만 떠들어대는 공간일 뿐이었다.

물론 전자신문이라는 것이 우리나라에 정착된 지 얼마 되지 않았기 때문에 운영 미숙의 결과라고 이해할 수도 있다. 그러나 그보다는 신문 운영자들 자체가 '쌍방향적 커뮤니케이션'에 대한 의식이 없다고 생각한다.

이용자들이 게시판에 남긴 글을 보면, "CMC(컴퓨터를 매개로 한 커뮤니케이션)가 민주주의를 강화시킬 것이다"는 주장은 불가능한 것처럼 보인다. 이용자들이 올리는 글의 대부분은 근거 없는 인신공격이나 비방이 대부분이고, 대다수가 욕설이나 비속어를 사용하는 등 저속한 행위를 보였다. 뿐만 아니라 다른 이용자들이 올리는 글에는 관심도 없고, 관심을 가질 때라고는 자기의 견해와 다른 의견을 제시하는 사람들에게 비방을 하기 위해 답글을 다는 경우가 대부분이었다. 그리고 정치, 경제, 사회의 전반적인 이슈들에 대한 발전적인 방향의 글은 거의 찾아볼 수가 없었다. 이용자들이 이런 글만 남긴다면 신문 운영자로서도 그 의견을 신문에 반영할 수 없을 것이 자명하다.

인터넷 게시판을 이용해서 스스로 참여만 한다면 여론은 형성될 수 있다. 그러나 현재 우리나라에서 인터넷을 사용하는 이용자의 계층은 정해져 있다. 주로 10~30대가 인터넷을 이용하며 40대 이후의 사람들은 거의 이용하지 않는다. 게다가 전자신문 사이트를 찾는 이용자들 중 10대는 드물다. 요컨대 전자신문 게시판에 글을 올려 의견을 개진하는 사람들은 20~30대가 대부분으로서 그들의 의견을 '국민'의 여론이라고 단정하기에는 무리가 있다.

기술적인 발전으로 신문사와 독자가 원활하게 커뮤니케이션할 수 있는 하드웨어가 갖추어졌다 하더라도, 사회적인 수준에서 서로 간에 상호작용할 수 있는 수준을 갖추고 있지 못하다면, 기술 발전으로 인한 여러 가지 낙관론은 가능성에 그칠 수밖에 없을 것이다.

사실 기자들이 e-mail 주소를 공개하고 게시판이나 채팅 공간을 제공하는 것 등이 상호작용을 증진시키는 것만은 틀림없다. 그러나 상호작용의 내용과 주체가 불분명한 가운데 기술적 가능성만 제공된다면 이런 공간은 쓸모 없는 넋두리로 채워지기 쉽다. 언론이 주목해야 할 점은 공공사안에 공중이 주의를 기울이고 그와 관련된 논의에 참여할 수 있도록 상호작용적인 공공담론을 증진시키는 것이다. 조선일보의 게시판을 위시한 우리나라 전자신문의 취약점은 여기에 있다고 말할 수 있겠다.

이에 비해 내가 살펴본 미국의 워싱턴 포스트는 새로운 상호작용적 공공담론의 모형을 만들어나가고 있었다. 단순히 토론 공간을 '제공'하는 수동적인 방식이 아니라 심층적인 피처기사를 제공하고 다차원적인 상호작용 루트를 제공하고 있었다. 이 사이트는 독자들에게 질문을 던져 참여를 증진시키고, 기사 내용과 관련한 경험을 상호공유할 수 있도록 하며, 기자나 편집자들과 독자간에 상호작용할 수 있도록 하고 있었다. 뿐만 아니라 기사와 관련해서 독자들이 판단할 수 있는 객관적인 데이터를 제공하고 상호작용을 할 수 있도록 하고 있었다.

조선일보 게시판처럼 토론의 주제를 이슈별로 범주화하지 않은 상태에서, 방대한 기사와 정보만을 던져주고 공중에게 '너희들끼리 놀아봐라' 식의 무책임한 토론공간을 운영하는 건 곤란하다. 토론의 질서가 잡히지 않고 전문가의 책임 있는 답변이 없으며, 토론을 고려하지 않는 운영 방식으로 어떻게 상호작용적 담론을 증진시킬 수 있을까?

우리나라 전자신문은 이러한 문제점을 해결해야만 진정한 '쌍방향 커뮤니케이션'을 실현할 수 있고, 더불어 전자신문으로서의 기반 또한 튼튼해질 수 있을 것이다. 신문사 내의 운영상의 개선도 중요하지만 전자신문 이용자의 의식 수준 개선도 시급한 문제이다. 익명성을 무기

로 상대방을 비방하거나 허위 정보를 유포하지 않는 선진 네티즌 의식
을 심어주기 위한 교육의 문제에도 관심을 기울여야 할 것이다.

내가 '스타크래프트'를 거부하는 이유

정준수 _ 신문방송학과 99학번, jeongjunsu@hanmail.net

내가 처음 인터넷을 접하게 된 것은 99년 대입수학능력 시험이 끝나고 컴퓨터 학원을 다닐 때이다. 그때만 해도 인터넷이라는 것을 전혀 모르고 있다가 처음으로 배울 무렵, 지금 돌이켜 생각해보면 그 어떤 것보다도 재미있었던 것 같다. 그 시절엔 PC방이 지금처럼 난립하지 않아 마땅히 인터넷을 즐길 곳도 없어 시립도서관까지 버스를 타고 가서 인터넷 여행을 했다. 인터넷에 들어가면 고작 가수 홈페이지에 들어가서 여러 가지 글을 읽거나 사진을 보고 채팅을 하는 것이 전부였다. 하지만 시립도서관측에서는 채팅하는 것을 금했다. 인터넷 초창기 사용 때나 지금이나 채팅을 어둡게 보는 건 매한가지인 것 같다.

하는 수 없이 친구들과 담배 연기가 자욱한 PC방으로 발길을 돌리게 되었다. 그때에는 지금처럼 PC방이 많지 않아서 요금 또한 비쌌다 (24시간 동안 불이 꺼지지 않는 세계 유일의 장소 대한민국의 PC방이 자랑스럽기까지 하다). 참으로 중독성이 강한 게 채팅인가 보다. 보통 하루에 3~4간씩 채팅을 했으니 ……. 그것도 그럴 만한 게 수능을 끝낸 고3 학생들은 마땅히 놀이거리가 없다. 아르바이트도 퇴짜를 맞기 일쑤이고 고작 친구들과 만나서 노는 것이라곤 오락실이나 노래방에 가는 것이니 게임산업이 뜨는 건 당연한 일일지도 모르겠다.

하여튼 친구들과 같이 PC방에 가면 모두 스타크래프트라는 게임을 즐겼는데, 유독 나만 게임을 배우지 않고 홀로 인터넷에 들어가 방황을 했다. 중학교 시절 컴퓨터 게임에 빠져 많은 시간을 낭비하였기 때문에 두 번 다시 반복하지 않으려 게임 자체를 거부했던 것이다. 게임도 유행이 있고 언젠간 스타크래프트라는 게임의 시대가 지는 날이 올 거라 생각했다(하지만 지금도 그 시대는 지지 않고 있다).

스타크래프트, 정말 대단하다. 남녀노소 가릴 것 없이 심지어 외국인까지도 유학 와서 즐기는 게임이니, 얼마나 재미있고 유명한 게임인지는 두말할 필요가 없겠다. 이 게임 덕분에 PC방이 생겼다고 해도 과언이 아니고, 프로게이머(progamer)라는 새로운 직업이 탄생되었으니, 게임의 역사에 한 획을 그었다고 볼 수 있겠다. 매년 수많은 대회가 열리고 우승자에게는 상당한 액수의 상금과 명예가 주어진다. 많은 사람이 알고 있는 프로게이머 '쌈장'은 모대회를 석권하고 CF까지 찍었다.

게임이라고 해서 재미만 있는 게 아니다. 우리나라 과학의 선두주자 KAIST와 포항공대가 매년 학교 대표를 뽑아 스타크래프트 대회를 열고, 서로의 기량을 겨루는 것으로 보아 상당히 과학적인 두뇌 싸움인 것도 같다.

그러나 나는 스타크래프트라는 게임을 끝까지 배우려 들지 않았다. '언젠가는 잊혀지는 게임이 되겠지'라는 생각도 들었고 앞서 말한 중독성 때문이기도 했다. 이제 와서 이 게임을 못 배운 아니 안 배운 것이 약간의 아쉬움으로 남는 것은 소외감 때문일까? 남자들끼리는 "우리 담배 한 대 피러 가자"는 말을 자주 하게 되는데, 한쪽 구석진 모퉁이에 가서 담배를 피워가며 얘기하는 광경을 많이 볼 수 있다. 물론 담배를 피우지 않는 사람은 그 자리에 낄 수 없다. 스타크래프트라는 게임도 마찬가지인 것 같다.

친구들과 모여 마땅히 할 일이 없으면 "우리 팀을 나눠서 게임 한 번 할까?"라는 말을 자주 듣게 된다. 나는 스타크래프트의 '스'자도 모르는 형편이니 낙오자가 되기 일쑤이다. 그나마 짝이 맞을 경우에는 방관자라도 되는 형편이지만 그것조차 되지 않을 경우에는 나로 인하여 게임을 못하는 상황이 많이 생긴다. 그런 상황에서는 여러 가지로 친구들에게 미안한 마음도 들고 약간의 소외감도 느낀다. 그러면서도 한편으로는 앞서 말한 나의 떳떳한 이유로 인하여 게임을 못 하는 게 아니라 안 하는 거라고 생각하기 때문에 당당한 모습을 잃지 않으려고 애를 쓴다.

우리가 살고 있는 이 시대에는 우리들에게 너무나 많은 것을 요구하는 것 같다. 그야말로 뭐든지 할 수 있는 슈퍼맨이 되길 바라는 것 같다. 유행에 뒤떨어지면 저능아로 분리되기 십상인 이 시대에 우리들은 남보다 뒤처지지 않으려고 발바닥에 땀이 나도록 뛰어다니고 있다.

올해 일본은 노벨상 화학상과 물리학상에서 2명의 수상자를 배출하는 기염을 토했다. 물론 국가적 지원도 하나의 원인이 되었겠지만, 보다 중요하게는 일본 연구자들이 자신의 연구 분야에서 묵묵히 몰두하는 분위기와, 인기 위주보다는 기술개발 그 자체에 만족을 느끼는 일본인들의 성향 때문이었을 거라고 생각한다.

난 여기서 남들의 시선보다 자신이 먼저 주체가 되어 이 세상을 살아갈 것을 감히 당부하고 싶다. 남의 시선이 무서워서 정작 자기가 하기 싫은 일을 한다면 혹은 하고 싶은 일을 못한다면, 그렇지 않아도 짧은 인생에 얼마나 비통한 일이겠는가? 이런 약간은(?) 순수한 생각이 나이를 먹고 사회의 때를 묻혀감에 따라 어떻게 변할지 모르겠다. 하지만 적어도 지성인이라 자부하는 대학생인 지금 이 순간만이라도 자기 자신에게 충실해지고 싶다. 젊음의 패기를 가지고 자기가 하고픈 일에만 매진하는 사람, 그런 사람이 될 수 있다면 얼마나 멋지겠는가?

'게임 중독증'에 대해

유우석 _ 전자정보공학부 97학번, igenial@hanmail.net

나는 아주 어렸을 적 동네의 친구들을 따라서 오락실에 간 적이 있다. 그때 오락 한 판의 가격은 몇 십 원 정도였을 것이다. 지금처럼 화려한 그래픽도 아니고 수준 높은 스토리 구성도 아니었다. 굉장히 단순한 오락이었다고 생각된다. 그때 난 유치원도 다니지 않던 시절이었으니까 꽤나 어렸을 것으로 생각이 되는데, 그런 어린아이가 3~4시간을 오락실에서 있었으니 어머니께서 여기저기 찾아다녔을 것이 분명하고, 날 못 찾은 어머니께서는 굉장히 걱정도 되었을 것이고 화도 났을 것이다.

내가 집에 들어갔을 때 어머니께서는 어디 갔다 왔냐고 하셨고, 나는 내 잘못도 모르고 "오락실이요"라고 당당하게(?) 대답했다. 그리고 난 그 날 어머니께 반 죽도록 맞았다. 어린아이였던 나는 뭐가 잘못됐는지도 모르고 오락실은 나쁜 곳이라고만 생각하게 되었고, 고등학교 2학년 때까지 오락실 근처에도 가지 않았다.

초등학교 시절 나에게는 게임팩을 꽂아서 오락을 할 수 있는 게임

기구가 생겼다. 그 당시 난 그 오락기 앞에만 앉으면 4시간은 보통이었다. 지금 내 안경 도수가 굉장히 높은 것도 이 때문이라고 생각된다.

나의 과거를 회상하게 된 것은 요즘 사회적으로까지 문제가 되고 있는 '리니지'에 중독된 친구 때문이다. 중학교에 들어가면서 오락에서 멀어진 나는 스포츠 오락을 제외한 오락 게임은 좋아하지 않았다. 반면 내 친구는 대학교를 졸업하고 나서 리니지에 중독됐다.

나는 그 오락이 왜 그렇게 사회적으로 물의를 일으키며, 내 친구마저도 왜 그렇게 중독이 되어서 헤어나지 못하는지 알지 못했다. 그래서 그 친구를 볼 때마다 "그만 해야되지 않겠냐?"고 설득했으며, 그 친구에 대한 안 좋은 소식이 들려올 때마다, 난 그 친구를 미친놈이라고 생각했다. 그 친구가 가장 심하게 중독되어 있었을 때는 난 그 친구를 폐인이라고도 불렀다. 그리고 설득하기를 포기했다.

그러던 어느 날, 혼자 자취하던 그 친구가 다른 친구들과 방을 합치게 되었다. 다른 친구들도 그 친구를 굉장히 한심하게 생각하고 있던 터라 매일 구박에 들어갔다. 때마침 『그것이 알고 싶다』라는 프로그램에서는 리니지 오락의 폐해에 대해 방송을 내보냈고, 법적으로는 게임과 관련하여 현금거래를 중단하는 조치가 취해졌다. 그러면서 그 친구가 돈을 벌 수 있는 방법 또한 사라졌다. 그렇게 해서 천만다행으로 그 친구는 리니지에서 벗어날 수 있게 되었다.

왜 그토록 많은 사람들이 자신의 통제하에 오락을 취미생활로 즐기고 싶은 만큼만 즐기지 못하며, 삶을 버려가면서까지 그 오락에 중독되어야만 하는지 난 궁금하다. 아마도 가장 큰 이유는 '현실 도피'와 '돈' 때문이 아닐까 생각된다.

우리 주변의 대부분의 사람들은 자기 자신의 삶에 만족하지 못한다. 이것을 이겨내지 못하고 자기의 삶을 자신이 통제하지 못하며 자신의 욕구에 지배당할 경우, 게임은 강한 유혹으로 다가온다. 현실에서보다 적은 노력으로 더 높은 지위를 얻을 수 있고, 그 오락 안에서 뿐이겠지만 그 세계 사람들에게 인정받을 수 있다는 현실 도피적인 생각이, 그 오락에 중독되는 가장 큰 이유일 것이다.

리니지에 중독되었던 내 친구의 말을 빌리자면, 어느 정도 수준에 올라가게 되면 더 높은 수준에 올라가고 싶어하며, 그러면서 아이템을 현금거래를 통해서 사게 되고 그 아이템을 통해 또 더 높은 수준에 올라가게 되고, 결국엔 가장 높은 이른바 지존의 자리에 올라가고 싶어하게 된다는 것이다. 그러한 마음이 강해지면서 게임에 중독이 되는 것이고 그러면서 폐인이 되어간다고 한다. 현실에서 자신의 삶에 만족하지 못하고 현실의 삶을 떠나고 싶어하면서도, 자신만은 인정받고 싶어하는 사람들이 찾는 곳이 리니지와 같은 오락인 것이다.

요즘 오락 게임은 그 성과를 점수로 매기는 방법과 돈을 늘려가고 줄여가는 방법 등 두 가지가 있다. 내 경우도 그랬지만 점수를 매기는 오락 게임에는 거의 중독되지 않는다고 봐도 무방하다. 예를 들면 리니지에는 중독이 되지만 스타크래프트에는 중독되지 않는다는 것이다.

돈과 관련된 오락 게임에는 굉장히 쉽게 중독될 뿐만 아니라 쉽게 헤어 나오지도 못한다. 왜냐면 삶에서 점수는 중요하지 않을 수 있어도 돈은 매우 중요하기 때문이다. 사람들은 이런 이야기도 한다. 돈이 삶의 목표는 아닐지라도 삶의 필수조건이라고 ……. 그러한 사고 방식이 돈을 잃고 따는 오락 게임에 사람들이 쉽게 중독되어 버리는 이유일 것이다.

특히 리니지의 경우 게임에서 벌어들인 돈을 몇 대 몇의 비율로 현금으로 바꿀 수 있기 때문에 더더욱 쉽게 중독될 수 있다. 나는 이러한 생각을 며칠 전까지만 해도 하지 못했다. 그냥 단지 현실을 이겨낼 의

지가 약한 사람들이 현실을 도피하기 위한 수단으로서 찾는 것이라고만 생각하고 있었다. 그런데 꼭 현실 도피 때문만은 아니라는 걸 깨달을 기회가 있었다.

나는 한게임(hangame)에서 당구게임을 내가 정확히 치고 싶은 만큼만 칠 수 있었다. 그렇기에 더욱 난 게임에 중독된 사람들을 이해하지 못했다. 그런데 게임 사이트에 가입할 때 주는 가상의 돈으로 하는 당구 죽방 게임을 우연히 하게 되었다. 구차한 변명이겠지만 내가 매번 들어가는 곳을 들어가려다 잘못 눌러 들어간 것이었다. 아무튼 그건 그렇고, 이건 당구를 한 번 칠 때마다 현금으로는 바꿀 수 없는 그곳의 돈으로 1,000원이 왔다갔다하는 그런 게임이었다. 전에 하던 식으로 몇 점을 치면 게임에서 이기는 그런 식의 게임이 아니었던 것이다. 처음 경기에서 난 10,000원 가까이 잃었다. 실제 내 돈을 잃은 것이 아니었음에도 난 그것이 무척이나 아까웠다. 그리고는 다시 그 게임을 찾게 되었다. 이번에는 좀 땄다. 따기도 하고 잃기도 하기를 여러 번, 나는 차츰차츰 내가 그 게임 사이트에 나도 모르게 습관적으로 빠져 들어가고 있다는 것을 알았다.

그 순간 느껴지는 것이 있었다. '그 친구가 오락에 빠지게 된 이유가 현실에서 도피하기 위한 수단뿐만은 아니었구나' 하는 그런 생각이 드는 것이었다. 당구를 치는 재미보다도 돈을 잃었을 때의 아쉬움과 돈을 땄을 때의 즐거움을 잊기가 쉽지 않았다. 마음을 굳게 먹어야지 그렇지 않으면 학교 생활에도 지장이 생길 것 같다는 생각이 들었다. 그 친구 역시 그랬을 것 같다. 대학을 졸업하고 취직은 못했고 혼자 자취를 하면서 돈을 쉽게 벌 수 있는 방법을 찾아, 그리고 현실에서 이루지 못한 높은 지위를 리니지를 통해서 얻기 위하여 그 오락을 하게 되었을 거라는 생각이 들었던 것이다.

인터넷과 인간관계

강 준 만

전 미국 대통령 빌 클린턴의 오랜 친구로서 클린턴 행정부에서 노동부 장관을 지내다가 지금은 브랜다이스 대학 교수로 있는 로버트 라이시는 이미 『국가의 부』라는 책으로 우리에게 널리 알려진 인물이다. 라이시의 또다른 저서 『부유한 노예』(오성호 옮김, 김영사, 2001)를 읽다가 '인터넷과 인간관계'에 대해 언급한 대목이 흥미롭다고 생각해 그걸 여기에 잠깐 소개하고자 한다.이 책의 제9장 제목은 '돈 주고 사야 하는 관심'이다. 라이시는 "새로운 일의 구성 및 보상 방식으로 인해 '개인적인 관심' 분야의 가치가 올라가고 있다"면서 다음과 같이 말한다.

"개인적인 관심 분야는 국민총생산에서 차지하는 비중이 계속 증가하고 있으며, 사람들의 수입과 지출에서 차지하는 비중도 계속 늘어나고 있다. 현재 가장 빠른 성장세를 보이고 있는 직종 중에 '관심 서비스업'이 있다. 아이들, 노인, 장애인, 우울증이나 걱정이 많은 사람들은 물론 자기 자신에게 누군가 더 관심을 가져주길 바라고 또 그에 대한 대가를 기꺼이 치르는 건강한 사람들 모두를 대상으로 보살펴주고 관심을 갖고 감독해주는 서비스 직종이다. 이런 관심산업의 성장에는 두 가지 구체적인 이유가 있다. 첫 번째는 사람들이 과거보다 더 열심히 일하기 때문에 과거에는 집안일로 여겨졌던 것을 외부에 의뢰하는 경우가 늘어나고 있고, 이런 일 중 많은 부분이 관심을 가져주는 것과 관련 있다는 것이다. 두 번째는 기계의 발달을 들 수 있다. 공장에는 컴퓨터로 제어되는 각종 기기와 로봇이 있고, 서비스 분야를 보면 자동현금입출금기, ARS(자동응답시스템), 그리고 거의 모든 세상 일을 처리하게 될 여러 디지털 기기 등이 있다. 그런데 이런 기계가 못하는 단 한 가지가 있다면, 바로 개인적인 관심을 보여주는 것이다."(247~248쪽)

'개인적인 관심'에 있어서 중요한 요소 가운데 하나가 바로 사람의 손길이다. 라이시는 인터넷의 한계가 바로 여기에 있다고 말한다. 카네기 멜론 대학 연구진은 인터넷 사용의 심리적인 영향에 관한 연구조사를 실시한 적이 있는데, 피츠버그에 사는 169명을 무작위 추출하여 1~2년 동안 이들의 행동을 추적 조사했다고 한다. 그 결과 인터넷을 많이 사용하면 할수록 우울증과 외로움이 더 깊어진다는 것이 밝혀졌다나. 라이시는 그 연구 결과에 대해 다음과 같이 말한다.

"이 결과는 연구진뿐만 아니라 이 연구에 기금을 지원한 컴퓨터와 소프트웨어 기업들을 놀라게 했다. 기업들은 정반대의 결과를 기대했기 때문이다. 연구진들은 인터넷을 사용하면 이메일이나 채팅방을 통해 다른 사람들과 쉽게 접촉할 수 있기 때문에, 보통은 얼굴을 봐야 가능한 대인관계를 더 풍부하게 해주고 따라서 심리적으로도 도움을 줄 것으로 생각했다. 참가자들은 연구 중에 실제로 이메일과 채팅방을 사용했지만, 많은 시간을 인터넷에서 보내면 보낼수록 가족이나 친구와의 직접적인 접촉 기회는 더 줄었다고 말했다. 이유는 가족이나 친구와 함께 하는 시간이 줄어들었다는 것이다. 따라서 다른 사람과 상호 교류할 수 있는 시간은 전과 같거나 약간 더 길어졌는지는 몰라도, 관계의 질적인 측면에서는 더 떨어진 것이었다. 카네기 멜론 대학에 있는 인간과 컴퓨터 관계 연구소의 로버트 크라우드 사회심리학 교수는 '실험 결과 인터넷에서는 피상적인 관계를 쌓아 가는 경우가 더 많으며, 이로 인해 다른 사람과 함께 한다는 느낌이 전반적으로 줄어든 것으로 볼 수 있다. 얼굴을 보지 못하고 거리도 멀리 떨어져 있는 사람과의 관계는 궁극적으로 심리적인 안정과 행복감을 느끼는 데 필요한 역할을 하지 못한다'고 말했다."(251쪽)

물론 이러한 연구 결과에 이의를 제기할 수도 있을 것이다. 각 나라마다 인터넷 문화가 조금씩 다르기 때문에 한국의 네티즌들은 어떠한지 한국에서의 연구 결과를 기대해볼 필요가 있겠다. 그게 꼭 연구를 해봐야 아느냐, 네티즌들이 각자 자기 생각을 해보면 될 게 아니냐는 반론도 가능하겠지만, 사람들마다 각기 차이가 있을 거라는 점을 감안할 필요도 있을 것이다.

제3장
일상적 삶에서의 휴대폰

왜 우리는 휴대폰에 목숨을 거는 걸까?

강현숙 _ 인문학부 1학년, evehs2000@hanmail.net

현대를 살아가는 이에게 인터넷과 휴대폰은 선택사항이 아니라 필수적인 요소가 되었다. 연락처를 알아낼 때 제일 먼저 물어보게 되는 것도 휴대폰 번호이고, 연락처를 적을 때도 메모지와 펜을 꺼내서 필기하는 것이 아니라 휴대폰을 상대에게 건네어서 번호를 눌러 달라고 말한다.

우리나라 국민은 3명 중 1명꼴로 휴대폰을 갖고 있다고 한다. 나도 휴대폰을 갖고 있다. 나는 고2 때 처음 휴대폰을 갖게 되었다. 처음 살 때만 해도, 반에서 휴대폰 가지고 있는 사람을 조사해보면 반 친구들은 반절은 가지고 있었고 반절은 없었다. 나는 가지고 있지 않은 반절보다 갖고 있는 반절의 대열에 끼고 싶었다. 그래서 나는 휴대폰을 갖기 위한 노력을 시작했다.

나의 노력은 처절했다. 단식투쟁, 협박(안 사주면 가출할거야), 사정(이거 사주면 정말 열심히 공부할게요), 타협(전교 등수 많이 올릴게요)

등 여러 가지 방법을 강구하였다. 그만큼 휴대폰은 특별한 것이라고 생각되었기 때문이었다. 갖은 방법을 동원한 결과, 엄마께서는 사기충전이라는 이유로 그리고 엄마가 딸에게 특별선물을 한 만큼 기대에 부응해주길 바란다고 하시면서, 휴대폰을 사주셨다. 그런 눈물겨운 노력 끝에 나는 고2 때 휴대폰을 얻게 된 것이었다.

처음 내가 가진 휴대폰은 요즘은 구경하기 힘든 플립이었다. 그때 당시는 꽉 쥐면 부서질까 놓으면 떨어질까 애지중지하였다. 행여 동생이 만질까 걱정하고, 동생이 한 번 만져보겠다고 하면 목에 힘주면서 만지라고 허락을 했다. 그런데 어느 순간부터 휴대폰은 특별한 것이 아니라 평범한 것이 되었다. 언제부턴가 너나 할 것 없이 모두들 휴대폰을 갖고 다녔고, 휴대폰 기종은 늘 새로운 것, 더 좋은 것, 더 예쁜 것, 업그레이드 된 것이 등장하였다. 짧은 시간에 나의 휴대폰은 안 좋은 것, 속되게 말하면 후진 게 되어버렸다. 휴대폰의 세계는 날마다 새로워지고 전진하는데 나는 전진하는 무리에 포함되지 못하였던 것이다.

새롭고, 예쁜 휴대폰을 갖는 것은 자랑거리였다. 주인의 홀대를 받은 나의 휴대폰은 망가지기 시작했고, 휴대폰을 바꾸기 위한 필사적인 나의 노력은 다시 시작되었다. 하지만 고3이라는 이유로 나의 노력은 물거품이 되었고, 수능이 끝난 후에서야 비로소 나는 휴대폰을 바꿀 수 있었다. 예쁘고, 기능도 최신이었다. 새로 바꾼 휴대폰을 볼 때마다 입가에 미소가 피었고 왠지 남에게 휴대폰을 자랑하고 싶었다. 그런데 일주일 정도 지나니 나의 휴대폰보다 더 좋은 것이 나왔다. 벨소리가 화음이 되는 것이었다. 여기에 그치지 않고 컬러 휴대폰까지 나왔다. 나는 도저히 빠르게 발전하는 휴대폰을 따라잡을 수 없었다. 그만큼 기능도 다양하고 종류도 다양했다.

휴대폰이 10대와 20대의 트랜디가 되면서 휴대폰 요금을 감당하지 못하여 아르바이트하는 학생들도 많아지고, 최신 유행하는 휴대폰을 사기 위해서 범죄행위까지 하는 청소년들도 늘고 있다. 좋은 점도 많지만 부작용도 심각한 휴대폰에 목숨을 거는 사람들이 왜 그렇게 많은 걸까?

'나'의 경험에 비추어 보건대, 남들이 다 가지고 있는 거 나만 없을 수는 없다고 생각하기 때문일 것이다. 세상으로부터 단절될지도 모른다는 두려움은 휴대폰을 갖고 나서도 계속된다. 내 경우도 이제는 휴대폰이 없으면 불안하고, 내가 잠시 휴대폰을 꺼놓은 사이에 전화가 오지 않을까 하는 의심이 든다.

휴대폰은 워크맨과 함께 개인주의를 대표하는 상징이 되었다. 개인주의가 팽배해지면서 '나'를 위한 시간은 많이 투자하지만 '공동체'는 멀리하려고 한다. 아니 어쩌면 우리는 휴대폰으로 연결되는 전혀 새로운 공동체를 향해 나아가고 있는 건지도 모르겠다.

휴대폰이 자주 울리지 않으면 두렵다

조용선 _ 의예과 1학년, icerim@hanmail.net

요즘에는 무슨 일을 하든지 나는 휴대폰을 꼭 가지고 다니려고 노력한다. 잠 잘 때는 휴대폰을 머리맡에 두고 잔다. 아침에 일어나기 위해 알람 기능을 이용하기 때문이다. 그렇게 나는 하루의 아침을 휴대폰의 알람 소리로 시작한다. 또한 나는 학교에 가기 전에 항상 휴대폰과 여분의 배터리를 챙긴다. 그래야 안심이 된다. 학교에 가는 버스를 타면 휴대폰을 꺼내서 안에 담긴 '푸쉬푸쉬'라는 게임을 하면서 시간을 보낸다. 그리고 수업 중간에 지루할 때와 쉬는 시간에는 문자를 확인하고 친구에게 문자를 보낸다.

내가 휴대폰을 갖게 된 것은 대학교에 들어와서 신입생 오리엔테이션이 계기가 되었다. 그 전엔 난 휴대폰이 없어도 충분히 살 수 있다고 생각했다. 그래서 그때까지만 해도 아직 휴대폰이 없었다. 그런데 오리엔테이션을 떠나기 전에 조 편성을 하면서 같은 조 사람들을 만나다 보니 내 생각을 바꿀 필요가 있음을 절실히 느꼈다.

"용선아, 준비물이랑 몇 시에 우리 조모임 하는지 휴대폰으로 알려 줄게." "용선아, 전화번호 하나 줘." 이런 말을 듣고 나니 휴대폰을 외면할 수가 없었던 것이다.

개강 후 모든 연락은 휴대폰으로 이루어졌다. 오늘은 몇 시에 술자리가 있네, 오늘은 누구 생일이니깐 안부문자(?)라두 하나 보내주게, 오늘은 동아리 총회네, 오늘 생물시간 휴강이네, 언제까지는 수강신청 취소를 할 수 있네, 하는 것들 말이다.

그런 현실 속에서 휴대폰은 나와는 떨어질 수 없게 되었다. 한시라도 휴대폰과 떨어지면 친구들과 멀어진 것 같고, 집에서 나올 때 깜박하고 휴대폰을 가지고 나오지 않으면 불안하다. 누군가 내게 연락을 주었는데 내가 그 연락을 못 받아서 어떤 모임에 참석하지 못하게 되는 건 아닌지, 내가 연락을 못 받아서 친구가 섭섭해하지는 않을까 이만저만 불안한 게 아니다. 그런 내가 월 3,000원을 내고 내게 전화를 건 사람이 누군지 알려주는 발신자 표시 서비스를 이용하게 된 건 너무도 당연한 일일 것이다.

나뿐만 아니라 내 친구들도 휴대폰이 자주 울리지 않는 것에 대한 어떤 두려움이 있는 듯하다. 휴대폰이 자주 울리지 않으면 내가 혹시 잊혀진 사람은 아닌가 하는, 나는 이제 더 이상 소중한 존재가 아닌가 하는, 또는 내가 정보 경쟁에서 뒤지지는 않았나 하는 두려움 말이다. 이런 점에서 생각해 볼 때 휴대폰은 사람들이 혼자 있을 수 있는 시간을 앗아가는 듯하다.

요즘에는 별의별 종류의 휴대폰이 등장했다. 휴대폰이 사진을 찍는가 하면, TV도 보여주고, 뉴스도 보게 해주고, 게임도 하게 해주고, 노래방의 기능도 수행한다. 마치 모든 매체가 휴대폰으로 통합되어 가는 느낌이 든다. 이제 곧 이 세상의 중심 매체는 휴대폰이 될 듯하다.

개인적으로 나는 친구들하고 말하는 것을 좋아하기 때문에 휴대폰 통화에 소요되는 시간이 전혀 아깝지 않다. 다만 경제적 부담이 문제다. 우리 집은 아버지 어머니 나 이렇게 3명이 휴대폰을 소유하고 있다. 한 달에 적어도 15~20만 원이 들어가는데 그 비용은 내 한 달 용돈과 맞먹는다. 하루빨리 정부가 휴대폰을 생활필수품으로 인정해서 통화요금을 낮추도록 조정해 주었으면 한다.

가끔씩은 내가 휴대폰에 너무 의존하며 사는 게 아닌가 하는 생각이 든다. 그렇지만 그 추세는 이미 거역할 수 없는 듯하다. 그렇다면 휴대폰을 올바르게 사용하는 것이 중요한 게 아닐까. 사람들이 많은 곳에서 동시에 울리는 별다른 특색 없는 벨소리들은 정말 짜증난다. 휴대폰이 보편화되어 있는 만큼 기기를 이용하는 사람들의 의식 또한 성숙해졌으면 좋겠다는 생각을 해본다.

나는 휴대폰이라는 감옥 속에 살고 있다

김봄이 _ 의예과 1학년, loveprintemps@hanmail.net

우리나라의 휴대폰 보급률은 60%를 넘어섰다. 그도 그럴 것이 내 주변에도 휴대폰이 없으면 '원시인'이라는 말을 들을 정도이니 말이다. 실제로 내가 아는 대학 동기나 선배들 중에 휴대폰이 없는 사람은 한 명도 없고, 요새는 초등학생들도 휴대폰을 소유하고 중·고등학교 학생들도 절반 이상은 가지고 있다고 한다.

이 같은 휴대폰의 과잉 공급으로 인해 야기된 문제점들은 한두 가지가 아니다. 휴대폰 사용자들이 잘 알고 있는 전자파 문제. 그리고 강의실마다 울려대는 벨소리. 어디 강의실뿐인가? 공연장이나 지하철, 버스 등에서 시끄럽게 울려대는 벨은 그 자체만으로도 도시 소음공해의 한 원인이라고 하기에 충분하다. 또한 최근 법적 제재가 가해지기 시작한 운전 중 휴대폰 사용도 그 위험성은 익히 알려져 있다.

이러한 문제점들을 가지고 있는 휴대폰을 사용하는 나의 모습은 어떠한가? 가능하면 강의시간에는 언제나 진동으로 해놓는다. 그것조차 나쁘다는 것을 알면서도 휴대폰을 꺼놓지는 못한다. 불안감! 그것이 이유이다. 내가 휴대폰을 가지고 생활한 기간은 그 기계 없이 생활한 기간보다 훨씬 짧은데도 불구하고, 지금의 나는 휴대폰이 없을 땐 불안감마저 느끼고 있다. 휴대폰도 문명의 이기로서 현대인들의 삶을 편리하게 만들어주기 위해서 고안된 물건인데, 수많은 현대인들이 그 문명의 이기의 주체가 되지 못하고 그것에 지배당하고 있다는 느낌마저 든다. 물론 나도 그러한 현대인들 중의 한 명이다.

난 2001년 1월경부터 휴대폰을 가질 수 있었다. 수능이 끝나고도 2개월이 더 흐른 후였다. 주변 친구들보다 조금 늦게 마련한 경우였다. 휴대폰을 사기 전에는 가지고 있는 친구들이 부러워서 나도 갖고 싶다는 생각은 했지만, 꼭 사야겠다는 생각이 있었던 것은 아니었다.

나는 대학에 입학했지만 6월엔 재수를 하기 위해 휴학을 했다. 재수를 하면서 공부해야겠다는 생각에 부모님이나 나 자신이나 휴대폰을 없애기로 하고 학원을 다녔다. 처음 2주간, 그리 긴 기간도 아니었고 대략 2주 정도의 시간 동안 휴대폰이 없다는 사실에 매우 불편함을 느꼈다.

그렇다고 내가 딱히 전화할 곳이 많았던 것도 아니다. 그럼에도 불구하고 불필요한 불편함을 느껴야만 했다. 5개월도 채 안 되는 기간 동안 나는 벌써 휴대폰에 익숙해져 있었던 것이다. 그러나 2주 정도의 시간이 흐르고 난 후, 휴대폰이 없어도 전혀 불편하지 않다는 사실을 깨달을 수 있었다. 정말 말 그대로 난 익숙해져 있었던 것뿐이었다. 가끔씩 공중전화를 이용할 때를 제외하면 휴대폰 없이 생활을 하면서도 그 기계의 필요성을 딱히 느끼진 못했다.

수능이 끝나고 2001년 11월 중순경에 나는 다시 휴대폰을 구입하였고, 그때부터 나는 다시 그것에 익숙해져 갔다. 새로운 대학에 입학하면서 손에서 휴대폰이 떠난 적이 없었고, 배터리가 다 닳아서 꺼져 있으면 가까운 편의점을 찾아서 충전을 시키곤 했다. 그리고 언젠가 휴대폰이 고장나서 서비스 센터에 맡긴 적이 있는데 그 짧은 2시간 정도에도 불편함과 불안감을 동시에 느꼈다. 그렇게 난 그 기계 속에 갇혀버린 것이다.

그러나 이런 불안감은 비단 나만의 문제가 아니었다. 주변의 친구들도 혹여 집에 휴대폰을 두고 온 경우에는 교재를 두고 왔을 때보다 더 많이 신경을 썼다. 만약 사업을 하는 사람이라면 휴대폰이 꼭 필요하니까 불안감을 느끼는 것은 당연한데, 아직 학생인 우리가, 급하게 연락 올 곳도 없는 우리가, 그러한 기계 하나에 꽤 많은 신경을 쓴다는 것은 어찌 보면 우스운 일이다.

휴대폰이 나에게 미친 또다른 영향은 경제적 부담이었다. 지금은 아르바이트를 해서 버는 돈으로 요금을 내고 있지만, 아르바이트를 하지 않을 때 부모님께 받는 용돈으로 요금을 감당하는 것은 좀처럼 쉬운 일이 아니었다. 경제적인 능력도 없는 학생들이 휴대폰을 무절제하게 사용함으로써 이동통신회사의 이윤만 늘려주는 것은 아닌지 모르겠다.

물론 학생들 중에도 경제적으로 현명하게 사고를 할 수 있는 사람이 있기 때문에 모든 학생들이 무절제하게 휴대폰을 사용한다는 말은 아니다. 하지만 대부분의 학생들은 부모님의 주머니에서 빠져나가는 돈에 신경을 쓰지 않고, 요금에 대해 망각하고 휴대폰을 사용하고 있는 것이 사실이다. 이러한 상황이 우리 사회에 현명하지 못한 경제인, 다시 말해 어리석은 소비자를 양산하지 않을지 생각해 보아야 할 것이다.

X세대 N세대 이러한 단어들은 지나온 기간 동안 소위 '신세대'라는 청소년들을 칭하는 말이었다. '엄지족'이란 말을 들어보았는가? 언

젠가 신문에서 본 단어이다. 시간과 장소를 가리지 않고 휴대폰으로 문자 메시지를 보내는 요즘 청소년들을 묘사하는 말이다. 지하철, 버스, 학교, 심지어는 길을 가면서도 쉴새없이 두 엄지손가락을 이용해서 문자 메시지를 보내는 모습을 제대로 묘사한 말이다. 문자 메시지 빨리 보내기 대회도 개최된다고 하니, 휴대폰 문자 메시지라는 새로운 통신 방법이 젊은 층에게 미친 영향은 결코 적지 않다고 할 수 있겠다.

또한 휴대폰으로 인한 세대차이도 무시할 수 없다. 주변을 보면 휴대폰을 사용하는 어른들은 많이 계시지만 젊은 사람들이 사용하는 것처럼 다양한 기능을 이용하지 못하고, 오로지 통화를 하는 데만 쓰는 분들이 대다수이다. 세대차이란 말이 막 등장하였을 때는 꽤나 큰 사회 문제인 양 뉴스나 신문 등에서 보도를 하더니 언젠가부터 세대차이라는 것에 별 신경을 쓰지 않는 것 같다. 그렇게 신경을 쓰지 않는 사이에 인터넷이라는 매체로 인해 세대간의 격차가 벌어졌고, 이제는 휴대폰이라는 또다른 매체로 인해 그 격차가 더욱 커지고 있다.

휴대폰이 등장함으로써 우리의 생활은 많은 부분이 편리해졌지만, 빛이 있으면 그 이면에는 어둠이 있듯이, 휴대폰이 제공한 편리함의 이면에는 그 매체가 이끌고 온 수많은 사회 문제들이 있다는 것을 생각해 보아야 할 것이다. 그러한 문제점들에 한 번만 관심을 가져보는 것은 어떨지 …….

나 자신은 언제쯤 이 휴대폰이라는 감옥에서 벗어날 수 있을지 의문이다. 내 스스로가 마음의 여유를 조금 더 가지고, 이 문명의 이기에 지나치게 의존하지 않는다면 휴대폰이라는 매체는 더 이상 나에게 감옥이 아닌, 하나의 편리한 기계로 존재하지 않을까 싶다. 그렇게 된다면 나는 그 기계의 주체가 될 수 있을 테니까 말이다.

내가 겪은 휴대폰 피해 사례

문용선 _ 국어국문학과 1학년, mkyhsy@hanmail.net

바야흐로 내가 대학교에 갓 입학해서 아무것도 모르고, 대학 생활의 낭만을 누려 보기 위해서는 여자친구가 필요하다는 것을 직시하고 있던 때, 나는 인터넷을 통해 같은 학교에 다니는 여학생을 물색하기 시작했다. 수 차례의 탐색 끝에 나의 친구와 같은 과에 다니는 여학생과 접속이 되었다.

휴대폰 번호를 교환하고 문자를 주고받던 우리는 학교에서 한 번 만나보기로 했다. 물론 단둘이 아니라 나의 친구와 함께 말이다. 많은 기대는 하지 않았지만 대학 들어와서 이성과의 첫 만남이었기에 설레는 마음만은 어찌할 수 없었다. 구 정문 앞에서 만난 우리는 어색함을 면할 수 없었다. 어색한 시간을 뒤로 한 채 우리는 헤어졌다.

집으로 가는 버스를 타기 위해 정류장으로 가던 나는, 친구가 그 여학생이 예쁘다고 한 말이 생각나 친구에게 문자를 보냈다. "야, 예쁘긴 뭐가 예쁘냐? 하나도 안 예쁘다." 정말 나는 내 친구한테 보냈다고 생각했다. 그런데 휴대폰 기능 중에 답장이라는 것이 있어서 그 기능을 이용해 번호도 확인하지 않고 보낸 것이 화근이었다.

그 문자 메시지가 내 친구가 아닌 그 여학생에게로 가고 말았으니! 그런데 난 이 사실을 바로 알았던 것이 아니었다. 메시지를 보내고 조금 있다가 답장이 왔는데 "니 얼굴은 뭐 잘 생겼냐?"라는 내용의 문자였다. 그리고 그 이후로 여러 이상한 문자들이 쏟아지기 시작했고 난 오히려 내 친구에게 화를 내고 말았다. 친구는 자신은 그런 적이 없다고 하는데 워낙 거짓말을 밥 먹듯 하는 친구인지라 난 계속해서 다그쳤고, 나중에 이상해서 문자 발신번호를 확인해 봤더니 바로 그 여학생이었던 것이다.

난 이 일이 있은 후로 휴대폰의 오용으로 인해 생길 수 있는 피해를 다시 한 번 생각해 보게 되었고, 휴대폰을 통해 자동화된 나의 삶을 다시 한 번 돌아보게 되었다. 그렇다. 휴대폰은 물리적 거리가 있는 사람들과 신속하고 편하게 대화할 수 있게 해준다는 점에선 긍정적인 면을 가지나, 삶을 자동화시키고 오용과 실수를 통해 오해를 발생시킬 수도 있다는 사실을 우리는 직시해야 할 것이다.

휴대폰에 얽힌 나의 두 번째 경험담 역시 대학에 갓 입학해서 아무 것도 모를 때 일어났다. 그 여학생과의 일이 있은 후에도 난 여자친구를 만들고 싶다는 욕망을 억제하지 못한 채 같은 과 여학우들을 탐색하기 시작했다. 나의 레이더에 포착된 여성은 오리엔테이션 때부터 심적으로 나를 괴롭히던 여학생이었다. 그 여학생은 나의 친절과 호의에 긍정적으로 반응해 주었고 몇 번의 모임을 통해 더욱 친해지게 되었다. 그 여학생과의 물리적 거리와 정서적 거리의 단축을 위해 나는 당연히 휴대폰을 사용했고, 학기 초의 그 여학생 사건을 떠올리며 신중히 행동했다.

문제의 발단은 그 여학생과 동물원에 가면서부터였다. 어느 날 나는 오전 수업만 있었기에 그 여학생에게 동물원에 갈 것을 제안했다. 날씨도 좋았고, 동물원까지는 상당히 많은 시간을 걸어야 하는데, 함께 이야기를 나누는 데는 더없이 좋다고 생각했던 것이다. 동물원 구경을 하는 동안 같이 과자도 먹고 실제로 많은 이야기들을 나누었다. 특이하게도 그 여학생이 뱀을 좋아한다고 해서 뱀 우리 앞에서 10분인가를 서 있기도 했다.

좋은 시간, 행복한 시간을 보내고(적어도 나한테는) 우리는 돌아오기 시작했다. 돌아오면서 나는 한 가지 결심을 했다. 그 여학생이 한없이 좋았기 때문에 이제 고백을 해야겠다는 것이었다. 사나이가 이 정도도 못해서야 …….

그런데 무슨 말을 어떻게 해야 될지 막막했다. 결국 내가 선택한 방법은 휴대폰이었다. 휴대폰으로 고백한 나는 그 여학생의 답장을 기다렸다. 그런데 그 여학생은 휴대폰의 익명성과 나의 무례함 혹은 용기 없음에 적잖이 실망했었나 보다. 결국 결과는 비참한 퇴짜였고 나는 다시 한 번 휴대폰 때문에 쓴잔을 마셔야 했다. 그런데 나는 비겁하게도, 문자 메시지로는 서로의 얼굴을 보지 않고도 말할 수 있다는 것을 이용해서 그 여학생에게 문자 메시지를 계속 보냈다. 이는 내 본래 의도와는 다르게 그 여학생의 불만을 샀고 결국엔 비참한 과 생활을 맞이해야만 했다. 물론 지금은 그 여학생과 아무 일 없었다는 듯이 잘 생활하고 있다.

나는 휴대폰을 통한 이러한 피해 사례를 통해서 휴대폰의 익명성과, 휴대폰을 통해 맺어지는 간접적이고 피상적인 인간관계 등의 문제점을 다시금 생각해 보게 되었다. 인터넷만큼 보편화된 휴대폰을 사용하는 현대인들에게 내가 한마디 해주고 싶은 말은 휴대폰의 장단점을 바로 알고 사용하자는 것이다. 그래서 나와 같은 피해 사례가 두 번 다시 반복되지 않았으면 하는 소망이다.

한국이 세계의 휴대폰 유행을 선도한다

강 준 만

앞서 소개된 문제 메시지에 얽힌 슬픈 이야기를 듣고, 나는 1년 전에 읽었던 마이클 루이스의 『넥스트: 마이너들의 반란』(이소영 옮김, 굿모닝미디어, 2002)이라는 책의 한 대목을 떠올렸다. 세계 1위 휴대폰 업체인 핀란드의 노키아에 관한 이야기였다. 재미있는 내용이므로 좀 길게 인용하겠다.

핀란드 사람들이 이동통신 산업 분야에서 성공할 수 있었던 까닭은, 사람들이 이동전화에 대해서 원하는 바를 추정해내는 데에 특별한 재주가 있었기 때문이었다. 이것이 가능했던 가장 큰 이유는, 적어도 노키아 회사 직원들이 믿고 있는 바로는, 핀란드 사람들이 어린아이들을 관찰하면서 많은 시간을 보냈기 때문이었다.

어린아이들은 아무런 선입견 없이 새로운 기술에 접근했으며 더 빨리 받아들였다. 아무도 그 이유를 알 수 없지만, 어린아이들은 전화를 보면서 어른들은 미처 상상조차 하지 못할 그런 이용법들을 생각해냈다. 예를 들면 즉석에서 문자 메시지를 전하는 일 따위였다. '문자 메시지 보내기'는 순식간에 유럽 회사 내에서 의사소통을 위한 필수품이 되었다. ……

이 기술은 수줍어서 여학생들 앞에서 데이트 신청을 하지 못하는 핀란드의 남학생들과 데이트를 한 다음 곧바로 다른 친구들과 데이트에 대해서 이야기하고 싶어했던 핀란드의 여학생들에 의해서 발명된 것이었다.

그 아이들은 간접적인 의사소통이 다급하게 필요할 때, 탄복할 만한 속도로 전화 키패드에 대고 문자를 쳐 넣을 수 있다는 사실을 증명해 보였다. 5백5십만 명의 핀란드 사람들은 2000년 한 해 동안 서로에게 십억 건 이상의 문자 메시지를 보냈다. 이 기술은 핀란드 어린이들로부터 기업가들에게로 전파된 것이었다. 노키아는 인류학자들을 고용하여 이러한 사실을 전 세계에 알려주었다.

핀란드는 지구상에서 최초로 아동 중심의 경제 발전 모델을 공식적으로 인정한 나라가 되었다. …… 현재 평균 열두 살 정도의 핀란드 사람이면 모두 이동전화기를 소유하고 있으며, 노키아 내부에서는 언젠가 일곱 살 이상의 어린이들이 모두 핸드폰을 소유하게 되리라는 추정을 하고 있다.(12~13쪽)

문자 메시지로 구애 공세를 펴다가 실패한 것은 이성간 수줍음을 많이 타는 핀란드의 문화 코드를 한국에 곧장 도입한 탓에 빚어진 문제가 아니었을까? 물론 한국인들 간에도 개인차가 클 것이므로 그렇게 단정할 순 없겠지만, 새로운 정보 테크놀로지가 문화간 커뮤니케이션(intercultural communication) 연구에 있어서 중요한 변수로 등장했다는 건 흥미로운 일이 아닐 수 없겠다.

2003년 1월 11일자 신문들은 일제히 노키아가 한국에서 철수한다는 기사를 싣고 있다. 『한국일보』기자 조철환은 다음과 같이 말한다.

　"노키아가 시장 진출 1년 6개월 만에 철수키로 한 것은 기술력, 마케팅 등 모든 부분에서 삼성, LG전자, 팬텍&큐리텔 등 한국 업체에 뒤졌기 때문이다. 전문가들은 지난해 3/4분기 현재 세계시장 점유율 1위 (35.9%) 업체인 노키아가 외국보다 휴대폰 유행이 1년 이상 앞서는 한국 시장의 특성을 감안하지 않고 성급히 시장에 진출한 것이 사업 실패의 가장 큰 이유라고 분석했다. SK텔레콤 관계자는 '2001년 한국 진출 당시 노키아는 국내 업체들이 컬러 휴대폰 시판에 나섰는데도, 유행이 1년이나 뒤진 흑백 휴대폰을 들고 왔다'며 '전 세계 시장을 대상으로 중저가의 범용 단말기에 치중하는 노키아로서는 세계에서 휴대폰 유행이 가장 빠른 한국 시장 공략에 한계를 느꼈을 것'이라고 말했다."

　그렇다. 한국은 세계에서 휴대폰 유행이 가장 빠른 나라다. 그것도 보통 빠른 게 아니라 엄청나게 빠르다. 외국 유수 업체들도 새로운 기능의 시장성 테스트를 위해 한국 시장을 찾을 정도라니 더 말해 무엇하랴. 세계의 휴대폰 유행을 선도하는 한국 젊은이들의 문화가 이젠 세계 문화에 영향을 미치게 된 걸 축하해야 할까? 그러나 휴대폰 사 달라고 단식 투쟁을 하거나 휴대폰 요금으로 용돈을 다 털어 넣는 건 다시 생각해 볼 일이다.

제4장
드라마와 영화의 마력

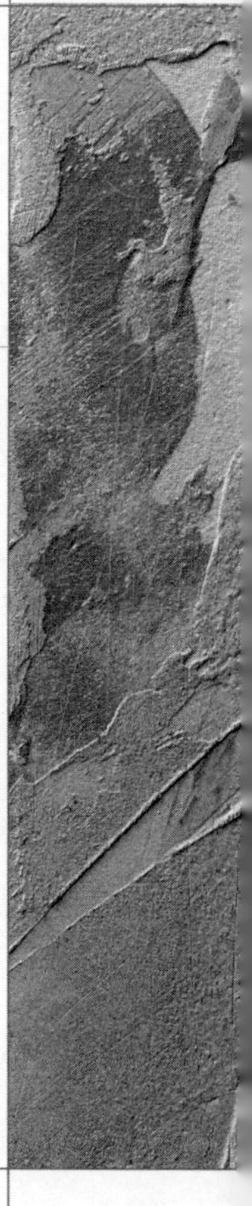

나는 TV 드라마 매니아

이정은 _ 영어영문학과 1학년, tj-city282@hanmail.net

나는 밖에 나가 돌아다니기를 별로 좋아하지 않기 때문에 집에서 홀로 보내는 시간이 많다. 그렇게 혼자 있는 시간을 나름대로 유쾌하게 보내기 위해 하는 행동은 그다지 특별하지 않다. 텔레비전을 보고, 책을 보거나 라디오를 듣거나 인터넷을 하거나 하는 등의 아주 평범한 시간 죽이기를 한다.

하지만 주위 사람들은 내 시간 죽이기를 매우 걱정스러운 눈빛으로 보곤 한다. 그 남는 시간에 공부를 하고 더 유익한 것을 한다면 부모님의 걱정을 덜어드리고 먼 미래의 풍요로움이 보장될지도 모르는데, 그렇게 한심하게 시간을 보냄으로써 내게 남는 게 무엇이냐는 것이다. 물론 생각해 보건대, 그렇게 몇 시간 내내 텔레비전 앞에 멍하니(다른 사람들이 보기에 ……. 그러나 실제로 아무 생각 없이 앉아 있는 건 아니다) 앉아서 드라마만을 골라가며 채널을 맞추고 있는 건 다소 무의미해 보일지도 모른다.

그러나 나는 스스로를 '드라마 매니아' 라 일컫기를 좋아한다. 내게 드라마는 숨쉬는 것만큼 중요하다. 드라마는 무료함을 달래주며 커다란 행복감을 안겨준다. 또한 포기한 꿈에 대한 대리만족까지 시켜주니 이 이상 소중한 게 어디 있으랴.

나의 드라마 사랑은 초등학교 시절, 단순히 책과 이야기가 좋아 작가를 꿈꾸던 그때, 드라마와 영화를 보며 상황 설정을 논하고 그 느낌을 일기장에 기록하는 식의 훈련을 하면서부터 시작되었던 것 같다. 거의 모든 드라마를 보고 드라마 속의 인물과 하나가 되어 울고 웃고, 그들의 인생에 빠져서 살아가는 방법을 터득하기도 하고, 앞으로 벌어질 상황에 대해 예측하여(워낙 드라마를 많이 보다 보니 비슷한 상황을 많이 알게 되었다) 그것이 그대로 그려지면 옆에서 같이 보던 가족들에게 슬쩍 잘난 척하고 ……. 그렇게 나의 드라마 매니아 생활은 시작되었다. 글쓰기 능력 때문에 작가가 되고 싶은 꿈은 접은 지 오래이지만, 나의 드라마 사랑은 끝날 줄을 모른다.

최근에는 『네 멋대로 해라』(2002년 7월 3일~9월 5일)라는 드라마에 아주 심취해 있었다. 다른 드라마에서는 느껴보지 못했던 솔직함과 순수함이 느껴져서, 그 드라마를 하는 수·목요일에는 무조건 약속도 잡지 않고 하루종일 들떠서, 급기야 오후에 이르면 가만히 텔레비전 앞에 앉아 드라마가 시작되기만을 기다렸다.

그 덕분에 다른 프로그램도 조금씩 보고 뉴스를 할 때에는, "이제 한 시간만 더 기다리면 돼" 라고 위로 같지 않은 위로를 해가면서까지, 내 눈은 텔레비전에서 떨어지지 않았다. 그렇게 드라마를 보고 감상문을 쓰고 잠자리에 들면 보통 늦잠을 자기 일쑤여서 어떤 날은 1교시 수업에 늦는 때도 있었다. 일상 생활에 지장을 줄 만큼 내 드라마 사랑은 집요하고 대단한 것이었던 듯싶다.

얼마 전에는 내가 『네 멋대로 해라』 매니아인 줄 모르는 한 친구가 "그 드라마 너무 비현실적이고 이상적이야. 대사도 유치하고 ……"라고 잠깐 말한 것에 대해, 나는 얼굴이 벌겋게 되고 침까지 튀겨가며 다음과 같이 항변했다.

"그렇기 때문에 매력적인 것이다. 어떻게 드라마는 꼭 현실적이고 이성적이어야 하는가! 내가 그 드라마에서 느끼는 매력은 다른 드라마에서는 볼 수 없었던 대사와 인물의 행동이다. 물론 드라마가 유치하게 보일 수 있는 것은 인물이 순수한 캐릭터이기 때문에 그렇게 보일 수 있다."

그래도 친구가 그 드라마에 대해서 혹평을 늘어놓자 나는 그 친구에게서 조금씩 거리감을 느끼기 시작했다(나와 생각이 다르다는 이유로 ……).

평소엔 그다지 말이 많지 않은 내가 그렇게 무섭게 내 주장을 펼치고 고집을 부리다니 ……. 스스로도 놀라운 일이었다. 드라마에 대한 나의 애정도를 재확인하고, 처음으로 드라마 때문에 변화된 나의 긍정적·부정적인 모습을 보았다. 이런 상황에서나 저런 상황에서나 흥흥하던 내가, 내 의견을 가지고 다소 논리적으로 다른 사람의 의견을 반박하고, 그러는 동안 나와 의견이 다른 사람의 의견은 무시하고 아예 그들과 어울림을 피하려는 내 모습의 발견 ……. 충격이었다.

호주 머독 대학의 교수 존 하틀리는 "위험과 불확실성을 최소화하면서 시청률을 최대화하고자 하는 TV는, 다양한 속성의 거대집단을 모두 만족시키기 위해 '어린애와 같은 구경꾼'을 상정한다"고 주장한 바 있다.

내가 보는 TV 프로그램이 꼭 유치하진 않다고 하더라도, 어쩌면 나는 TV에 의해 만들어진 단순 무지하고 또한 지독하게 중독된 구경꾼

일지도 모른다는 생각을 해본다.

나의 유별난 드라마 사랑은 드라마 종영 후에도 인터넷으로 번져서, 드라마 초기부터 인터넷 카페에 가입해 그날그날의 드라마 내용에 대해서 말하고 감동적인 명장면 명대사를 나누고, 떠돌아다니는 동영상 클립을 가져다가 컴퓨터에 저장해 놓는 지경에까지 이르렀다. 드라마를 하지 않는 날에는 다소 우울함을 느끼고 인터넷으로 재방송에 삼방송까지 보곤 한다. 드라마로 인해 인터넷을 하면서 새로운 즐거움을 맛보게 되었고, 매개체인 드라마가 없어도(『네 멋대로 해라』의 종영으로) 아침에 일어나면 컴퓨터를 켜고, 카페에 들어가 글을 올리고, 여기저기 돌아다니다가 음악도 듣고, 또다시 카페에 들어가 음악 자료 올리고 ……. 컴퓨터를 켜고 멍하니 앉아 있더라도, 컴퓨터를 하루라도 켜보지 않으면 조금씩 불안감을 느낀다.

드라마를 보고 인터넷으로 느낌을 나누고 ……. 사실 나의 방학 생활의 상당 부분은 이 두 가지로 다 채웠다고 해도 과언이 아닐 것 같다. 그 긴 방학 동안의 생활을 지켜본 가족들은, 정말 의미 없고 아무런 이득 될 것이 없는 그 두 가지를 그렇게 열심히 하는 나를 이해할 수 없다고 했다. 나는 다른 사람들이 텔레비전을 보고 인터넷을 하면서 수많은 정보를 얻고 즐거움을 느끼듯이, 나도 그 두 가지를 하면서 행복을 맛보고 그 속에 내재된 삶의 지혜를 조금씩 얻을 수 있다고 대꾸했다.

하지만 그 말을 했던 나 자신도 조금씩 확신이 흐려지기 시작한다. 혹시 나는 지금 드라마 매니아라고 외치지만 사실상 드라마 중독자가 되어 버린 것은 아닌지, 필요에 의한 넷 사용이 아니라 넷의 노예가 되어버린 것은 아닌지 하는 두려움을 느끼기도 한다. 나는 나를 향해 다가오는 어두운 그림자를 철저하게 경계해야 하는 건 아닌지 모르겠다.

'아줌마'만 TV 드라마 좋아하나?

서미화 _ 국어국문학과 1학년, 10321smh@hanmail.net

난 드라마를 좋아한다. 챙겨서 보는 편이다. 하지만 내가 드라마를 좋아한다고 하면 아줌마로 몰리게 된다. 영화가 아닌 드라마를 좋아하는 건 고급 문화가 아닌 저급 문화를 좋아한다는 것으로 생각된다. 드라마는 대중적이다. 대중문화다. '대중문화=저급문화'라는 공식이 어느새 사람들의 머리 속을 차지하고 있는 것이다. 드라마가 완성도에서는 영화보다 훨씬 떨어지고 유치한 경우가 많은 것이 사실이지만, 드라마는 우리 삶과 더 가까이 있다.

『여인천하』의 죽고 죽이는 살생부에 질려가고, 재벌 2세와 착한 아리따운 여자와의 비현실적인 사랑에 질려가고 있을 때쯤, 특이한 드라마가 나에게 찾아왔다. 『네 멋대로 해라』! 공주와 왕자가 없는 드라마……. 그것이 이 드라마의 가장 큰 매력이다.

극 중 고복수 역을 맡은 양동근은 못 생겼다. 우리 주변 사람들을 기준으로 봐도 못 생긴 얼굴인데 연예인 사이에 끼어 있으니 그의 별명처럼 "구리구리" 구리다. 고복수는 착한 심성을 가졌지만 고아원을 거치면서 소매치기하는 방법을 배웠고 전과 1범의 전력까지 달고 있다. 우리 사회의 문제아다. 사회가 만들어낸, 사람들이 만들어낸 문제아……. 그러던 중에 전경(이나영)을 만나 사랑을 하게 되지만 뇌종양이라는 사형 선고를 받는다. 그는 잘 생긴 왕자도 아니다 그렇다고 재벌 2세도 아니다. 하지만 따뜻한 사람이다.

전경은 인디밴드의 키보디스트다. 졸부의 딸이면서 반항아적 기질을 가졌지만 음악에 누구보다 열정이 있는 상처받은 음악가다. 보통의 여자 연기자라면 이 역을 어떻게 소화해 냈을까 라는 의문이 든다. 전경은 소주팩을 물고 흐느적거린다. 담배를 물고 세상을 바라본다. 삐딱하게 ……. 여자 연기자들은 신기하게도 슬프게 우는 장면에선 눈에 물기를 촉촉하게 머금고, 고운 뺨 사이로 눈물을 흘린다. 난 정말 슬플 때 울면 콧물이 더 많이 나오던데, 얼굴이 심하게 추해지던데, 보통 드라마에서는 여자 연기자가 울다 코 풀지 않는다. 울다 얼굴이 일그러지지 않는다. 하지만 전경은 슬플 때 예쁘게 울지 않는다. 소리내어 입 벌리면서 운다. 예쁘게 울지 않는 그녀의 모습이 더욱 예뻐 보인다.

고복수를 좋아하는 또다른 여자 송미래(공효진). 간호사가 꿈인 치어 리더. 욕설과 폭력으로 겉치장을 하지만 속은 누구보다 따뜻한 독특한 캐릭터다.

이 드라마에는 공주가 없다. 그리고 왕자도 없다. 사람들은 무엇인가를 볼 때 자기가 보고 싶은 것만 바라보게 된다. 나 또한 이 드라마에서 내가 보고 싶은 것, 사랑이라는 것을 보았다. 꽤 많은 캐릭터들이 얽혀 있어서 많은 이야기를 하지만 그것들 사이에서 난 사랑을 보았다.

드라마에서의 프로포즈 장면은 가장 멋있게 포장되어야 하고 뜨거운 포옹이나 키스로 리본을 매야 완성이 된다. 하지만 전경과 복수의 프로포즈엔 화려함이 없다. 너무 초라하다. 하지만 너무 아름다웠다. 그리고 엔딩 부분에서 수줍게 손을 내밀어 잡으며 끝난다. 우리 보통 사람들의 삶은 화려함보다는 초라함에 가깝다. 그래서 드라마 속의 화려한 사람들의 모습 속에서 대리만족을 느끼려고 한다. 하지만 『네 멋대로 해라』에서의 초라함은 우리와 닮아 있어 더 애달프고, 가슴 시린, 사랑이다.

사랑 ……. 가장 알고 싶고 해보고 싶은 것들 중에 하나다. 연애와 사랑은 다르다. 보통 사람들은 연애를 한다. 연애를 하기 위해 그 사람의 외모 학벌 스타일 등을 봐야 한다. 그래야 데리고 다니기 안 창피하기 때문이다. 사람을 볼 때 그 사람의 속내보다는 겉으로 보여지는 모습으로 점수 매기기에 익숙해져 있던 나를, 『네 멋대로 해라』는 너무나도 부끄럽게 한 드라마다. 연애 이야기가 아닌 사랑 이야기를 오랜만에 만날 수 있었다.

이 드라마에서 전경과 고복수의 사랑 얘기가 더욱 재밌었던 것은 간결하지만 솔직한 말투 때문이었다. 포장된 것이 아닌 그대로의 대화, 수없이 등장하는 욕설과 비속어, 개새끼·빙신·재수 없어 등의 단어들이 공중파 방송에서 가능하다는 사실도 놀라웠고, 그 말을 하는 연기자들이 결코 천해보이지 않았다. 그리고 그렇게 쓸 수 있는 작가의 힘이 놀라웠다.

처음으로 방송국 홈페이지에 들어가 드라마를 다시 봤다. 처음으로 드라마 대본이라는 것을 읽어보았다. 이러한 나의 감동을 함께 나누고 싶어서 친구들에게 추천해 봤지만, 돌아오는 것은 아줌마 같다는 소리와 한심한 눈빛이었다(교수님은 그렇게 보시지 않기를 ……^^*). TV가 많이 상업화되어 있고 한심하고 유치한 이야기들로 대부분 채워져 있다는 사실은 나도 안다. 하지만 TV 안 보는 사람이 어디 있을까?

내 생활과 밀접한 관련이 있는 것임에도, 드라마에 감동하는 사람들을 저속한 문화를 좋아하는 아줌마나 백수 정도로 취급하는 경우가 많다. 물론 여기서 말하는 아줌마는 비하하는 뜻이 담겨 있다. 사실은 그렇지 않음에도 ……. 고급 문화는 어렵고 소수의 사람들만 공유하는 것이라는 것은 엘리트라 불리는 사람들의 특권의식이 만들어낸 것이다. 대중문화를 저속하게 만드는 상업성에도 문제가 있지만 덮어놓고 '이건 고급 저건 저급'이라는 식의 평가는 잘못되었다.

그럼 난 슬프게도 저급 문화를 사랑하는 저급한 인간이 되어버리고 만다. 사랑을, 인생을, 어렵게 풀어놓는 것보다 어쩌면 쉽게 이야기하는 것이 더욱 어려울지도 모른다는 생각이 든다. 대중에게 사랑 받는 대중문화 그리고 그것을 전해주는 대중매체 TV에서 난 사랑이라는 것을 배우고 인생이라는 것을 배운다.

이제는 그러한 대중문화와 대중매체를 이해하고 분별할 수 있는 지식과 지혜도 길러나갈 생각이다. 세상은 아는 만큼 보이는 것이니깐 …….

『인어 아가씨』에 푹 빠진 이유

박혜미 _ 정치외교학과 2학년, akaak12@hanmail.net

나는 TV를 자주 보지는 못한다. 하루에 많이 보면 1~2시간이지만 적게 보는 대부분의 날은 30분 정도만 보게 된다. 기숙사에 있는 이유도 있지만 TV를 시청하는 것보다 학교생활 등이 더 재미있기 때문이다.

내가 TV를 보는 이유는 크게 3가지로 볼 수 있다. 먼저 나의 흥미를 끄는 프로그램들이 있기 때문에 일부러 시간을 내서 보는 경우이다. 나는 드라마를 좋아하는 편이다. 대부분의 드라마들이 연속물이기 때문에 일부러 시간을 내서 본다. 둘째는 어쩔 수 없이 보는 경우이다. 예를 들면 『100분 토론』과 같은 프로그램은 솔직히 재미는 없지만, 나의 전공과 무관하지 않으며 나에게 도움이 된다는 생각으로 보고 있다. 같은 맥락에서 가끔 교육방송의 영어강좌를 듣기도 한다. 마지막 이유는 그냥 '시간 때우기' 이다. 주말에 보는 TV 프로그램들이 그렇다. 약속이나 혼자 특별히 할 일이 없다면 컴퓨터 게임을 한다. 하지만 그것도 지루해지면 난 TV를 본다. 주말에 오락 프로그램들이 많아서 가볍게 웃으면서 시간 때우기엔 정말 좋다.

나의 취미생활은 컴퓨터 게임이다. 온라인 게임은 묘한 재미가 있다. 다음 순위의 취미는 우리나라 대부분의 아줌마들이 좋아하는 '드라마 보기'이다. 나는 어릴 때부터 이야기 듣는 걸 좋아했다. 그래서 드라마를 좋아하는 것 같다. 하지만 대부분의 사람들이 드라마를 좋아하는 걸 보면 아마 드라마엔 무언가 특별한 것이 있는 것 같다.

나는 요새 매일 방영하는 일일드라마 『인어 아가씨』라는 프로그램에 푹 빠져 있다. 딴 일을 하다가도 방송 시간이 되면 난 어김없이 TV 앞에 앉아 있는 것이다. 요즘 여자 셋만 모이면 『인어 아가씨』 얘기는 항상 화젯거리다. 이 드라마는 요즘 인기 있는 드라마의 요소를 모두 갖추고 있는 동시에 요즘 드라마들이 가지고 있지 않은 특징도 구비하고 있다.

먼저 이 드라마는 다른 드라마와 마찬가지로 서울 상류층의 인물들이 주류를 이룬다. 내가 이 드라마에 좀더 흥미가 있는 이유 중 한 가지는, 신문사 기자라는 직업을 가진 사람이 주인공이기 때문이다. 기자는 내가 동경하는 직업으로, 그 직업에 대한 정보가 나오는 것은 아니지만 상황 자체만으로도 재미가 있다.

대부분의 드라마가 주요 내용과 그에 따른 부수적인 내용이 있는데, 사실 재미있는 내용이 주류고 부수적인 내용은 주요 내용을 위해 이야기를 맞춰나가는 식이다. 이 드라마는 주요 내용 못지 않게 부수적인 부분들도 주요 내용의 들러리가 아닌 그만의 재미가 따로 있다. 일일드라마는 가벼운 가족드라마나 멜로드라마가 주를 이룬다. 대부분 일일드라마의 문제점은 뻔히 내다보이는 스토리의 전개, 세트와 분장의 조잡, 작가 빈곤, 연기자 겹치기 출연 등과 같은 신선미나 창의성 결여를 들 수 있다.

이 드라마도 멜로드라마로, 내 주변에는 '내용이 뻔하다, 말이 심하다, 내용이 저속하다' 등등의 이유를 대면서 좋지 않게 보는 사람도 있다. 사람이 보는 관점이 다 제각각이므로 그럴 수도 있겠다. 하지만 이 드라마는 내용이 뻔하지 않다는 것이 내 입장이다. 도대체 결론이 어떻게 날 것인가 정말 궁금하다. 그리고 이 드라마는 한 장면을 위해 전주까지 내려오는 정성을 보여주었다(드라마 속에서 전주 소리문화의 전당이 나온 것을 보고 어찌나 반가웠던지 ……). 또 드라마에 드라마 작가라는 직업이 나왔기 때문인지는 몰라도, 내가 일일드라마의 작가이름을 유심히 본 건 정말 처음이다. 그만큼 내용이 재미있다.

그리고 『인어 아가씨』는 요새 드라마에서 볼 수 있는 나이 어리고 연기력 부족한 예쁜 연기자가 아니라, 극 중 나이에 맞는 캐스팅과 수준급의 연기력이 뒷받침되어 재미를 더하고 있다. 실제 인터넷 쇼핑몰을 들어가 보면 이 드라마 여주인공의 스타일이 현재 가장 인기 있는 스타일임을 알 수 있다. 남자주인공 연기자의 실제 이름은 모르지만 극 중 이름은 성과 함께 잘 알고 있다.

절대적으로 드라마 그대로를 수용하는 사람은 드물다. 드라마를 보면서 "저런 사람도 있구나" 하는 생각도 하고, "저 상황이라면 나는 어떻게 할까?" 라는 생각도 하면서, 각자 재미있게 다양한 삶을 체험하는 것이다. 전문가들은 요즘 드라마가 너무 저속한 내용을 다루고 있다고 하면서, 좀더 진지하고 사실적이고 시대를 반영하는 등등의 드라마를 만들 것을 요구하지만, 그런 전문가들은 정말 드라마가 재미없다고 생각하는 것일까? 재미있게는 보면서 무조건 비판하는 것은 아닐까? 하는 생각이 든다. 물론 드라마의 악영향을 걱정해서 그 악영향을 받을 사람들을 위해 하는 일인 줄 안다. 하지만 현재 시청자들은 그렇게 무지하다고 생각하지 않는다. 가끔은 칭찬도 해주면서 잘못을 지적해 주었으면 한다. 나는 드라마가 재미있다. 오늘도 8시 30분이 기다려진다.

『X-File』이 어린 나에게 준 영향

김동현 _ 신문방송학과 2학년, freesoul4@freechal.com

　『X-File』은 어린 나에게 세상에 대한 새로운 시각을 열어 주었다. 『X-File』은 방송국에서 해주는 하나의 외화에 불과했으나, 어리고 순진했던 나에게는 큰 영향을 주었다. 나에게 『X-File』은 일개 텔레비전 드라마의 차원을 넘어서, 세기말의 하나의 아이콘으로 생각되었다.

　『X-File』의 주된 내용은, 미국 전역에서 일어나는 사건들 중 과학적으로 설명하거나 해결할 수 없는 것들만을 담당하는, 이른바 'X-File' 이라는 부서에서 사건들을 조사하는 두 명의 FBI 요원에 관한 이야기이다. 멀더는 "진실은 저 너머에 있다(The Truth is out there)"는 말을 신봉하며, 과학적인 사고방식을 지닌 그의 파트너 스컬리와 함께 그것을 찾으려고 한다. 의사인 스컬리는 멀더를 감시하라는 지시를 받고 부서에 투입되었지만, 점차 멀더와 신뢰를 쌓아가며 기이한 사건들을 해결하려고 노력한다.

　내가 『X-File』을 처음으로 접한 것은 중3 때였다. 친구들이 이야기하는 것을 듣고 흥미를 느낀 나는 『X-File』을 보았다. 그리고 『X-File』을 처음 보았을 때, 나는 충격을 받았다. 아주 음산한 분위기의 음향(그 당시 공포감과 긴장감을 주는 대표적인 것이었다. 나는 너무 무서워서 마지막 크레딧을 보지 못하고 부모님 방으로 뛰어가곤 했다), 어두컴컴한 조명, 엽기적인 캐릭터는 아주 특이했고 색달랐다. 그에 반해 두 주인공은 지극히 평범하고 사실적인 인물이라는 것이 신기했다.

그 후 나는 아무리 바쁜 일이 있어도 『X-File』을 빼먹지 않고 보는 자칭 매니아가 되었다. 그렇게 한 2년 동안 꾸준히 보았다. 그 내용은 언제나 독특했으며 재미있었다. 그래서 난 사람들과 『X-File』에 관해서 이야기를 하고 최고의 프로그램이라고 떠들고 다녔다.

『X-File』은 나의 사춘기에 큰 영향을 주었다.

첫째로 『X-File』은 나에게 새로운 세상에 대한 눈을 뜨게 해주었다. 대한민국의 전주, 그리고 우리 집밖에 모르던 나에게 여러 가지 생각과 세상들이 공존하고 있음을 알려주었다. 가장 충격이었던 것은, 이 세상에는 내가 모르고 있는 비밀들이 무수히 많다는 것이었다. '슈퍼맨'이 사는 정의의 나라라고 생각했던 미국에도 저러한 엄청난 비밀들이 있다는 것을 알게 되었고, 내가 알고 있는 것들이 극히 적다는 것도 알게 되었다. 난 정말로 세상에 저런 일들이 벌어지고 있을까 하는 의문이 들었지만 충분히 가능성이 있다고 믿었고, 『X-File』이 보여주는 세상을 통해 또다른 세상을 경험하게 되었다.

둘째로 난 『X-File』을 통해서 여러 가지 과학적인 사실들에 대해 알게 되었다. 들어보지도 못한 용어들이 나오는 것이 마냥 신기했다. 그러나 『X-File』에서 나오는 과학적인 사실들 또한 상대적일 수밖에 없다는 것을 알게 되었다. 절대적이라고 생각되었던 과학이 미스터리(과학적인 설명 불가능)로 인해 무너지는 것을 보았다. 『X-File』을 통

해서 난 정말 내 주위에 존재하는 것들에 대한 생각을 다시 하게 되었
다. 그리고는 여러 가지 생각들을 꾸며내보곤 했다.

셋째로 영상에 대한 내 생각을 다시 심어 주었다. 치밀한 계획 하에
전개되는 이야기, 특수효과와 어두운 조명 하에 전개되는 영상들은 처
음으로 접하는 것이었다. 나는 그저 보기만 하고 마음으로만 생각했었
던 영상에 대한 꿈을 가지게 되었다.

넷째로 나는 나만이 아는 특별한 무엇인가를 가지게 되었다는 자부
심을 갖게 되었다. 난 그 당시에 『X-File』의 매니아라고 자부하면서
특별한 인간이 되고자 하였다. 나는 매일 『X-File』을 본 내용에 대해
친구들에게 이야기했으며, 내가 그들보다 무엇인가에 대해 많이 알고
있다는 것을 보여주기 위해 노력하는 성격을 가지게 됐다

그러나 성인이 된(아직은 잘 모르겠다. 법률적 기준에 의해서 성인이
다) 난 지금은 『X-File』을 잘 보지 않는다. 『X-File』의 같은 스토리
전개가 식상했으며, 다른 매체(특히 영화)를 통해서 새로운 세상을 접
하게 되어, 새로운 시각을 갖는 재미를 『X-File』을 통해서는 더 이상
가질 수 없게 된 것이다.

나를 설레게 했던 『X-File』이 종영을 눈앞에 두고 있다. 나에게 새
로운 세상을 알려주고 나의 생각들을 바꾸어준 드라마 ……. 너무 재
미있어 숨죽이고 보았던 드라마가 끝을 향해 가고 있다. 『X-File』의
남은 분량을 이제는 다시 보고 싶다. '멀더'가 말하는 어딘가에 있는
그 진실이 밝혀지길 바라면서 …….

'할리우드 키드'로 살아온 세월

이미연 _ 신문방송학과 2학년, idaho36@hanmail.net

천천히 과거의 기억을 더듬어 생각해보면, 우리 집에 비디오라는 신기한 가전제품이 들어온 것은, TV만화에 푹 빠져 있던 내게 엄마가 "TV 속에 들어가 살아라"라고 했던, 그 어린 6살 때쯤이었던 것 같다. 어느 날, 아버지는 거금을 들여서 중고 비디오를 사오셨고 엄마는 뭣하러 그런 걸 사왔느냐면서도 내심 좋아하셨던 것 같다. 난 그때 세상에 '테레비'—그때의 말로는— 말고 이런 것도 있구나 하면서 너무너무 좋아했었다. 그리고 그 날 저녁엔, 저녁밥을 먹고 놀자고 약속했던 동네 친구들에게 자랑을 늘어놓았다. 나는 그 날을 시작으로 비디오와 영화라는 것을 천천히 맛보기 시작했다.

그때는 TV에서 하루 종일 만화만을 해주는 것이 없었으니까, 만화를 종일 보고 싶은 어린 마음에, 비디오 앞에 앉아 엄마가 빌려온 비디오 테이프들을 보기에 바빴던 것 같다. 두 눈을 반짝반짝 동그랗게 뜨고, 입을 헤벌리고는, 고개가 아프도록 만화영화를 봤다(어렸을 때부터 그랬기 때문에 내 시력이 너무도 나빠진 거라고 아직도 어른들은 말씀하신다). 그렇게 나는 현실과는 다른 영화 속에 깊이 빠져들고 있었다.

그러던 어린이 이미연은 점점 자라, 진지하게 자신의 진로를 생각하면서 미래를 위해 무엇인가 계획하고 준비해야 하는, 고등학생이 되었다. 그때 내가 교과서보다도 많이 읽고 꼭 가지고 다닌 것은 『스크린』이라는 영화 잡지였다. 이상한 생각에 젖어들어 살고 있던 나는, 그것이 내게 살길을 열어주는 무엇인가가 될 것처럼 집착했다. 종이 한 장을 넘기더라도 아주 섬세하고 부드럽게 ……, 마치 고대 신비의 비밀을 풀어주는 경전이라도 발견한 듯이 말이다. '내 희망을, 내 생명을 붙잡고 있듯' 했다고 하는 게 적절한 표현일 것이다. 그때 뭘 모르던 이미연에게는 그랬다. 어쩌면 영화계에 뛰어들고 싶었던 막연한 장래 희망 때문이었을지도 모르겠다.

『스크린』이란 잡지의 내용은 대충 이런 것이었다. 신작 영화와 영화에 출연한 배우의 인터뷰, 특집 기획시리즈, 영화계 사람들의 잡다한 사생활, 영화 제작의 전반에 대한 자세한 것들, 테마로 정한 영화사(史) 등등. 영화와 배우들에 관한 기사는 국내로만 국한된 것이 아니라 국내와 할리우드를 중점적으로 다루고, 부수적으로 일본과 홍콩·중국 등의 소식을 다루고 있었다. 그래서 그 잡지는 내게 교과서처럼 느껴졌다.

여기서 내가 『스크린』이란 잡지의 좋고 나쁜 점을 말하려 함이 아니라는 것은 누구나 알 수 있을 것이다. 다만 영화라는 그 신비한 무엇인가에 홀려 아직도 헤어나오지 못하고 있는 이미연이라는 사람의 생애에 있어서, 『스크린』이 어떤 의미가 있는 책인가를 말하고 싶은 것이다.

한 번은 이런 일이 있었다. 고3이 된 지 얼마 지나지 않아서였다. 담임 선생님이 학생 신상카드 같은 것을 쓰라고 나눠줬는데 장래 희망란에 그다지 쓸 것이 마땅치 않았다. 그렇다고 쓰지 않고 낼 수도 없는 노릇인지라, 때마침 『스크린』에서 제일 중점적으로 읽고 있던 로저 에버트의 영화평론이 생각나서 '영화평론가'라고 적어냈다. 그것도 재밌겠다고 단순히 생각했던 탓이었으리라.

얼마 후엔 개인 상담이 시작되었고 번호순으로 불려간 나는, 담임 선생님으로부터 지금껏 10년 동안 당신이 담임을 하면서 영화평론가가 꿈이라고 말한 사람은 내가 처음이어서, 자료를 많이 찾아봤다는 말씀을 듣게 되었다. 너무나도 기분이 좋았지만 단지 마땅치 않아서 그랬을 뿐이라고, 하지만 정말 영화에 관계된 일을 하면서 살고 싶다고, 그렇게 말씀드릴 수밖에 없었던 때가 있었다. 그럴 수밖에 없었던 것은, 내가 정말 그럴 수 있을까 ……, 막연하고 두려운 마음이 앞섰기 때문이었을 것이다. 난 자신이 없었던 건지도 모르겠다.

고등학교를 졸업하고 대학생이 되기 전 충분히 시간이 많았던 나는 많은 것들에 대해서, 그리고 '나'라는 사람에 대해서 생각해보기로 결정했다. 한때의 에피소드로 끝났지만 쉽게 지워지지 않는 영화평론이라는 일에 대해서도 진지하게 생각해 보았다.

영화 한 편에 담긴 세상의 진실과 정의와 단어로 표현할 수 없는 감정들(어쩌면 그 이상의 무엇인가가 있을지도 모르겠다)을 풀어 설명해주는 능력. 그러나 나는 만든 사람의 영혼이 담겨 있을 한 편의 영화에 대해서, 짧은 식견과 경험만으로 평가를 내리고 이렇다 저렇다 왈가왈부할 수 있는 능력이 아직은 내게 없는 것 같다는 결론에 도달하고 말았다.

대학생이 된 나는 이제, 영화를 좋아하는 친구와 함께 비디오방에 가서 영화를 보곤 한다. 단지 영화를 보고 시간을 보내자는 것은 아니다. 친구와 함께 나는 유명하지는 않지만 멋지다고 하는 영화들을 찾아서 보고 있다.

나는 할리우드 키드였다. 어린 시절 나는 내 세상에 온통 영화를 대입시켜 왔다. 영화음악이 흐르는 세상 속에서, 영화 같은 일들이 영화처럼 펼쳐지고, 그럴 줄로만 알았다. 친구들이 여전히 날 엉뚱하다고 말하는 것은 그런 것 때문인지도 모르겠다. 현실과는 다른 세상을 너무도 좋아했기 때문에, 하룻밤 사이에 옮겨지는 알라딘의 성처럼 그렇게 꿈처럼만 될 줄 알았던 세상이 아니라는 걸 깨달은 지가 아직 얼마 되지 않았기 때문에…….

이제 나는 무엇을 하며 내 인생을 바쳐야 할지 결정을 해야할 시간이, 그 어느 때보다도 급하게 다가오고 있다는 것을 깨달아 가고 있다. 예전의 확고한 의지와는 달리 영화판이 정말 내 길인지 아직도 결정을 하지 못하고 있다.

나는 아직 어리다. 아니 젊다. 천천히 생각해보고 천천히 해도 늦지 않을 것이라 믿는다. 누구는 이런 것을 연습하고 누구는 저런 것에 매진하고 있기 때문에, 나도 따라해야지 하며 세상의 속도에 나를 맞추긴 싫다. 난 나만이 할 수 있는 뭔가를 해낼 것이다.

영화 속의 무엇인가를 모방하기 좋아했던 이미연은, 할리우드 키드로 살아왔던 이미연은, 이제 나만의 세상을 찾아가는 여행을 떠나려고 한다. 그 누군가를 따라 내 것을 포기하는 3류 영화 같은 삶을 살지는 않을 것이라고 다짐한다.

'영화같이 사는 그녀' 라는 광고의 카피가 생각난다. 내가 살아갈 영화 같은 삶 속의 나는, 세상에 하나밖에 없는 이미연 나 자신이다. 앞으로도 영화는 내게 북두칠성처럼 변하지 않는 어떤 기준을 보여줄 것이다. 나는 영화를 위해 살아가지는 않는다. 영화가 나를 위해 존재하도록, 내 세상 안에서는 그렇게 만들고 싶다.

영화관을 찾는 즐거움

박사라 _ 신문방송학과 3학년, kismet-yellow@hanmail.net

"엄마, 저 그림 너무 무서워요."

아무것도 모르고 그저 천진난만하게 웃으며 보냈던 어린 시절, 유독 겁이 많았던 내가 그 많고 많은 것 중에서 동네를 돌아다니던 강아지만큼 무서워했던 것은 극장의 간판이었다. 내가 어렸을 때에는 극장 앞에 항상 간판이 걸려 있었는데 거기엔 현재 상영 중인 영화의 한 장면이 강하게 그려져 있었다. 영화관이 밀집되어 있는 거리가 보이면 뒤도 돌아보지 않고 뛰어서 지나치던 기억, 이제는 찾을 수 없는 나의 옛 모습처럼 아련한 추억이 되어버렸다.

그때와는 다르게 훌쩍 커버린 지금의 모습으로 그 영화관 거리를 가 보았는데 어찌나 웃음이 나오던지 ……. 그 곳을 바라보는 나의 눈앞에는 강한 영화 간판을 배경으로 귀를 막고 뛰어가는 한 어린아이의 모습이 그려졌다. 나에게 있어 영화관에 대한 첫 기억은 그저 '무서운(?) 그림이 그려진 무서운 곳'으로 남아 있었다. 건물 자체도 쳐다보기 싫은 공포의 장소로 …….

그러나 사춘기를 지나면서 나에게 영화관은 더 이상 무서운 곳이 아니었다. 그 곳엔 내가 좋아하는 음악이 있었고, 내가 동경해온 이야기가 있었고, 내가 좋아하는 배우가 있었다. 하루는 음악을 듣겠다고, 하루는 이야기를 듣겠다고, 하루는 내가 좋아하는 배우를 보겠다고, 같은 영화를 4~5번이나 관람하러 간 적도 있고, 입시에 지친 마음을 달래고자 그냥 눈에 보이는 영화관에 무작정 들어갔던 적도 있다.

때로는 친구들이나 선생님과 영화를 통해 우리들만의 공감대를 만들어 나가기도 했다. 어떤 영화를 보았냐보다는 영화관에 몇 번이나 갔느냐가 중요하던 시절, 영화관은 우리에게 있어서 '문화적 우월감'을 자랑할 수 있는 기준이 되었다. 그리고 낭만의 공간으로 ……. 내가 좋아하는 모든 것들과 은밀히 만날 수 있는 데이트 장소로써, 나는 그 곳에서 작품에 푹 빠져 나의 모든 느낌을 맡겨버렸다. 영화 티켓을 사는 일조차도, '영화관'에 들어간다는 이유 하나만으로 뛸 듯이 기뻐할 수 있었던 시간들 속에서, '영화관'은 나에게 단지 '영화를 보는 곳'이었을까?

2002년 11월 어느 겨울날 저녁, 우리 가족은 시내로 나가는 버스를 탔다. 이유는 단 하나, 영화를 보기 위해서였다. 언제부터였을까? 영화관에 가는 것은 우리 가족에게 아주 일상적이면서 특별한 나들이가 되어버렸다. 같이 영화관에 가서 감상하는 작품은 한 해 평균 대여섯 편으로 그리 많다고 할 수는 없을지라도, 여느 가족들보다는 높은 편이니 감히 자랑할 만하지 않은가?

물론 영화를 보며 나누는 즐거움도 중요하지만 우리 가족에게는 영화관에 가는 것 자체가 즐거운 일이 되어버렸다. 1주일을 정리하며 토요일 저녁 각자 맡은 일을 끝내고 가장 편한 모습으로, 때로는 가장 멋진 모습으로, 집을 나선다. 영화관이 있는 시내로 가는 버스를 타고, 버스 안에서는 우리가 보려고 하는 영화에 대한 기대를 가지고 이야기를 나눈다. 버스에서 내려서 영화관으로 걸어가며 다른 때보다 빨라진 걸음걸이를 발견하며, 영화관에 들어간다. 영화관 매표소에서 표를 사고 대기 장소로 올라가고 ……, 대기 장소에서는 다음 상영 포스터를 보며 우리 가족이 나름대로 정한 기준에 따라 다음에 관람할 영화를 고른다. 영화를 고르고, 마른 목을 적실 수 있는 간단한 음료를 사는 것까지가 우리 가족이 영화를 보기 전 하는 일이다.

항상 비슷할 수 있는 일이지만 영화에 대한 기대감 때문일까? 아니면 영화관에 왔다는 사실 하나만으로도 일상의 지루함을 잊을 수 있는 것일까? 일단 영화가 시작되면 모두들 영화에 몰입한다. 그 순간만큼은 영화와 나의 세상이다. 영화에 따라 숨쉬기 힘들 정도로 웃고, 때로는 주체할 수 없이 울고, 영화의 세상에 나를 보낸다. 영화가 끝난 후 우리 가족은 아무 말 없이 영화관에서 나온다. 각자 감흥을 만끽하며 …….

일단 밖에 나와서 첫 번째 하는 일은, 늦은 저녁식사! 늦은 시간이지만 저녁식사를 하는 자리에 도착하게 되면, 그때부터 관람한 영화에 대한 이야기를 시작한다. 이야기의 내용은 다양하다. 다들 중요하게 보는 관점이 다르기 때문에 그만큼 우리 가족의 아마추어적인 영화비평은 재미있다. 감성이 풍부한 엄마는 영화 내용과 받은 감동에 대해 말씀하시고, 동생은 영화 속의 대사를 재현하며 즐거워한다. 음악과 연기를 공부한 나는 당연히 음악과 배우들의 연기에 대해 이야기하고, 그러다 보면 우리의 늦은 저녁식사는 끝이 나게 된다. 그러나 집에 돌아오는 길, 돌아오는 차 안에서도 우리의 이야기는 끝이 나지 않는다.

이것이 우리 가족이 영화를 특별하게 즐기는 일상이다. 따져보면 별

일이 아닌 것 같지만 약 4~5시간 동안 우리는 1주일 동안 겪지 못했던 새로운 일을 하며 즐거워한다. 영화관에 간다는 것 자체만으로도 즐거워하고 의미를 부여하는 것, 우리 가족이 영화를 즐기는 이유 중 하나라고 해도 되지 않을까?

'영화만 본다고 영화관인가?' 내가 진짜 하고 싶은 말이다. 영화와 사회와의 관계, 대중영화와 문화연구에 관한 복잡한 이론을 들먹이지 않고도 충분히 설명할 수 있는 내용이다. 과연 영화관이 영화만 보는 곳일까? 누구에게나 영화관은 '영화를 보는 곳'으로만 기억되는 것일까?

영화관 간판만 봐도 귀를 막고 뛰어가거나 엄마 등에 업혀 눈을 가리고 지나치던 작은 꼬마는, 낭만적인 꿈과 몰래 데이트하던 여고생의 모습을 거쳐, 하루 또는 일주일의 일과를 정리하고 즐거움을 얻기 위해 영화관을 찾게 되었다. 앞으로 몇 년 후, 영화관이라는 곳이 나에게 어떤 곳으로 다가올지 알 수는 없지만 한 가지는 확실하게 대답할 수 있다.

"영화만 본다고 영화관인가?"

"아니다. 그곳에 가면 무언가 특별한 것이 있다."

영화를 매개로 한 대화의 즐거움

배제희 _ 유럽어문학부-스페인 3학년, jehee0908@hanmail.net

4녀 중 막내로 태어난 나는 엄마의 영향으로 어렸을 적부터 각종 대중문화를 접할 기회가 많았다. 네다섯 살 위의 언니들은 아역배우로 연극 무대에서 대단한 활약을 하였기에 더욱 그랬던 것 같다. 난 항상 맨 앞자리에 앉아, 순수하고 해맑은 아이의 모습과 때론 교활한 악녀 역할마저도 소화해내는 언니들의 훌륭한 연기에 감탄하곤 하였다. 사업가인 아버지의 잦은 출장으로 내겐 자유로운 시간이 많았고, 엄마의 개방적인 교육 방식의 영향으로 나는 많은 악기를 배울 수 있었다. 물론 언니들처럼 무대에서 훌륭한 연기로 주목받거나 끼를 발산할 기회가 주어진 것은 아니었지만 말이다.

내 유년 시절의 행복했던 시간들은 가족과 함께 유원지에 가거나, 어린이 동화를 각색한 뮤지컬을 관람하거나, 월트디즈니의 예쁘고 화려한 영상을 보는 것이었다. 중학교 시절부터는 대중가수와 연예인 그리고 TV에 빠져들었다. 90년대의 대표적 국민가수인 서태지와 아이들은 내게도 막대한 영향을 끼쳤다. 아빠의 서울 출장 기회를 이용해 언니들과 난 서태지와 아이들 콘서트에 갈 수 있었다. 그들의 숙달된 무대 매너와 화려하고 현란한 춤, 신이 내린 듯한 목소리는 내 마음속 감성을 자극했다.

시간은 흘러 나는 고등학생이 되었고, 학업에 정진하던 내게 TV는 더 이상 오락매체이기보다는 학업에 직접적 영향을 주는 수단 중 하나가 되었다. 잦은 과외와 10시간이 넘는 학교수업 그리고 방과후의 교육방송(EBS) 시청으로 고등학교 시절의 대부분의 시간이 소비되었다. 우스운 얘기지만 제작자들의 기획된 의도였는지 5분 가량의 휴식 시간 동안엔 인기 있는 가수의 뮤직 비디오가 흘러나왔다. 50분 동안의 수업보다 뮤직 비디오 감상이 내겐 꿀맛 같은 휴식이었고 학업에서 오는 과도한 스트레스에서 벗어날 수 있는 유일한 탈출구 구실을 해주었다.

어느덧 대학생이 된 나. 모든 것이 자유로운 시간들의 연속인 대학 생활은 축제의 나날들이었다. 친구들과 쇼핑을 하고 영화를 감상하고 조금은 늦은 시간에 나이트도 가는 등 행복한 시간들의 연속이었다. TV 속의 드라마나 오락 프로그램들도 더 이상 부모님께 구애받지 않고 자유롭게 선택해 볼 수 있었고, 친구들과 드라마 속 스토리나 배우들의 연기력을 평가하며 서로의 의견을 주고받기도 하였다.

대학 생활의 주된 문화 생활은 영화 감상과 콘서트 관람이었다. 우리 지역의 특성상 그다지 많지 않은 콘서트 공연으로 잦은 횟수의 관람은 불가능하였지만, 전북대 문화관과 소리문화의 전당 설립으로 지금은 많은 대중가수나 뮤지컬 혹은 음악회가 성대하게 열리며 화려한 막을 내리곤 한다. 또한 해마다 열리는 전주 국제영화제로 수준 높은 다른 나라 감독들의 독특한 영화 세계를 엿볼 수 있는 기회도 마련되고 있다.

영화 매니아인 나는 스토리의 구성이나 배우들의 연기력을 염두에 두고 영화를 선택하곤 하는데, 비록 나의 기대에 어긋나는 영화도 더러 있지만, 나는 상업적 흥행을 목적으로 하는 영화보다는 작품성을 위주로 영화를 선호하는 편이다.

영화의 매력은 표의 구매에서부터 영화 상영이 끝난 후의 평가에 이르기까지 내내 지속된다. 친구들과 주말에 함께 만나서 영화를 선정하고, 시간대에 맞는 표를 구입하고, 여분의 시간 동안 그 동안의 안부를 묻거나 영화에 대해 대략의 이야기를 주고받으며, 팝콘과 음료수를 구입해 한층 더 분위기를 띄우고, 상영이 끝난 후엔 배우의 연기력이나 영화 속의 특수효과 음악의 적절한 사용 스토리의 구성 등에 대해 말하고, 우리들만의 등급을 매겨보는 등 즐길 게 이만저만 많은 게 아니다.

앞으로 나는 또 어떤 대중문화를 즐기게 될까?

'재미'와 '감동' 사이에서

김방현 _ 정치사회학부 3학년

요즘 한국 영화는 볼 만하다. 볼 만하다는 것은 그 내용이 볼 만하다는 의미와 함께 노는 꼴이 볼 만하다는 뜻이기도 하다. 욕을 바가지로 먹어서 지금은 덜하지만 영화에서 어깨들이 판을 치던 시절도 분명히 있었으며, 우리는 그러한 영화에 열광하였다. 나 또한 어깨 형님들의 활약을 재미있게 보았다. 심미성이건 작품성이건 영화는 재미있어야 하니까. 이제는 지겨워 시간 때우기 비디오방 진열장으로 전락하였지만 조폭 영화가 재미있었던 것은 사실이다. 그 웃음을 팔아 성공한 것이 2000년부터 2002년까지 대한민국 영화시장의 현실 아닌가?

나에게 재미와 감동은 약간의 이질감을 가지고 공존한다. 즉 재미를 느끼는 영화와 감동을 느끼는 영화는 다르다는 이야기다. 컬트영화의 대표작인 『델리카트슨 사람들』이라는 영화는 그러한 나의 매니아적인 면모를 처음 느끼게 해준 영화였다. 인스턴트 영화에 길들여진 관객들은 머리를 흔들며 보기를 포기하고 자리를 떠났지만, 홀로 눈을 초롱 초롱 빛내며 봤던 기억이 떠오른다. 문제는 그런 영화를 즐겨 보는 나의 식 습관(?)이 만들어진 이후였다. 『델리카트슨 사람들』에서의 인물 묘사 방법이나 미장센이 사람과 사물을 관찰하는 기준이 될 만큼, 그 영화에 심취해 버린 것이다.

누구나 다 똑같지는 않다. 누군가는 올해 영화의 트렌드 혹은 올 겨울을 강타할 영화라는 것으로 관객의 입맛을 미리 재단해 버리지만, 웃기는 소리하지 말라! 나와 같은 식성으로 후미진 비디오 숍 진열장을 두드리거나, 미안하기는 하지만 인터넷 공유 프로그램을 악용해 재미를 보고 있는 매니아들이 존재한다.

나는 영화의 이야기가 아니라 화면을 볼 때가 많다. 때문에 시간이 흐른 뒤에 영화의 줄거리는 생각이 나지 않지만 하나의 장면과 이미지로 기억되는 영화가 있다. 영상을 정성스럽게 만들지 않은 영화를 만나면 울고 싶어진다. 따라서 장편영화는 물론 단편영화와 모 감독들의 습작까지 어렵게 구해서 보게 된다. 영상과 최대한 조화를 만들기 위해서는 음향 또한 중요하다. 이 두 조건을 만족시키는 영화라면 나는 좋다. 좋다는 것에 이유를 달기 시작하면 솔직하지 못해지므로 속된 말로 느낌이 좋으면 좋은 영화다.

액션영화의 히로인이 출현했던 『12 몽키즈』는 나의 오만함을 압도한 영화다. 나를 압도한 것은 그 버릇없는 외국인 배우가 아니라 영상의 흐름이었다. 말로서가 아닌 구조물의 배치와 인물의 표정으로 영상의 흐름을 이끌어 가는 신선한 영화였다. 특히 다람쥐 쳇바퀴처럼 굴러갈 영화 속 인물들의 시간을 보여주는 마지막 장면은 압권 중에 대박이었다. 궁금한 사람은 시간과 약간의 돈을 투자하여 보자! 그럼 알게 된다.

영화를 보는 사람들의 시선은 항상 일정하지 않다. 그 시선을 일률적으로 재단하여 관객의 입맛을 평준화시키려는 온갖 선전 문구들과 블록버스터들이 너무도 지겹다. 미국의 대형 메이저 영화사에서 만들어내는 영화는 오락 수준 이상을 추구하지 않는다. 모두의 입맛이 똑같아진 그 곳에서도 색깔을 추구하는 감독들이 있긴 하지만 어차피 우리에게 전해지는 것은 흥행 중심의 작품들일 뿐이다.

좀더 다양한 영화를 바라는 욕구는 정말 커지고 있다. 난 TV의 영향을 많이 받고 자란 세대이지만, 그 똑같은 브라운관의 농담들이 지겨워져 영화라는 실험성이 담보될 수 있는 매체를 찾게 되었을 것이다. 또 그런 이유로 획일화되어 가는 영화를 좀더 비틀어 보고 싶은 심보를 갖게 된 건지도 모르겠다.

영화를 '소리'로 듣는다

이슬아 _ 신문방송학과 1학년, dada0505@msn.com

　나와 가장 친숙한 매체는 TV도 아니고 신문도 아니다. 잡지도 아니고 인터넷도 아니다. 나와 가장 친숙한 매체는 영화와 음악이다. 개인적인 관심도가 높기 때문이기도 하고 내가 음향을 전공으로 했기 때문이기도 하다. 나는 학교에 들어가기 전부터 피아노를 통해 음악을 먼저 알게 되었다. 머리가 굵어지며, 어려서부터 알게 된 음악으로 발생한 호기심은, 나를 영상과 합쳐진 음악에 더욱 빠져들게 하였다. 또한 음향을 전공으로 하면서부터는 음악에서 영역을 넓혀 영상의 소리에까지 관심을 가지게 되었다.

　최근 들어 영화 관객들의 우리 영화 인지도가 눈에 띄게 높아졌고, 그에 따라 우리의 영화가 눈부신 발전을 거듭하고 있는 것은 누구나 알고 있는 사실이다. 영화의 발전과 더불어 영화의 세세한 부분들도 더불어 발전하고 있다. 예를 들어 카메라, 조명, 연출, 연기, 시나리오, 음향 등이 그것이다. 그 모든 것이 합을 이루어 만들어내는 작품으로서 영화도 물론 좋아하지만, 음향을 전공한 내가 그 중 특히 관심을 가지는 부분은 당연히 음향 파트이다.

음향을 공부하면서부터는 영상을 보면서도 소리를 먼저 듣는 버릇이 생겼다. 앞뒤, 양옆, 아래 부분에 은근히 깔리는 저음과 순간적으로 휙휙 지나가는 소리도 놓치지 않는다. '사운드는 어떻게 만들었을까? 어떤 이펙트를 어떻게 썼을까?' 또는 '어쩜 이렇게 음향이 형편없을 수가 있지!!!' 끊임없이 생각하고 평가하고 비평하는 것을 반복한다. 이미 영화의 내용이나 화면구도는 저 뒤편으로 물러나 버린다.

본래 영화 속의 음향이나 음악은 전체적인 영화 흐름에 거슬리지 않게, 그 안에 자연스럽게 어울리도록 스며들어야 하는 것이다. 그 자연스러움에 빠져들어 관객은 그것의 존재조차 깨닫지 못하고 영화를 즐길 수 있어야 한다. 그런데 도리어 작은 부분에 빠져 본래 작품을 보지 못하는 것이다. 이것은 나 스스로 가장 좋아하는 것에 집중하고 빠져듦으로써 영화 본래 작품을 즐기지 못하게 되어버린 매우 안타까운 현상이다. 이러한 딜레마에 빠지지 않으려고 영화 시작 전에 스스로에게 다짐하지만, 어느샌가 또 같은 일을 반복하고 있는 자신을 발견하곤 한다.

일반적으로 영화의 재미와 완성도를 결정하는 데 있어 영상이 가장 큰 영향력을 미친다고 인식하고 있다. 그러나 사실 영화의 당락을 결정하는 것은 사운드다. 영상과 음향의 비율이 50% 대 50%라고 말하는 전문가들도 있지만, 나는 음향이 차지하는 비율이 그 이상이라고 생각한다. 영상이 없는 사운드는 존재할 수 있지만 사운드가 없는 영상은 존재할 수가 없다. 말이 안 나오는 TV 드라마를 상상이라도 할 수 있겠는가? 그러나 영상이 없는 라디오에는 드라마가 존재한다. 사운드로는 의사 전달과 이미지 전달을 모두 할 수 있다. 이는 고급화되고 있는 영화계 인력과 관객들에 의해 점차적으로 알려지고 있다. 이처럼 영화 내에서 차지하는 음향의 비중이 크다는 것이 인식되어 가고 있고 음향 분야의 기술도 발전하고 있다. 우리의 영화 사운드는 점차 정교하고 고급스럽게 변화하고 있다.

그런데 사운드를 만들어 내는 기술은 발전하고 있지만 그 기초가 되는 소스 이펙터들에 관해서는 모두 무관심하다. 영화의 사운드는 현장에서 녹음하는 것이 아니라 대부분 음향팀이 만든다. 음향팀은 '이펙트 소스(effect source)'라는 것을 미리 가지고 있다. 차 소리, 문 닫히는 소리, 비 오는 소리 등을 담아놓은 CD를 가지고 기계적인 조작을 통해 영상에 어울리는 사운드를 만들어내는 것이다.

지난 2월 신문방송학과 편입 면접시험 당시 강준만 교수께서 나에게 "자연 소리를 녹음하러 다니기도 했어요?"라고 물었다. 그러나 나 역시 편리한 effect source CD만을 사용했다. 현실에서 그렇게 직접 녹음을 하러 다니는 일은 특별한 경우를 제외하고는 거의 없다. 여기서 특별한 경우란 아주 여유 있고 넉넉한 마음씨를 가진 제작자를 만나서, 시간적으로나 자금 면에서 아주 여유 있게 작업을 할 수 있는 상태이고, 그와 더불어 음향 담당자의 작품에 대한 투지가 불타오르는 상황 등을 뜻한다.

문제는 그 소스들이 100% 외국에서 수입되고 있다는 것이다. 우리나라의 과학기술이 과거에 비해 많은 성과를 거두고 있지만 기초과학 분야의 연구는 여전히 미흡한 수준이다. 즉 경제적으로 이득을 볼 만한 연구가 아닌 것을 꺼리는 것이다. 마찬가지로 음향을 활용하는 기술은 계속 발전하고 있지만 그 소스를 만드는 작업은 오랜 노력과 자본이 필요한 것이기에 우리나라에서는 거의 이루어지지 않고 있다.

"이득이 되지 않는 일에 왜 집착을 하느냐? 지금까지 수입한 소스로 문제없이 음향을 잘 만들어오지 않았느냐?"고 반문을 가질 수도 있을 것이다. 그러나 그 동안 아무런 문제가 없었던 것은 아니다. 각 나라와 지역에는 고유의 소리가 있다. 각지에 사는 사람이 다르다. 사용하는 언어가 다르다. 지형이 다르다. 사는 동물이 다르다. 사는 식물이 다르다. 이렇게 서로 환경이 다르니 각기 다른 소리를 지니고 있을 수밖에 없다. 때문에 수입해온 소스를 사용하면 우리의 소리가 아닌 뭔가 어색한 음향이 만들어진다.

예를 들어 영상에 우리나라에만 서식하는 휘파람새가 등장한다고 하자. 그러면 음향팀은 휘파람새의 소리를 만들어야 한다. 물론 휘파람새는 고유의 소리를 가지고 있다. 그러나 음향팀이 가지고 있는 소스에 휘파람새의 소리는 없다. 음향팀이 가지고 있는 소스에는 외국에 서식하는 새들의 소리만 있을 뿐이다. 항상 시간에 쫓겨 발등에 떨어진 불을 끄듯이 일을 해치우는 음향팀은(국내 실정이 그렇다) 급한 대로 가지고 있는 소스 중에서 적당히 골라 사용한다. 작품이 완성되고도 우리는 제대로 된 휘파람새의 소리를 듣지 못하고 알지도 못하는 외국 새의 소리를 듣는 것이다. 당연지사 제 소리가 아닌 것이 자연스러울 리가 없다.

우리의 영화계는 현재에도 계속 발전하고 있으며 끊임없이 투자를 받고 그만큼 기대도 받고 있는 분야이다. 음향이 영화 내에서 차지하는 비중이 막대하다는 것은 이미 널리 알려져 있다. 우리의 영화가 무궁한 발전을 이루기 위해서는 더 이상 우리의 사운드 소스 제작이 미루어져서는 안 된다. 바탕이 깔려 있지 않은 작업이기 때문에 초기의 사운드 소스 제작 작업은 밑 빠진 독에 물을 붓는 것처럼 까마득하게 보일 수도 있다. 그러나 그것은 우리가 끊임없이 나아가기 위해서 언젠가는 이루어야 할 작업이다.

제5장
미디어 비평과 비판

텔레비전 속의 '왕따'와 '소외'

김윤미 _ 영어영문학과 98학번, memee07@hanmail.net

지난 일요일에 버스를 타고 약속 장소로 가는 길이었다. 초등학생으로 보이는 꼬마 4명이 좌석 두 개를 점령(?)하고서, 요새는 약간 수그러들긴 했어도 여전히 셋만 모이면 외친다는 꿍스~꿍스라는 꿍꿍따 게임을 하고 있었다. 저학년으로 보이는 아이들이었지만 낱말 잇기 수준은 거의 수준급이어서 속으로 놀라고 있던 중, 한 아이가 다른 아이를 가리키며 "너 유재석 같애, 왜 이렇게 못하냐"라고 말하자, 정말 강호동처럼 생긴 아이에게 다른 친구들은 100% 동의를 표하면서 한 아이를 구박하는 것이 아닌가?

게임의 형식과 내용뿐 아니라 그 프로그램 내의 가상적인 역할까지 그들은 모방하고 있는 것처럼 보였다. 그 역할이라 함은 오락 프로그램의 재미를 위해서 그 사람의 인격이나 성격과는 상관없이, 외양이나 말투 따위를 포인트로 삼아 가상적인 캐릭터를 부여하는 것을 말한다.

그런데 요새 오락 프로그램을 보면 항상 그 그룹 속에는 약간 어딘가 모자란 것 같은 그래서 뭐든 어설프게 하는 사람이 있고, 그가 다른 구성원에 의해 무시당하거나 비웃음 사는 것이 당연시 여겨지고, 당사자조차 그런 것들을 은근히 즐기는 것 같은 인상을 받는다. 이것은 아마도 사람들 심리 저변에 깔려 있는, 다른 사람을 소외시키고 무시함으로써 또는 그것을 방관자적 입장에서 한낱 웃음거리로 대함으로써 얻는, 쾌락적인 면을 이용하고 있는 듯하다.

영국에 연수 가서 그 곳 방송을 시청하면서도 이런 비슷한 느낌을 가진 적이 있다. 『위키스트 링크』(weakest link)라는 프로그램이었는데, 한 회 방송에 함께 출연한 출연자들이 사회자가 내는 문제를 많이 맞출수록 최종 승자가 가져갈 수 있는 상금은 올라가는 형식이었다. 따라서 자기 차례에 문제를 잘 맞추지 못하는 사람은 다른 동료 출연자들의 미움을 받을 수밖에 없었다. 이를 이용해 사회자는 일정 시간이 지날 때마다 출연자에게 이른바 위키스트 링크의 이름을 적어 보여준다.

이 프로를 처음 봤을 땐 호스트의 태도에 충격을 받았다. 딱딱한 영국식 발음을 하면서 위키스트에게 매몰차게 "You are the weakest link. Good bye"를 외치는 게 아닌가. 당사자가 아닌 나조차도 얼굴이 화끈거리는데 본인은 어떨까 하는 생각을 하지 않을 수 없었다. 이런 프로그램이 영국에서 전 국민적 호응을 얻었고 미국에 수출까지 되었다니 알 수 없는 노릇이라는 생각이 들었다.

스스로 신사의 나라라고 자부하는 영국 사회는 과거만큼은 아니더라도 여전히 위선적인(물론 영국민 자신들은 그렇게 생각하지 않겠지만) 모습을 보여주고 있는데, 이것을 여실히 깨고 상대방에게 직설적인 말과 무례한 태도를 행하는 것을 서슴없이 보여준 것이 먹혀든 건 아닐까. 자신들의 역사 문화 그리고 사회적 분위기로 형성된 무의식적인 위선을 생활화해온 영국민들은 그들의 소파에서 그 프로그램을 보는 동안에, 어쩌면 그들에게 굴레였을 위선으로부터 탈출하고 싶었던 건 아닐까.

그래서 늘 상대방을 배려하는 젠틀맨의 굴레를 내던지고 솔직해도 너무나 솔직한, 그래서 무례해 보이기까지 하는 언쟁들을 보면서 즐거워하는 건 아닐까? 그렇다면 이 프로그램은 인간 본성에 깔려 있는 가장 밑바닥의 심리, 남을 무능한 사람으로 만들고 비웃음으로써 스스로를 우월한 사람으로 추켜세우면서 느끼는 희열을 이용한 것이 아닌가?

이 같은 맥락에서 보면 너무 비약인지 모르겠으나, 우리 사회에서 문제로 대두된 '왕따' 현상에 텔레비전도 상당한 책임을 져야 할 것이다. 언제부턴가 오락 프로그램에는 약간 덜 떨어진 듯한, 실수를 연발하는, 그래서 다른 사람들의 신경을 거슬려, 타도해야 할 대상이 존재해왔다. 그 사람이 한 행동은 모두가 "그럼 그렇지. 쟤가 뭐~~" 이런 식으로 받아들이고 그를 소외시킨다.

몇 번의 기수를 바꿔가면서까지 지속적인 사랑을 받았던 『목표 달성 토요일』의 '서바이벌 생존게임 동거동락' 코너에서 가수 강현수 씨는 이런 소외의 대상이 되었다. 그는 키도 크고 얼굴도 잘 생겨 멀쩡하게는 보여도 유독 게임에는 약해 호스트로부터 심할 정도의 놀림을 받았던 것이다. 처음에는 네티즌들이 인격을 모독하는 호스트의 태도에 강도 높은 비판을 가했지만, 호스트의 사정으로 한 회 방송을 다른 호스트가 진행하자, 전 호스트인 유재석 씨가 강현수 씨를 건들 때가 재미있었다는 여론이 쏟아져 나와, 강현수 씨는 떨어질 때까지 더욱더 강도 높은 놀림의 대상이 되었다.

학교에서의 왕따 문제는 과연 아이들에게서 시작되었는가? 아이들이 그런 프로그램과 그런 프로그램을 따라하는 어른들의 모습을 보면서 영향을 받을 것임은 당연한 일이 아닌가. 권장하지 않아도 될 인간의 질투나 시기와 같은 저급한 본성을 건드려 인기를 끌려는 이 같은 프로가 계속되는 한, 언젠가 모든 사람은 weakest link로 추방될지도 모른다. 대중매체에게 요구되는 바람직한 선도의 기능은 먼 옛날의 이야기가 되고 만 것인가?

광고의 홍수 속에서

김유선 _ 사회학과 3학년, 1981fox@hanmail.net

텔레비전을 켰다. "난 LG카드만 써요"라는 말과 함께 헬스를 하고 있는 이영애의 날씬한 몸매가 보인다. 그리고 사람들 사이에서 엘라스틴(?)한 머리를 멋지게 흔들며 춤을 춘다. "~누군가에게 말했어. ~ 그것만은 내가 세상을 당당하게 살수 있도록 내게 힘을 주는 나의 LG카드야~." LG카드의 CM송과 함께 이영애의 멋진 모습이 뇌리에서 떠나지 않는다. 샤워를 하면서도 그 노래를 흥얼거린다. 언젠가는 이영애의 모습이 될 거라는.

친구랑 쇼핑을 하러 나갔다. 카드 회사의 직원들이 붙잡는다. 카드 하나 만들라고. 바로 그때 LG카드 CF가 떠오르고 ……, 카드가 언제 올까 기대하며 사은품을 챙겨들고 간다. 카드가 왔다. 꽃무늬의 현란하고 화려한 예쁜 카드. 당장 지갑 속 가장 잘 보이는 곳에 끼워 넣는다. 이영애가 된 기분으로 ……. 친구랑 영화 보러 왔다. 카드로 결제하면 2000원 할인해 준단다. 이런 횡재가 ……, 얼른 카드를 꺼내 든다. 옷을 사러 왔다. 카드로 하면 무이자 3개월이란다. 정해져 있는 용돈에 옷 한 벌 살려면 빠듯했는데, 10만 원에 살 걸 3만 원에 산다. 크크크. 카드는 정말 좋은 것이다.

카드 고지서가 왔다. 헉~스 ……. 뭔가가 많다. 결제금액이 용돈의 한도를 초과했다. 언제 이렇게 많이 썼지? 이상하다. 이렇게 쓴 적이 없는데 ……, 곰곰 생각해 본다. 영화, 옷, 술 ……. 이제야 생각이 난다. 내가 미쳤지. 다음달부터는 카드를 쓰지 않겠다고 다짐에 다짐을 한다. 그러나 ……, LG카드 CF가 새로워졌다. 갚을 수 있는지 필요한지 한 번 더 생각하란다. 카드에 한 번 데인 나는 '병 주고 약 준다'고 생각하며 무언가 사 가지고 나온 이영애를 째려본다.

새로운 디자인과 기능의 핸드폰이 나왔단다. 한 달에 한 번씩은 다른 종류의 단말기가 나오는 것 같다. 디자인도 다르고 기능도 많이 다르고 여는 방법까지 달라졌다. 그리고 이제는 아예 휴대폰이 PDA 기능까지 갖췄단다. 그래서 어제 산 것이 오늘은 구형이 된다.

우리 엄마 왈, "그 놈의 휴대폰이 왜 나와서 ……."

요새는 컬러폰에다 최소 16화음 이상 아니면 들고 다니기가 민망할 정도다. 특히 수업시간이나 버스에서 구형 단말기 벨소리가 울리면 정말 창피하다. 대학 와서 지금까지 휴대폰을 3번 바꿨다. 나는 정말 약과다. 물론 안 바꾼 사람들도 있겠지만, 소수라고 생각한다.

8줄짜리 휴대폰이 처음 나왔을 때 그게 너무 갖고 싶었다. 그래서 가지고 있는 휴대폰을 일부러 고장냈다. 그리고 몇 개월 전 다시 40화음 컬러폰으로 바꿨다. 40화음이기 전에는 벨소리가 민망했는데 바꾸고 나선 벨소리가 울리면 자랑스럽다.

언제부터 우리가 휴대폰이 없으면 안 되는 세상에 살게 된 것일까? 가끔씩 예전에는 어떻게 살았을까? 라는 생각이 든다. 그러나 따지고 보면 딱히 필요한 물건도 아니다. 다들 들고 다니니까 나만 안 가지고 다니면 쪽팔리고 ……, 그냥 친구들과 점심 약속하거나 대출 해줄 때……, 출석 불렀냐고 물어볼 때 ……, 그다지 중요한 용건에 쓰이지 않는 데 말이다. 물론 아주 가끔씩 요긴하게 쓰이기는 하겠지만 ……. 아주 ……, 아주……, 가끔씩.

MBC의 『느낌표』라는 프로그램에서는 독서를 권장하기 위해 매주 책을 한 권 지정하여 소개한다. 물론 책을 읽게 한다는 의도는 좋다. 하지만 너무나 직접적인 홍보가 되는 바람에 신문이나 서점 등의 베스트 판매순위는 거의 그 프로그램에서 소개하는 책들로 가득하다. 처음에는 내가 읽은 책들이 베스트셀러에 들었다는 생각에 자부심이 느껴지고 똑똑해진 것 같았지만, 너무나 오랜 기간 동안 베스트셀러 자리를 차지하고 있으니 사고의 획일화를 낳는 게 아닌가 하는 생각이 든다. 또한 더 좋은 책들이 그 책들 때문에 파묻혀 버린 느낌도 든다.

영화 속에도 제품이나 회사 홍보가 나온다. 그걸 PPL이라 부른다고 한다. 얼마 전에 흥행했던 『스파이더 맨』이라는 영화로 소니와 삼성간에 법정공방이 벌어졌다 한다. 이유인즉슨 스파이더 맨이 거미줄을 타고 고층 빌딩을 날아다니는 장면에서, 어떤 빌딩의 삼성 로고가 소니 걸로 바뀌었다는 것이다. 물론 이것은 『스파이더 맨』의 제작비를 지원한 소니가 경쟁사인 삼성의 로고를 지우고 자사의 것을 붙인 것이었다.

광고! 너무나 많다. 텔레비전을 틀어도 라디오를 들어도, 신문, 인터넷만 클릭해도 여기저기 광고 잔치다. 문제는 광고가 시청자들로 하여금 제품을 사도록 혹은 꼭 있어야 하는 것처럼 현혹시킨다는 것이다. 정수기는 웅진 코웨이를 사야 하고 침대는 에이스를 사야 한다는 ……. 나도 모르게 그 광고 속 속삭임에 세뇌되어 있다.

얼마 전 설문조사에서 이미지가 좋은 기업에 삼성이 뽑혔다고 한다. 삼성의 CF를 보면 가족적인 분위기와 사회봉사 측면을 많이 강조한다. 삼성에 대해, 노조는 어떻고 사회에 얼마만큼 환원하는지에 대해 알지도 못하면서, 광고 이미지로 삼성이 사회봉사도 많이 할 것 같고 가족적인 따뜻한 분위기일 거라 생각한다. 비단 과대·허위 포장만이 아니다. CM송이나 여자라서 너무 행복하다는 문구 속에서 여성과 남성에 대한 획일화된 가치를 주입시킨다.

소비자들이 허위·과장 광고 대상 수상작을 선정하면 어떨까? 재미있게. 광고 속에 나오는 연예인들의 화려하고 멋진 모습에만 열광하고 현혹될 것이 아니라, 한 번쯤 비틀어 생각해 보고 브랜드보다는 제품의 질을, 또 정말로 필요한 것인지를 따져보는 혜안이 필요하지 않을까 생각한다.

광고의 선정성을 보는 시선의 차이

최대환 _ 행정복지학부 99학번, 1981bugs@hanmail.net

TV광고는 친구들과의 대화 속에서도 자주 등장한다. 어느 날 우연히 수다의 쟁점이 ○○칩 광고가 되었다. 친구들 말에 의하면 너무 야하다는 것이었다. 친구들은 엄지손가락을 치켜세우며 정말 섹시하다는 말을 연발하였다. 그러면서 어린이들도 그 광고를 보았을 텐데, 광고 제작자들의 양식을 의심해 보아야 한다며 목소리를 높였다. 도대체 어떤 광고인지 궁금해서 나는 TV 앞에 앉아 시간을 보내게 되었고, 마침내 보긴 했지만 '광고가 그러면 그렇지!' 하는 생각과 함께 친구들의 눈을 의심하게 되었다. 친구들은 무엇이 그렇게 섹시하거나 야하다고 느꼈던 걸까?

사람들이 보통 어떤 광고를 야하다고 생각하는지 궁금하여 약 40여 명의 친구, 선배, 후배에게 물어 보았다. 어떤 광고가 가장 야한가? 현재 지상파 방송에서 방영되고 있는 광고 중에서는 먼저, 남자 영화배우 S와 그의 여자친구인 영화배우 B양의 무선 인터넷 광고 멘트 중,

남자배우가 여자배우의 어깨를 감싸며 "어! 끈이 없네?"라고 하는 장
면과 여자배우의 "밖에서 하니까 흥분되지?"라고 말하는 장면, 그리고
앞에서 말한 ○○칩 광고를 가장 많이 꼽았다.

과거에 나왔던 광고 중에서는 『원초적 본능』으로 널리 알려진 할리
우드 섹시 여배우 샤론 스톤이 "강한 걸로 넣어주세요!"라고 중얼거리
던 장면을 뽑았다. 왜 이런 식의 광고가 수많은 광고 중에서 기억에 남
는 걸까? 모델의 섹시한 외모 때문인가 아니면 선정성이 강한 멘트 때
문인가.

예전에 나왔던 "소리 없이 강하다!"란 카피의 L자동차 광고와 "조그
만 것이 조용하고 힘도 세네!"란 진공 청소기 광고는 어떤가? 야하다고
생각지 않은가? 그렇지 않다면 왜 그런가?

생각하면 존재하고 생각하지 않으면 없는 것이다.

무서운 이야기를 들으면 그 순간은 무섭지 않지만 혼자 집을 가다가
무서운 이야기를 떠올리면 소름이 돋고 뒤가 무서워진다. 그건 자기가
의식하기 때문이다. 광고의 경우도 마찬가지일 것이다. 사람은 자신의
경험과 생각에 비추어 의식을 한다. 내 친구들은 어떤 광고를 보고 야
하다 느꼈지만 나는 처음엔 못 느끼고 나중에서야 '야할 수도 있겠구
나' 하는 생각을 가졌듯이, 사람마다 광고는 분명히 다르게 다가온다.
사람은 사고하는 동물이기에 자신의 경험과 생각에 비추어 의식을 한
다.

'외설'과 '예술'의 차이는 그것이 담고 있는 메시지와 그 메시지를
바라보는 사람들의 시선의 차이일지도 모른다. 광고의 선정성 또한 그
걸 바라보는 사람의 차이에 따라 다르게 인식될 것이다. 무엇이든 나
쁜 면만 주목하면 보이는 것은 그 한 쪽 면뿐이다. 광고의 선정성을 가
리기 전에 자신의 선정성 기준에 대해 다시 생각해 보아야 할 것이다.

'홈쇼핑 천국'이 제공하는 엔터테인먼트

서미화 _ 국어국문학과 1학년, 10321smh@hanmail.net

나는 다매체 다채널 세상에 살고 있다. 케이블TV까지 시청하는 건 아니지만 위성방송 덕에 30개에 가까운 채널 선택권을 갖고 살고 있는 것이다. 조금만 지루하다 싶으면 리모콘으로 이리저리 채널을 바꾸어 댄다. 나 같은 시청자들 때문에 시청자들의 눈을 끌기 위해 방송이 더욱 선정적이고 자극적으로 변해가는 것이다. 조금의 지루함을 견디지 못하고 채널을 이리저리 돌리다가 홈쇼핑 채널에서 멈출 때가 많다. 늘어나는 채널 수만큼 홈쇼핑의 채널도 늘어났기 때문이다. 다채널 세상이라고 하지만 그 중 반절은 홈쇼핑이 차지하고 있다.

홈쇼핑에서 나의 리모콘 조작이 멈추는 건 채널 수가 많은 이유도 있지만 그보다는 홈쇼핑이 재미있기 때문이다. 내게 필요한 건 없지만 홈쇼핑은 정규 프로그램 못지 않게, 때로는 그보다 더 재밌게 느껴질 때가 있다.

홈쇼핑 프로그램은 자꾸만 화려해지고 있으며 하나의 쇼를 방불케 한다. 화려한 무대를 갖추고 배우들의 오버연기가 시작된다. 특히 먹는 제품일 경우는 그 정도가 더하다. 일부러 맛있는 척하기란 정말 힘든 일임에도 항상 웃으며 서로 먹여주기까지 한다. 그리고 어설프긴 하지만 드라마 기법으로 제품의 사용처를 알려 준다.

예를 들어 청소용 매직세트는 방바닥의 낙서, 화장실 청소, 차의 닦기 힘든 부분까지 닦는다며 광고를 한다. 그리고 이어지는 유명 인사의 추천, 보통 현미나 뽀빠이 아저씨처럼 나이가 지긋한 중년 연예인들이 나와서 그들이 쌓아놓은 친근감과 신뢰감으로 시청자들을 유혹한다. 신바람 박사 황수관 역시 나와서 건강 식품에 대한 효과 자랑에 여념이 없다.

그러한 광고를 보고 있으면 하나 있으면 정말 좋겠다는 생각이 든다. 나에게서 이런 생각을 끌어내기 위해서는 우선 내 눈길을 잡아야만 한다. 쇼나 드라마처럼 변해가는 홈쇼핑 프로그램은 나의 시선을 고정시키기에 충분하다.

홈쇼핑 채널을 이리저리 돌리다 보면 우리가 많이 쓰는 디자인의 가방이 등장한다. 그러나 가격은 몇 십 배에 다다른다. 홈쇼핑에서 다루는 명품의 짝퉁(명품의 모조품을 이르는 은어)들 때문에, 내 눈에 익숙한 가방들이 고급스런 분위기 안에서 진품으로 비춰지고, 쇼호스트는 그 명품을 가지면 내가 명품이 될 것이라는 멘트를 무의식중에 심어 놓는다. 그리고 그 비싼 물건들이 얼마나 빨리 매진되던지 …….

가방뿐만 아니라 외국산 화장품, 코트 등은 비싼 가격임에도 불구하고 엄청난 속도로 팔려나간다. 그런 홈쇼핑 프로그램을 보고 있으면, 내가 그 명품을 소유하면 그 명품의 가치처럼 나의 가치마저 같이 올라 갈 것 같은 기대감에 부풀어오른다. 하지만, 곧 가격을 보고 현실을 깨닫고는 금새 포기하게 된다. 백화점의 1%의 고객이 매출액의 20%를 차지한다며 VIP 대우를 받는 것처럼 홈쇼핑에서도 부자들만 대우받지 않을까 걱정스럽기도 하다.

"매진 임박", "마지막 찬스", "주문 폭주" 등의 멘트가 항상 홈쇼핑을 따라다닌다. 그리고는 주문이 많아서 상담원 연결이 안 되니 자동 주문 전화를 이용하면 1000원의 할인 혜택까지 준다며 시청자들을 다급하게 만든다. 이번이 마지막 기회니 빨리 구입하라는 재촉과 함께 다시는 이 가격에 살 수 없다며 시청자들에게 구매를 서두르게 한다. 하지만 마지막이라고 말하던 제품들이 며칠 있다가 항상 다시 나오곤 한다. 화면 하단에 있는 시계가 멈추기 전에 얼른 상품을 구매하라는 홈쇼핑이 충동 구매를 부추기고 있다.

홈쇼핑 채널을 보다 보면 그 제품보다 사은품이 더 탐나는 경우가 많다. 더블 옥매트를 사면 싱글 옥매트를 끼워준다. 보석의 경우에는 갖가지 액세서리를 덤으로 준다. 내 친구는 휴대폰을 사면 자전거를 준다는 말에 그 휴대폰을 구입하기도 했다. 일부 신문사들이 자전거를 주며 신문을 팔아먹는 상술과 똑같은 것이다. 같은 돈주고 두 개나 얻으니 일석이조라 할 수 있으나 그것이 합리적인 판단이었는지는 알 수 없다.

홈쇼핑의 제품에는 항상 다기능이라는 소개와 외국의 인증마크가 꼬리표처럼 졸졸 따라다닌다. 생선용 양면 압력팬의 경우 생선 요리를 편리하게 할 수 있을 뿐만 아니라 스파게티, 계란지단, 닭고기 요리부터 스테이크까지 못하는 요리가 없다. 그리고 그 팬으로 만들었다는 음식들은 정말 군침 나게 보인다.

거기까지 보고 나면 순진하게도 저런 것 하나 있으면 좋겠다는 생각을 하곤 한다. 하지만 잘 생각해보면 홈쇼핑에서 보여주는 그 음식들은 사용되는 재료부터가 다르다는 것을 알 수 있다. 우리 집 갈치는 정말 작고 살과 가시의 비율이 거의 비슷한 수준이다. 하지만 홈쇼핑에서는 내 팔뚝만한 갈치가 등장한다. 그리고는 노릇하게 익은 겉모습과 군침 도는 하얀 속살을 보여준다.

건강식품의 경우에는 외국의 인증을 몇 개씩 받은 것들이다. 다이어트 식품이나 인기를 누렸던 가시오가피 등은 해외의 인증을 받아 확실하다며 단기간의 효과를 보장한다.

처음에 홈쇼핑은 국내에서는 판매되지 않던 소수의 외국산 제품에서 시작했다가 이제는 속옷부터 냉장고까지 안 파는 물건이 없다. 그러니 웬만한 물건은 집에 앉아서 손가락만으로 물건을 구매할 수 있게 되었다. 손가락으로 채널을 돌리고 손가락으로 전화번호를 누르면 제품을 구매할 수 있는 것이다.

이런 홈쇼핑은 분명 편리성과 함께 중소기업의 우수 상품을 널리 소개하는 좋은 점이 있다. 하지만 그에 따른 역효과도 만만치 않다. 제품이 홈쇼핑에서 광고했던 것과 다른 경우도 많고, 특히 건강식품의 경우 부작용 피해가 많이 나타나고 있다. 개그맨 김형곤의 다이어트 과장 광고는 법적인 문제를 일으키기도 했다. 충동구매의 문제도 심각하다. 제품에 대한 필요성을 느끼고 있지 않다가 광고를 보고 나서는 필요성을 느끼고 구매하고 싶은 욕구가 솟아나는 것이다.

어쨌든 홈쇼핑이 기존의 쇼핑을 완전히 대체하지는 못할 것이다. 직접 쇼핑하는 즐거움도 무시하지 못하려니와, 아직도 많은 사람들이 직접 보지 않고 구매하는 것에 대해 불안감을 떨쳐버리지 못하고 있기 때문이다. 홈쇼핑을 즐겨 보는 나 역시 아직 한 번도 홈쇼핑에서 물건을 구매해 본 적이 없다.

언론의 '획일적 주류화'

변성현 _ 환경공학과 97학번, morningof1004@hanmail.net

연상 하나. 어디선가 ○○엑스포에 대한 홍보물을 보았다. 그런데 도대체 무엇을 하는지 알 수 없을 정도로 별 특색이 없어 보였다. 그러면서 ○○축제를 너도나도 앞다퉈 개최하고, 또 그에 맞춰 ○○아가씨를 뽑는 지자체들의 행정이 생각났다. 정말이지 각종 축제나 그와 비슷한 행사들은 이루 헤아릴 수 없을 정도로 많은데 특화된 것은 없는 것 같다.

연상 둘. 주식시장에서 돈벌이가 된다 싶으면 우르르 몰려들고 힘들다 싶으면 우르르 몰려나가는 모습들을 보곤 한다. 질서를 지키지 않는 이들을 붙잡고 물어보면, 흔히 사람들이 예상하는 것과 같은 "나 하나쯤이야"라는 생각보다는, "남들도 다 하는데"라는 반응이 더 많을 것이다. 이러한 것들을 생각하다 보니 '대세' 니 '주류' 니 하는 단어가 떠오른다.

우리나와 같은 반도 지형은 대륙으로 뻗어나가는 길이 하나이기 때문인지, 국민들이 그 하나에 합류하기 위해 '주류' 나 '대세' 라는 말에 약하리라는 생각이 든다. 이탈리아가 그러하다고 들었다.

흔히 '주류 콤플렉스' 라 일컬어지는, 대세에 따르려는 성질 때문에 국민들이 다혈질이며 소위 '냄비근성' 이라는 것이 있지 않나 싶다. '대세' 에 따라 금새 달아올랐다가 아니다 싶은 생각이 '주류' 가 되면, 언제 그랬냐는 듯 쉽게 뒤바뀌어 버리는 것 말이다. 이런 사람들은 남들이 하는 것 중에 잘 되고 좋은 것이면 다 따라하고, 설령 잘못된 것이라 해도 남들이 다 하는 것이면 별로 잘못이라는 생각 없이 살아간다.

이러한 성질은 비단 보통 사람들에게서만 나타나는 것은 아니다. 객관적이고 공정해야 할 우리 언론들에게서도 이러한 모습은 쉽게 찾아볼 수 있다. 더욱이 외신 보도에 있어서는 더더욱 그러하다.

우리 언론을 보면 세계적으로 이슈가 되는 내용이라면 검증도 하기 전에 앞다퉈 보도하기 급급하다. 무엇이 옳고 무엇이 그른지는 별 문제가 되질 않는다. 단지 어느 쪽 정보가 많고 어느 쪽에 대한 관심이 많은지가 중요하다. 왜냐하면 그 쪽이 '주류' 니까.

양측이 대립하는 문제에 있어서도 일단 다른 언론이 보도하면, 한 쪽만의 주장인지 아닌지 구별하지 않고 경쟁사보다 더 크게 부풀려서 보도하려 한다. 그래야 사람들의 주목을 끌 수 있고 경쟁사보다 우위에 있다는 인식을 줄 수 있으니까.

지난 90년 실질적으로 미국과 이라크의 전쟁이었던 걸프전에 관한 보도도, 일방적으로 이라크의 잘못을 지적하며 연합국(미국)만이 정당하다는 식의 내용이 주를 이루었다. 나중에서야 다른 해석을 하고 보도도 했다고 하지만, 이미 대다수의 사람들은 그 일방적인 정보로 인해 이라크와 미국에 대한 각자 스스로의 결론이 내려진 다음이었다.

그렇기 때문에 처음에 보도되는 내용은 상당한 중요성을 가진다. 당시에야 외신에 대한 접근이 다양하지 않았기 때문에 뉴스원을 같은 곳에서 받아 모두 비슷한 내용이었다 할 수 있겠지만, 오늘날에도 사정이 그와 같은지에 대해서는 심히 의문스럽다.

지난 6월 우리에겐 평생을 잊을 수 없는 월드컵 대회가 있었다. 물론 성공적인 월드컵 그 자체는 엄청난 감동과 자랑스러움이 아닐 수 없다. 그러나 우리 언론들이 보여준 모습은 적잖은 거부감과 함께 두려움마저 안겨주기에 충분했다. '외신 보도'라는 형식을 빌어 마치 전 국민에게 최면을 걸고 조종하는 것처럼 느껴졌다. 모두가 짜고 한 일은 아닐 것인데, 마치 전 세계 사람들이 우리를 주목하고 지켜보는 것처럼 착각이 들 정도로 날마다 쏟아진 외신 보도들, 그리고 세상 모든 이들이 우리를 대단하게 느끼고 있다는 생각이 들 정도로 하나같이 똑같은 내용 일색들, 마치 우리가 세상의 중심이고 주류라는 착각이 들 정도였다.

대다수 언론은 다른 관점을 이야기하기라도 하면 매장이라도 당할 듯이, 앞다퉈 같은 내용에 조금씩 부풀리기에 여념이 없었다. 마치 누가 더 부풀리기를 잘하고 선동을 잘하는지 내기라도 하듯이 ……. 그 때문인지 사람들은 하나 둘 거리로 나갔고, 선진 시민의식이라는 미명 아래 축제를 즐기기에 앞서 여기저기 언론에서 떠들어댄 질서를 잘 지키고, 나아가 언론에 정돈되고 일사불란한 모습으로 비춰지기 위해 애썼다(물론 모든 사람들이 그러한 이유로 행동했다고 보지는 않는다).

일본에선가 이런 우리의 거리응원 모습을 보고 '동원된 관중'이라고 말하기도 했던 것 같다. 그러자 바로 우리 언론들은 그들을 비난하기 시작했다. 하지만 달리 생각해보면 일본의 주장에도 일리가 있을 수 있었다. 직접적으로 강요하지는 않았지만 우리는 우리가 모르는 사이에 어쩌면 그렇게 하도록 동원되었을지도 모른다. 실제로 거리응원에 있었던 친구들은, 경기가 끝나면 축제 분위기를 느끼기보다는 마치 누군가가 시키는 것처럼 무엇인가 좋은 모습을 보여야 한다는 중압감으로, 뒷정리를 하고 있는 자신을 느꼈다고 말했다.

이런 언론의 태도는 이탈리아전 경기가 끝나고 분명하게 나타났다. 경기에 진 이탈리아 측에서 이런저런 말들이 많이 나오니까 우리 언론은 이탈리아의 국민성까지 들먹여가며 너도나도 그네들의 치부를 들춰내기에 바빴다. 이탈리아로서는 역전골을 넣었던 안정환 선수가 이탈리아에서 선수 생활을 하고 있었기에 더욱 할 말들이 많았을 것이다. 우리 언론은 하나같이 '안정환 영웅 만들기'와 '이탈리아 깎아 내리기'에 혈안이 되었다.

언제나 그렇듯 패자는 아쉬움이 남기 마련이므로 무엇인가 잘못되었을 것이 있기를 바라게 된다. 그 아쉬움을 승자는 여유로 달래줬어야 했다. 하지만 우리 언론은 모든 국민들이 그렇게 생각하고 있고, 그렇게 생각해야 한다는 식으로 하나같이 이탈리아에 대해 적대적인 논조였다. 이것이 아마도 단일 민족국가에서 오는 '한계점'이 아닐까 싶다.

우리나라의 외신 보도를 접하고 있노라면 다양한 세계관이라는 것은 기대할 수 없게 된다. 이것저것 다양한 의견들을 두루 접해봐야 각자 스스로 판단을 하여 결론을 내리게 되는 것인데, 언론을 통해 접하는 외신들이 거의 대부분 비슷하고 일관되어 있어 비교 분석할 이유나 필요가 없고, 그냥 아무런 저항 없이 받아들이게 된다. 그렇게 받아들여진 사실들은 개개인의 머리 속에 고정되어 현실과 다른 관점을 가지게 되기도 한다.

적절한 예가 될지 모르겠지만, 보통 우리에게 들어오는 외신들은 우리가 주체가 되는 것들이 많다. 즉, 다른 이들이 우리를 어떻게 보고 있는지에 관한 내용들이 많다는 것이다. 그 중에서도 우리나라의 우수성을 말하는 내용이 주를 이룬다. 그래서 한때 나는 우리가 엄청나게 대단한 민족이라고 믿고 있었다. 그리고 국제 관계에서의 우리나라의 위치가 실제보다 상당히 높다고 생각했었다.

　물론 이런 것이 나쁘다는 것은 아니다. 하지만 우리나라가 국제 관계에서 처해 있는 현실을 똑바로 인식할 수 있도록 하는 것도 언론의 의무인 것이다. 다른 언론들도 다 한다고 해서, 그것이 국민들에게 호응을 얻었다 해서, 덩달아 나름의 확인도 없이 왜곡된 관점이나 그릇된 정보를 그대로 사용한다는 것은 잘못된 것이다. 일반인의 검증이 쉽지 않은 '외신'에 있어서는 더욱 그러하다. 언론은 다양한 관점과 가치관을 보여줘야 한다. 그리하여 국민 스스로 나름의 잣대를 가질 수 있도록 해야 할 것이다.

제정임의 『경제뉴스의 두 얼굴』에 대해 [1)]

강 준 만

나는 앨빈 토플러라는 미래학자를 별로 좋아하진 않지만, 그가 『권력이동』이라는 책에서 오로지 '경제'만을 다루는 경제학자들에게 '경제'는 그렇게 공부하는 게 아니라고 꾸짖는 대목엔 박수를 보내지 않을 수 없었다. 토플러는 미국 대학에서 사용되는 가장 영향력 있는 교과서 중 하나인 새뮤얼슨과 노드하우스의 『경제학』 최신판엔 눈을 피로하게 하는 작은 활자로 28페이지나 되는 색인이 실려 있지만, 이 색인을 아무리 찾아보아도 '권력'이라는 단어가 없다는 걸 개탄한다. 도대체 권력을 언급조차 하지 않으면서 무슨 경제학을 논하느냐는 것이다.

나는 한국의 경제학자들에게 비슷한 불만을 토로하고 싶다. 왜 그들의 안중엔 '언론'이라는 단어가 없는 걸까? 경제학자들은 언론을 통해

---

1) 이 글은 『한국일보』 2002년 12월 24일자에 기고했던 칼럼을 재활용해 늘려 쓴 것입니다.

자신의 경제적 식견만 발표할 뿐 언론의 경제 뉴스와 논평에 어떤 문제가 있는지 그건 전혀 이야기하지 않는다.

우리 언론의 경제 뉴스와 논평은 많은 문제점을 안고 있다. 무엇보다도 생각을 달리하는 사람들 사이의 상호 소통이 거의 없다. 재벌에 대한 찬반 의견조차 오직 대통령과 정부를 향해서만 제기될 뿐 상호 논쟁은 거의 하지 않는다. 이른바 '신자유주의' 논쟁만 해도 그렇다. 진보적이거나 개혁적인 경제학자들은 김대중 정권이 '신자유주의의 앞잡이'라는 독설을 퍼부어 댔지만, 보수적인 경제학자들은 김 정권의 경제 정책에 끊임없이 '좌경'이라는 색깔 공세를 취해 왔다. 그러나 양 진영은 서로 싸우지 않는다. 좀 과장되게 이야기하자면, '전지전능한' 대통령이 모두 알아서 판단하라는 식이다.

그런 식으로 대통령과 정부에게 감당할 수 없는 과부하를 걸어 놓고 모두 달려들어 때리겠다는 호전성을 보이는 것이야말로 이 나라 경제를 어렵게 만드는 주범 중의 하나가 아닐까?

내가 언론인 제정임이 최근에 펴낸 『경제뉴스의 두 얼굴』(개마고원)이라는 책에 홀딱 반한 건 바로 그런 이유 때문이다. 이 책의 내용도 매력적이지만, 나를 더욱 반하게 만든 건 경제 뉴스를 본격적인 검증의 대상으로 삼았다는 사실이다. 그렇다. 바로 이런 작업이 왕성하게 이루어져야 한다. 이런 작업은 언론에게도 큰 도움이 된다.

경제학자들이 범하고 있는 직무 유기에 대해 언론인들까지 부화뇌동해선 안 될 것이다. 나는 앞으로 많은 경제 저널리스트들이 한국 경제 담론의 생성 및 작동 방식을 밝히면서 문제점을 지적하고 대안을 모색하는 일에 뛰어들기를 바라마지 않는다.

그간 '제왕적 대통령'이란 말이 유행했으나, 그건 정치적 선전 공세였다. '제왕적 대통령'은 없다. 있다면 '제왕적 대통령관'이 있을 뿐이다. 정치 보스가 자기 정치 패거리의 유지와 운영에서 '제왕적'인 면은 분명히 있었지만, 그 경우엔 '제왕적 대통령'이 아니라 '제왕적 정치 보스'라는 말을 쓰는 것이 옳을 것이다.

신임 대통령 당선자에게도 경제 잘 되게 해달라는 주문만 할 게 아니다. 양도 엄청나지만 상호 상충되는 내용들이 가득한 주문과 비판에 대해 '교통 정리'를 해주는 작업이 왕성하게 이루어질 때에 경제 정책도 올바른 길을 걸을 수 있게 될 것이다.

그런 의미에서 모든 언론학도와 언론에 관심이 있는 분들께 『경제뉴스의 두 얼굴』이라는 책의 일독을 강력 권유하고 싶다. 이 책은 신문들의 경제 뉴스의 신뢰도를 저하시킬 정도로 거침없이 각종 문제점을 지적했기 때문에 책의 가치에 상응하는 언론의 주목을 전혀 받지 못했다.

참으로 불행한 일이 아닐 수 없다. 언론의 비위를 맞추거나 적어도 언론을 화나게 만들지 않아야만 대서특필되어 베스트셀러가 되거나 그 근처에라도 갈 수 있는 한국의 출판 홍보 시스템은, 한국의 비평 및 비판 문화를 근본적으로 왜곡시키고 있다. 아무리 왕성한 활동을 하는 경제학자라도 언론의 경제 뉴스와 논평을 비판의 성역과 금기로 모시는 이유도 바로 여기에 있다.

이젠 바꿔야 한다. 오늘날의 경제는 유언비어 하나로 흔들릴 수 있을 만큼 심리적인 영향을 많이 받는다는 건 누구나 다 아는 사실이 아닌가. 그렇다면, 언론의 경제 보도와 논평이 경제에 미치는 큰 영향력도 수긍할 텐데 어쩌자고 온갖 주문과 비판은 정부만을 향하는가? 언론의 경제 뉴스와 논평에도 그 중요성에 상응하는 감시 작업이 이루어져야 할 것이다.

여자로 사는 건 너무 힘들다

김민주 _ 신문방송학과 2학년, shiny826@hanmail.net

2년 전 신입생 환영회 때의 일이다. 드디어 나도 대학생이다, 나도 이제 진정한 자유를 맛보리라 생각한 건 너무 다부진 꿈이었을까? 아빠로부터 나의 수난 시대는 시작되고 있었다. 그 날은 처음으로 신입생 환영회가 있던 날이었다. 앞으로의 대학생활 동안 같이 지낼 동기들과 선배님들 속에서 즐거워하며 저녁식사도 하고 처음으로 술도 마시게 되었다.

그러던 중, 저녁 8시쯤 아빠로부터 전화가 왔다. "민주야! 어디야?" "응. 나 지금 밥 먹고 호프집 왔어 ……." "호프집? …… 술 먹지 말고 와." "어 ……. 나 술 안 먹어." "일찍 들어와." "알았어."

이때까지 아빠의 목소린 정상적이었다. 전화 받느라 자리를 비운 사이 벌써 술이 한 잔씩 돌아가고 자기 소개를 하고 있었다. 늦게 자리에 와서 난 멋쩍게 내 소개를 간단히 하고 맥주 한 잔을 마셔버렸다. 이런, 아빠가 술 먹지 말랬는데 ……. 그래도 뭐 어쩌랴. 나도 이제 어엿

한 대학생인데.

거부할 수 없는 손들과 한 잔 두 잔 먹는 잔 수가 늘면서 점점 사람들과 분위기에 적응이 되어가고 있을 때였다. 또 집이다! 아~ 정말 우리 아빠 왜 이러시나 하면서 조용한 곳을 찾아서 전화를 받았다. 이번엔 엄마였다.

"너 언제 올거야? 아빠가 너 왜 안 오냐고 뭐라고 한다. 이제 그만하고 들어와." "동기들도 다 안 가고, 10시는 넘어서 갈 거 같은데 ……." "그래도 빨리 와." "아 진짜, 알았어, 갈게."

그런데 내가 가고 싶다고 빨리 가지도 못할 노릇이었다. 그것도 제일 어린 신입생인데 ……. 그때부터 난 고민이 시작됐다. 좀더 사람들이랑 이야기도 하고 더 많이 친해질 수 있었음 했는데, 그러다간 집에 들어가서 아빠한테 혼날 일이 걱정이었다.

그래도 딸이 처음으로 신입생 환영회 갔다가 늦는 건데 얼마나 꾸중하실까 하는 생각에 걱정을 하면서도 11시가 넘도록 집에 들어가지 않고 있었다. 이젠 집에 들어가야겠다고 생각하고 있는데 아빠한테 전화가 왔다! 정말 무서웠다.

"여보세요." "너! 어디야!!" 아빠 목소리 무지 화나셨다. "어 지금 가고 있어. 아빠 나 곧 들어갈게요."

집에 들어가는 택시 안에서 뭐라고 변명을 해야될지 이리저리 어찌나 머리를 굴렸던지 술이 다 깨는 것 같았다.

얼마나 혼날까 맘을 조리며 들어왔다. "너 지금이 몇 시야!" 이렇게 시작된 아빠의 잔소리는 멎을 줄 몰랐다. 한참을 혼나고 있는데 초인종 소리가 들렸다. 오빠였다. 나보다 더 늦은 오빠 인사만 하고 방으로 들어가 버렸다. 아빠도 오빠한테 이제 들어왔냐며 일찍일찍 다녀야지라고 말한 게 전부였다. 어쩜 이럴 수가! 나도 할 말이 없진 않았지만 더 혼날 걸 염려해 주무시라는 말만하고 내 방으로 들어왔다.

근데 오빠는 나보다 더 늦게 들어왔는데 아빤 왜 나한테만 뭐라고 하는 건지 정말 억울해서 잠이 안 왔다. 오빤 한두 번도 아닌데! 정말 이건 너무한 거 아닌가?

신입생 때는 모임도 참 많았다. 아빠의 독촉 전화가 올 때마다 난 내가 여자로 태어난 걸 정말 후회하지 않을 수가 없었다. 그러던 어느 날, 왜 오빠는 늦게 와도 별로 뭐라고 하지 않으면서 나한테만 그러느냐고 아빠한테 불만을 토로했다. 나도 학교 모임 때문에 늦고 그러는 건데 너무 심한 거 아니냐고 ……. 아빠는 남자는 밤에 다녀도 괜찮지만 여자는 위험하니까 그러는 거라고 하셨다. 내 생각엔 정말 무서울 것도 위험할 것도 하나도 없는데 말이다.

얼마 전엔 엄마가 집을 비운 적이 있었다. 그 날은 오후 수업밖에 없어서 12시가 다 돼서야 일어났다. 일어나서 엄마가 없는 걸 알았고 그제야 엄마가 외갓집에 간 게 생각이 났다. 점심을 먹으려고 주방에 들어가 보니 엄마가 며칠 집을 비우게 되니까 국이랑 넉넉하게 끓여놓고 간 게 보였다. 학교 수업이 끝나고 친구랑 농구를 보려다 말고 엄마 대신 집에 일찍 들어가야겠다는 생각에 좋아하는 농구도 포기하고 일찍 집으로 갔다.

아빠랑 오빠가 왔다. 집에 여자는 나뿐이므로 저녁 차리는 일은 자연스럽게 내가 해야 될 일이 되어버렸다. 저녁을 먹고 소파에 앉아서 8시 뉴스를 보다가 내가 좋아하는 일일 연속극으로 채널을 돌렸다. 주인공 여자의 출생 비밀이 과연 오늘 밝혀질까? 점점 흥미진진해지는 드라마를 아주 진지하게 시청하고 있을 때, 옆에 앉아 있던 오빠가 "너 설거지 안 하냐?" 하고 물었다. 아니 밥 차려준 것만 해도 어딘데, 웬

설거지? 순간 기분이 상한 나는 "니가 해!"라고 말하고 침묵 속에 30분 간 TV를 봤다.

좋아하는 농구 보는 것도 포기하고 들어와서 밥까지 차려 줬더니 고마운 줄도 모르고. 그러나 결국 저녁 설거지 역시 내가 하게 되었다. 진짜 남자들 너무한 거 아닌가? 자기들은 손이 없나 발이 없나. 왜 가만히 앉아서 받아먹으려고만 하는 건지 ……. 내일 아침에 밥을 주나 봐라!

다음날 나는 아침 1교시 수업이 있었다. 학교에 가는 것만으로도 정말 빠듯했다. 오늘 저녁엔 엄마가 오신 댔으니 ……. 오랜만에 학교에서 컴퓨터를 하다가 저녁에 집에 들어갔다. 얼마 만에 느껴보는 자유로움인가.

집에 들어가니까 반가운 엄마가 설거지를 하고 계셨다. 엄마를 보며 미소짓고 있는데, 엄만 대뜸 집 좀 깨끗이 치우고 있지 집안 꼴이 이게 뭐냐고 날 나무라셨다. 그 동안 설거지랑 다 내가 했는데, 나는 정말 한다고 한 거였는데 …….

아침 일찍 학교 가야되는데도 불구하고 아빠 식사도 차려드렸건만. 아빠랑 오빠는 아무 것도 안하고 내가 다 했는데, 그것도 몰라주고 같은 여자끼리 이래도 되는 건가? 오빠도 같이 혼냈으면 이토록 서럽진 않았을 거다. 왜 여자라는 이유로 나만 혼나야 되는 건지 ……. 이럴 때 혼자 살고 있는 언니가 정말 너무 부럽다.

아침에 일찍 일어나는 것은 역시 너무 어려운 일이다. 아니, 그런데 벌써 8시가 넘었다. 큰일이다. 오늘은 아침 수업이 있는 날인데 엄마는 왜 날 안 깨워준 걸까? 원망의 눈초리로 엄마를 바라보며 허겁지겁 준비물을 챙겼다. 이런, 믿었던 아빠마저 이미 출근을 해버렸다. 어쩔 수 없다. 나의 피 같은 용돈을 써서라도 택시를 타야 한다.

차가운 아침 바람을 맞으며 택시를 잡으려고 안간힘을 썼다. 아침 시간이기 때문인지 빈 택시가 쉽게 보이지 않았다. 그런데 멀리서 빈 택시 한 대가 오고 있었다. 다행이란 생각에 그 택시를 잡았다. 그런데 이게 웬 일. 택시 기사아저씨는 날 외면한 채 그냥 지나쳐 버린다. 날 못 봤구나라고 생각했다. 그런데 시간이 얼마 없다. 또 빈 택시 한 대가 온다. 이번엔 온힘을 다해서 팔을 휘저었다. 젖 먹던 힘까지 다해서. 그런데 이게 어찌된 일일까? 역시나 택시는 나를 지나쳐 버린다. 분명 빈 택시였는데 …….

그때 문득 생각난 게 있었다. 작년 한 수업시간에 들었던 기가 막힌 이야기. 아침에 첫 손님으로 여성을 태우면 그 날 하루는 완전 재수가 없어 택시 기사아저씨들은 여성을 기피한다는 이야기 ……, 그 이야기가 생각났다. 이런, 내가 그 이야기의 주인공이 될 줄이야. 몇 분이 더 지나서야 겨우 택시를 탈 수 있었다. 그래서일까? 그 날 하루는 종일 기분이 좋지 않았다.

이렇게 사소한 일들에서부터 우리 사회에선 수많은 남녀 차별이 존재한다. 우리가 인식하지 못하는 수많은 차별 속에 여성들은 지금껏 희생되어 온 것이다. 이런 차별엔 매스 미디어도 일조하고 있다.

우리의 매스 미디어는 여전히 구태의연하다. 아직도 매스 미디어에선 남성은 하늘, 여성은 땅과 같은 논리가 적용된다. 많은 드라마 속에서 여성들은 아무런 생각 없이 집안 일만 하는, 그리고 그것을 행복으로 여기는 수많은 아줌마들로 그려진다.

그 결과 많은 사람들은 머릿속에서 남성과 여성의 역할을 구분하여 생각하게 되고, 남성에 비해 열등하게 그려지는 여성에 대해 일종의 편견을 가지게 된 것이다. 여성은 약하고 보호받아야 하며 여성이 주로 하는 일은 집안 일이라는 등. 이러한 편견은 내가 아빠에게 듣는 여성으로서 해야만 하는 일 등의 잔소리로 이어진다. 그리고 배웠다는 나 또한 이러한 편견에 대항하기보다는 어쩔 수 없는 일이라고 수긍해 버리곤 한다. 오늘도 수많은 드라마 속에서 그려지는 불평등한 여성상을 아무 거부감 없이 보고 있는 사람들 속에서 나의 이러한 걱정은 너무 민감한 것일까?

PC(Politically Correct) 운동에 대해

송정신 _ 부산대 법학과 3학년, icing33@hanmail.net

하나의 단어, 그 자체에도 힘이 있다.

한때 내가 좋아하던 남자에게 연애편지를 보내면서 덧붙인 말이지만, 이는 나의 언어관을 거의 집약시켜 표현한 것이다. 나는 인간이 표현과 커뮤니케이션의 도구로써 사용하는 언어는 결코 우리에게 도구로만 머무르지 않는다고 생각한다.

그러나 우리 삶에 있어, 우리가 언어에 대해 제기하는 문제라고는 문장 등이 문법에 맞는가 등의 외형적인 면에 치중된 것이지, 그 언어가 지칭하고 대신하고자 하는 대상을 제대로 표현하고 있는가 하는 것 등은 아닌 것 같다.

그 예로, 여성인 내가 남성과 대화하는 도중에 그가 사용하는 단어의 성 차별적 뉘앙스 때문에 기분이 상함에도 불구하고, 그가 정녕 그럴 의도가 없었음을 알고 있으므로 지적하지 못하고 넘어가는 경우가 있다. 그는 단지 사회적으로 그 단어가 별다른 제재 없이 쓰이고 있기 때문에 아무런 의식을 하지 못하는 것이다.

심지어 내 친구들 중에는 같은 여성임에도 불구하고 문제의 그 단어가 자기에게 차별적이라는 것마저 인식하지 못하는 경우도 있다. 그리고 무언가 차별적인 요소를 내포하고 있다는 것을 쉽게 알 수 있더라도 그 언어를 사용하지 말아야 한다는 강한 신념을 갖기는 힘든 모양이다.

왜일까? 그 언어의 사용이 사회적으로 용인되는 수준에 머무르고 있으며, 딱히 사용한다 하더라도 상대방에게 큰 피해를 주지 않는다는 생각에서일 것이다. 이는 단지 性문제에 국한되지 않는다. 인종적 문제를 포함한 사회의 마이너리티 문제에 아주 깊게 개입된, 차별적 의미를 담은 언어의 사용은 사회적으로 그들을 차별하는 거대한 시스템이다.

나는 평소 이 문제에 많은 관심을 가지고 있었고 해결할 만한 마땅한 방법이 없을까 고민하던 중, 우연히 미국의 언어관습 중 하나로 일컬어지는 Politically Correct(정치적으로 공정한, 차별 없는) 운동에 관한 이야기를 접하게 되었다.

처음 대학에 입학해서 새내기라는 말이 내게서 점점 멀어질 때쯤이었던 것 같다. 부산대학교 정문 앞의 가장 큰 건물 중 하나인 어떤 빌딩 (이 건물의 1층과 2층에 TTL ZONE이 있는 관계로 우리는 흔히 이 건물을 TTL이라고 한다) 4층에 한 술집이 새로 개업했다. 대학교 앞이야 널린 것이 술집이고, 한 달에 몇 개씩 새로 생겨나고 없어지는 것이 또한 술집이라 개업하는 술집 자체는 내게 아무런 의미가 되지 못한다. 그러나 이번엔 달랐다. 아직도 그 파격적인 상호와 간판을 처음 보던 그 순간이 잊혀지지 않는다.

그 이름은 ……, '히틀러' 였다. 학문의 전당이라는 대학 앞에, 2만의 지성인이 뻔히 눈뜨고 있는 그 곳에서, 나치즘의 상징인 Hakenkreuz가 히틀러라는 이름과 함께 대문짝만하게 붙어 있었던 것이다(사실 요즘 간판이 모두 대문짝만하지만). 한마디로 나는 경악했고, 당장 그 사실을 내 친구들에게 마구 알렸다. 그러나 친구들의 반응은 대개 "그러냐, 그럴 수도 있지 뭐, 새로 개업했다는데 한 번 가볼까?" 이런 식이었다. 나는 그렇게 시큰둥한 반응을 보이는 친구들을 이해할 수 없었다. 당장 불매운동이라도 벌여야 하는 판에 말이다. 나는 그 당시 이 현상을 사회 문제에 무관심하고 이기적인 우리나라의 대학생 문화 때문이라고 개탄했던 것 같다.

그런데 나의 동지들은 의외로 멀고도 가까운 곳에 있었다. 그들은 바로 부산대학교 언어교육원에서 원어민 강사로 일하던 일단의 외국인들이었다. 그 술집이 생기고 난 지 몇 달 후, 언어교육원의 한 영어강의를 듣던 내 친구가 그 사실을 알려 주었다. 그 외국인 강사는 '히틀러'라는 술집에 대해 나보다 더한 반감을 갖고 있었다. 그리고 나는 그때 'Politically Correct'라는 표현을 처음으로 접하게 되었다.

Politically Correct. 정치적으로 올바른, 편견 없는. 미국 중산층의 언어를 통제하는 하나의 사회적 관념인 이것은, 1960년대 이후 미국 내에 여성해방운동과 흑인민권운동이 활발히 일어남에 따라 백인남성 중심의 사회에 변화를 가져왔으며, 또한 성차별적·인종차별적 표현을 시정하는 데에도 큰 성과를 거두었다. 이는 1980년대에 들어와 미국 각지의 대학을 중심으로 PC, 즉 정치적으로 올바른 표현을 지향하는 운동으로 확산되었다. 이 운동의 취지는 차별이나 편견에 바탕을 둔 언어적 표현이나 '마이너리티'에게 불쾌감을 주는 표현을 제한하자는 것이다.(제임스 핀 가너, 『정치적으로 올바른 베드타임 스토리』(1996), 139쪽.)

　PC에 대하여 딱히 적절하게 정의를 내린 텍스트를 발견하지 못해서 더 이상 확실하게 설명할 순 없지만, 어쨌든 그 외국인들의 말에 의하면, '히틀러'라는 술집은 나치즘 자체를 표상하며 이는 PC에 반하는 것이라 했다. 결국 이 술집은 나와 같은 생각을 가진 사람들의 비조직적인 보이콧 때문이었는지는 몰라도, 이름을 '디틀러'로 바꾸고 Hakenkreuz도 지워 다시 개업하기에 이르렀다.

　나는 이 일에 대단한 흥미를 느꼈다. 분명히 그 술집의 주인은 딱히 히틀러를 찬양하고 싶은 생각은 없었을 것이며, 단지 독재가 지니는 카리스마를 내세우고 싶었을 것이다(내가 이렇게 단정짓는 이유는 술집 밖 유리 너머로 아돌프 히틀러가 앞치마를 입고 모자를 쓴 차양을 볼 수 있었기 때문이다). 그러나 그 확실한 의도와는 별도로, 결코 용납될 수 없는 나치의 반인륜적인 행위는 대문짝만하게 내걸릴 수 없다는 사회적 인식이 그로 하여금 상호를 고치게 했다. 만약 그것이 상호 자유주의 원칙에 따라 '그럴 수도 있는' 것으로 사회적으로 수용되었다면 어떻게 되었을까? 우리들이 인식하지 못하는 사이에 조금씩, 그 용납될 수 없는 행위가 친근히 다가올 수도 있었을 것이다.

　그런데 요즘에는 이 PC에 대해 미국 내 비판의 소리가 적지 않다고 한다. 정치적으로 올바른 표현을 쓰고자 노력하는 미국 중산층들은 실제로 그 사회의 소수집단에 대해 그들이 사용하는 단어만큼 배려하지 않는다는 것이다. 그들은 정치적으로 올바르게 수정된 단어, 예를 들어 steward, stewardess를 flight assistant로 사용함으로써 상대방의 기분을 상하지 않게 완곡하게 표현하는 데에 머무를 뿐, 실제 그들의 생각은 결코 그들이 사용하는 언어만큼 평등을 고려하지 않는다는 것이다. 즉, 표리부동한 행위가 역겹게까지 느껴진다는 것이다.

　패럴리 형제의 영화들(예:『내게 너무 가벼운 그녀』)은 이를 반영하여 사회적으로 금기가 되고 있는 표현들을 일부러 즐겨 사용하곤 한다. 이런 종류의 행동적 사회 비판은 우리나라의 점잖은 기성 문화에 대한 반항과 비판으로 심심찮게 등장하는, 의도된 B급 문화에서도 나타나는 것이다. 어쨌든 정치적으로 올바른 표현을 사용하는 것이 원래의 그 의도를 잃고 경색되어버린 사태에 이른 것인데, 이는 PC 운동이 단지 밖에 드러내는 것만을 점잖게 하는 수식의 의미에 머물러서는 안 된다는 것을 의미한다. 내가 주장하고자 하는 바는 사회적 마이너리티의 불평등을 조장하는 수많은 사회적 상황 중, 가장 일상적인 것부터 고쳐 나가 결국 의식의 전환을 시도해보자는 것이다.

커뮤니케이션의 가장 기본적인 도구인 언어는 창조되는 것이지만 또한 이미 규정되어 있는 것이기도 하다. 언어는 사회적 약속이며 부모로부터 세습된다. 만약 어떤 불평등을 조장하는 단어가 아무런 제한 없이 사용된다면, 우리의 무의식 속에서 그러한 차별이 용인되고 이는 또한 우리의 자손들에게 이어져, 이 문제를 해결하기 위해 갖은 정책적 수단을 동원하더라도 이미 형성된 사회풍속으로 인해 그 해결은 보통 힘들지 않게 될 것이다. 오히려 우리들은 그 문제를 전혀 인식하지 못하거나 엄청난 노력을 투입하여 해결해야 할 난제라고 생각하지 않을지도 모른다.

어떤 사회 내의 전 집단에 공통으로 영향을 미치는 언어라는 것은 그 사회의 정서를 형성하고 변형하며 또 그 정서에 의해 변형되는 커뮤니케이션 수단으로서 큰 의미를 지니는 것이다. 결국 우리는 언어를 정책적으로 조작할 필요성을 갖게 된다.

때로 언어를 사용하는 것은 그것이 의미를 전달하는 것에 불과한 수단이기에 그리 중요한 문제로 부각되지 않는다. 마치 대기 중의 산소로 찰나를 연명하는 우리가 그것의 중요성을 알지 못하는 것처럼 말이다. 그래서 나의 이 주장은 사회적 마이너리티의 문제를 해결하는데 있어 아주 하찮고 추상적인 대안으로 치부될지도 모르겠다. 그러나 언어는 사회 구성원 전체의 생각을 통제할 만한 힘을 갖고 있음을 상기한다면 우리는 여기에 관심을 두지 아니할 수 없다. 생활 속에서 평등을 실천하는 것, 그것의 시작은 불평등한 의미를 제거한 언어의 사용이다.

제6장
'비판적 시각' 의 명암

나의 안티조선운동

김윤미 _ 영어영문학과 98학번, memee07@hanmail.net

어제 나는 결단을 내렸다. 아니지 결단이야 오래 전부터 내렸지만 뭐가 그렇게 바쁘다고 게으름 피우고 있었는지, 전화 한 통이면 끝날 일이었는데 ……. 시원하다. 이제야 비로소 이 글을 자신 있게 쓸 수 있을 것 같다. 우리 집은 『조선일보』를 보았다. 과거형이다. 그 전에도 『중앙일보』를 보았으니까 뭐 달리 할 말이 없을 수도 있겠지만, 나에게 『중앙일보』와 『조선일보』는 다른 느낌으로 다가온다.

뭘 알까 싶은 나이 21살에, 나는 선생님한테 "『조선일보』는 친일파 신문이다"는 말을 듣고 맹목적으로 『조선일보』에 대한 무력한 저항감을 키워왔다. 그것은 무력한 것이었다. 물론 다른 사람에게 『조선일보』를 못 보게 한 것도 아니었다. 그저 내가 할 수 있는 것이라곤, 친구들 사이에서 흔한 대화의 주제는 아니었지만, 얘기할 기회가 주어질 때면 『조선일보』는 나쁜 신문이라는 강한 주장으로 소신 있는 사람인 척하는 것뿐이었다.

　그런 내게, 1년여의 공백을 깨고 집에 복귀했을 때, 배달되어 있는 『조선일보』는 적잖은 충격을 안겨주었다. 사건의 과정은 이러했다. 생활을 맡아하는 언닌 자신의 실수로 전화기가 고장나자 전화기를 구입해야 했고, 적잖은 돈이 지출될 것으로 예상했던 언니에게 구세주 같은 『조선일보』 배급소 사원이 나타났다. 그는 발신전화기와 6개월 동안 신문을 무료로 구독하게 해주겠다는 조건으로 언니를 꾀어냈던 것이다. 그래도 어떻게 『조선일보』를 볼 수 있느냐고 했다가 나는 오히려, "그 신문이 다 그 신문이지 뭐 다르냐"는 핀잔까지 들어야 했다. 그 후 언니는 시집을 가게 되었는데 나는 진심 반 장난 반으로, "혼수품으로 『조선일보』도 가져가"라고 말하기도 했다. 계약상 6개월 무료구독에 1년은 의무적으로 봐야 했기 때문이었다.

　아침에 일어나서 학교 오기도 바쁜 나는, 신문을 화장실에서 대충 훑어보고는 학교 가는 버스 안에서 주로 읽는다. 어디 버리기도 뭣해 들고 오면 친구들로부터 으레 "넌 왜 『조선일보』를 보냐?"는 질문을 자주 받곤 했는데, 그럴 때마다 언니가 발신전화기 준다고 신청해 버렸다고 말하긴 했어도 부끄러운 감정을 숨길 수는 없었다. 그래서 근래에는 버스 속에서 읽고 쓰레기통에 버리기도 했다.

　하지만 최근에 나는 나 자신에게 질문을 던졌다. 너는 왜 『조선일보』를 싫어하느냐? 친일파라고 하니까? 그냥 싫은 건 어떻게 할 수 없으니까? 친구들이 모인 자리에서 나는 내 심경을 토로하듯 질문을 던졌다. 나는 그렇게 사회에 관심이 많은 것도 아니고 비판 정신이 투철한 것도 아닌데 자꾸 내가 『조선일보』를 보는 것에 대해 자책감을 느꼈다. 그 신문 본다고 내가 『조선일보』 편이 되는 것도 아닌데 말이다. 그렇다고 비판도 적을 알아야 하니까 본다고 하기엔 나에게 그런 생각이 너무 없었다.

어쨌든 나는 『조선일보』가 싫었다. 한 친구는 자기도 왜 『조선일보』가 싫은지는 모르겠지만, 『조선일보』는 한나라당 편만 들고 그러니까 싫은 거 아니겠냐고 말했다. 또다른 친구는 뭐 그런 것까지 생각하고 사냐며 오지랖도 넓다 했다. 친구의 절실한 고민을 이런 식으로 넘기다니 ……. 하지만 여기서 알게된 건 여차여차 주워들은 풍월로 『조선일보』가 나쁘다고 알고 있는 사람들도 『조선일보』가 왜 나쁜지에 대해선 잘 생각하지 않으며, 기사만으로는 『조선일보』의 숨은 의도를 알아차리기가 상당히 힘들다는 것이었다. 그런 건 지식이 꽤 밑받침되어야 가능할 것이다. 그런 이유로 하여 『조선일보』가 싫어도 왜 싫은지 모르는 것일 게다.

나는 말이 되든 안 되든 나름대로 『조선일보』가 싫은 혹은 나쁜 몇 가지 이유를 찾아내기로 했다. 뒤이어 나올 여러 가지 이유들은 주워들은 것도 있고, 미숙하나마 스스로 결론 내린 것도 있으며, 억측도 있을 것이라는 점을 미리 밝히고 싶다.

"누군가 언론의 자유는 모든 자유를 자유롭게 하는 자유라고 말했습니다. 민주주의 국가에서 언론은 그 무엇보다 중요한 역할을 수행합니다. 그래서 언론을 제4부라고 말하고 사회의 목탁 또는 소금이라고 합니다. 우리나라에서 언론이 제 기능을 해오지 못하고 있음은 누구나 지적하는 바입니다. 언론이 살아 있지 못한 사회는 희망이 없는 사회입니다. 공정하고 책임 있는 언론을 위한 시민들의 노력이 더없이 요구되는 시대입니다."

이 글은 안티조선운동을 하고 있는 조아세(조선일보 없는 아름다운 세상을 만드는 시민모임)라는 모임에서 발간한 소책자 『딱』의 추천사이다. 현재 우리나라의 여론을 좌우하고 있는 『조선일보』는 (『동아일보』도 마찬가지겠지만) 일제시대와 군부독재 시절을 거치며 성장한 신문이다. 『조선일보』가 거대화 된 것은 언론의 본분을 저버리고 일제와 독재 정권에 협력하고 그들을 비호하는 데에 앞장 서 온 것과 무관치 않을 것이다.

『조선일보』라는 언론권력은 권언유착을 뛰어넘어 정치 세력 위에 군림하고 있는 건 아닐까? 『조선일보』는 자기들이 서야 할 언론 본연의 자리를 망각하고 있는 듯 보인다. 『조선일보』는 신문 제일의 사명이요 의무인 사실보도를 망각하고 있는 듯 보인다. 사실은 사실이되 내용을 맘대로 편집해서 원 의도와는 크게 달리 보도하는 경우가 많다.

그런 문제에도 불구하고 『조선일보』는 어떻게 1등 신문이 되었을까? 많은 이유들이 있겠지만 핵심은 유통 구조의 문제가 될 것이다. 『조선일보』가 판매부수 1위를 자랑하고 다니지만 그 속내를 들여다보면 "뻥이야"라는 말이 절로 나온다. 신문사의 수익은 광고비에서 나온다. 생각해 보라. 고작 1년 구독해봤자 14만4천 원인데 발신전화기에 6개월 동안 무료로 넣어주니! 게다가 요즘은 스케일이 커져서 자전거까지 준다고 하니 수익이 남겠는가? 발행부수가 많으면 광고주들이 광고를 많이 실을 것이고, 광고비의 유지와 증대를 위해 발행부수를 과장하고, 실제로 많이 찍은 신문 중 상당 부분은 찍자마자 바로 폐기처분된다. 실상이 이러하니 1등 신문이라는 『조선일보』의 주장도 다시 생각해 볼 일이다.

어쨌든 『조선일보』를 보는 사람이 많은 건 사실이다. 『조선일보』를 20~30년 계속 구독하는 사람들이 있는데, 그 사람들의 일부는 좋아서 보는 것이겠지만 상당수의 사람들은 그냥 습관적으로 보는 것이다. 『조선일보』를 보는 사람들은 『조선일보』의 정치적 보수주의 성향은 제쳐두고, 타 신문들에 비해 훌륭한 『조선일보』의 정보적 차원에 대해 애기한다. 한마디로 재미있다는 것이다.

안티조선운동은 그런 재미 위주의 신문 구독 행태에 저항하는 운동
인지도 모르겠다. '딱 100운동'은 조아세가 발행한 소책자 100권을 구
입해서 주변에 알고 지내는 사람들에게 나눠주어, 『조선일보』 및 다른
거대 신문들에게 휘둘려온 시민들의 시각을 바로잡아 주는 안티조선운
동이다. 설사 그 운동이 직접적인 성과를 거두지는 못한다 하더라도
신문에 대한 맹목적인 추종을 다시 생각해보게 만들면서, 공공의식 함
양에 자극을 줄 수 있다는 점에서 그 의미를 찾을 수 있지 않을까 하는
생각이 든다.

나의 무관심에 자극을 준 활자매체들

강다희 _ 동양어문학부 1학년, daku1130@hanmail.net

대학에 입학하기 전, 나는 세상에 참 무지한 사람이었던 것 같다. 아니 더 정확하게 말하자면 무관심했던 것 같다. 텔레비전 뉴스는 재미없다고 스포츠 뉴스만 겨우 보고, 신문은 나에게 TV 프로그램 시청 시간을 알게 해주는 도구에 불과했고, 어쩌다 한 번씩 보는 잡지는 광고와 연예인 사진들로 도배되어 있는 종류였다.

이러한 이유로 나는 세상에 대해 무관심해졌고 또 자연스레 무지해졌다. 『조선일보』를 왜 사람들이 보지 말라고 하는지, 전국적으로 이슈화되는 안티조선운동은 무슨 운동인지, 김대중 대통령이 성사시킨 6·15 남북공동선언이 얼마나 대단한 일이기에 역사에 길이 남을 만한 공헌을 한 거라고 온 나라가 떠들썩한 건지 ······.

나는 정말 아무것도 모르고 살았다. 고3이 되어서 조금씩 보게 된 뉴스와 신문을 통해서는 올해 수능 수험생은 몇 명쯤인지, 대학 총 정원은 어떻게 되는지, 어떤 유형으로 수능이 출제되는지 등의 문제에만 관심을 가졌다. 내가 살고 있는 이 나라 이 세상에서 무슨 일이 일어나고 있는지, 어떤 사람들이 살고 있는지에 대해서는 여전히 무관심한 채, 그저 혼자서 주위의 안위에 만족한 채 살아가고 있었다.

하지만 대학에 와서 동아리 활동을 하면서 달라지게 되었다. 그 동안 무관심으로 흘려보낸 세상 이야기를 조금씩 알게 된 나는, 내가 만족해하던 내 주위의 안위가 진정한 안위가 아니라는 것을 알게 되었다.

내가 대학에 와서 몸담게 된 동아리는 '교지편집위원회'다. 특별히 글재주가 뛰어난 것도 아니었고, 교지 같은 매체에 대단한 열의를 갖고 있지도 않았고, 시사적인 면에 해박하지도 않았던 나는, 처음엔 교지편집위원회 선배들이 해주는 여러 교육들 그리고 교지편집실에서 접하게 된 신문 · 잡지(중 · 고등학교 때 내가 주로 접할 수 있었던 사진 많은 잡지가 아닌 내용이 있는 잡지. 예를 들어 『if』『말』『인물과 사상』과 같은 잡지들)들이 그저 신기하고 당황스러울 뿐이었다.

선배들이 해주는 교육을 받아서이기도 하지만, 무엇보다 예전과 달리 신문과 시사잡지를 손쉽게 접할 수 있게 된 나는, 내가 얼마나 나외의 세상에 무지하며 무관심하게 살아왔는지, 내가 얼마나 어리석었는지를 알 수 있었다.

나와 내 가족이 읽고 사람들이 많이 보는 신문(조중동; 우리 집은 아버지께서 오래 전부터 『조선』『중앙』『동아』를 봤다. 그래서 우리 가족은 자연스레 조중동 신문을 볼 수밖에 없었다. 하지만 지금 우리 집은 『한겨레』를 본다)이기에 기사 내용들이 절대적 진실이라고 믿고, 그 진실을 토대로 세상을 판단하고, 사람을 판단했는데 …….

우리가 절대적 진실이라 믿었던 신문이 일제시대에는 적극적으로 친일 행각을 했고, 박정희 독재 때는 박정희를 찬양하는 기사를 썼고,

5·18 광주항쟁을 시민폭동이라 했고 ……, 그리고 지금까지도 끊임없이 독자들의 판단을 흐리게 하는 기사를 쓰는 파렴치한 신문이라는 사실을 알았을 때, 나는 머리를 세게 맞은 듯했다. 그리고 그 동안 나의 무관심, 무지, 어리석음에 고개가 숙여졌다.

대학생이 된 후 접하게 된 신문, 잡지 등의 여러 가지 매체는 삐뚤어졌던 나의 시선을 바르게 되돌려 준 고마운 존재이다. 하지만 다르게 생각하면 그러한 매체야말로 나를 그 동안 어리석게 만들었던 존재이기도 하다. 같은 신문이나 잡지라고 하더라도 사람들에게 득이 되는 것도 있고 해가 되는 것도 있는 것이다. 그러므로 우리는 나에게 득이 되는 매체가 무엇인지, 해가 되는 매체가 무엇인지 판단할 줄 알아야겠다고 생각한다.

'비판적 시각'을 키우고 싶다

서미영 _ 유럽어문학부 99학번, syumyung@hanmail.net

TV, 라디오(EBS), 신문(『한겨레』), 잡지를 비롯한 서적, 영화, 인터넷 ……. 이것이 내가 접하는 매체들이다. 나는 하루도 빠짐없이 이 매체들 전부 혹은 일부를 만나고 있다. 또한 이 매체들을 통해 내가 사는 사회, 내 이웃, 내 생각과 가치관, 내가 꿈꾸는 이상에 대해 그리고 세계에 대해 쉴새없이 생각하고, 지양하고, 지향하며 살아간다.

그러나 모든 매체들이 나에게 동일한 영향력을 행사하지는 않는다. 나는 『조선일보』를 한 번도 읽어 본 적이 없다. 그럼에도 『조선일보』를 반대하고 비판하는 사람들의 중심된 생각을 알고 있으며, 그들의 주장에 나 또한 찬성하고 있다.

TV 연예프로에 나오는 연예인들의 추문에 대해 난 100% 신뢰하지 않는다. 특히 스포츠 신문의 기사는 더더욱 그러하다. 그냥 단지 친구들 사이에서 '따' 당하지 않을 정도의, 시간 때우기의 도구로 이용할 뿐이다.

난 영화를 좋아한다. 그렇다고 많은 영화를 보았거나, 영화 장르, 시스템, 시나리오 작가, 감독에 대해 많이 알고 있는 것은 아니다. 나는 영화를 통해 가슴이 짠해오는 무언가를 느끼거나 분노, 기쁨, 모호함을 느끼는 것을 좋아한다. 나는 영화를 보고 울기도 하고, 웃기도 하며, 때론 역사에 대해(그것이 우리나라의 역사이든 다른 나라의 문화이든) 깨닫기도 하고, 새로이 배우기도 한다. 어떤 영화는 돈이 아깝다는 생각이 들며, 또 어떤 영화는 두고두고 내 가슴에 머물기도 한다.

책 또한 마찬가지다. 다독을 하지 않는 편이지만 책 읽는 것을 나름대로(!) 즐기고 있다. 남들이 좋다(그들에게 좋다는 의미가 무엇을 의미하는지는 모르겠지만)고 추천한 책이 나에게는 그냥 누구 앞에서 "나도 읽었다"는 기죽지 않기 용이 되기도 하고, 우연히 접하게 된 한 권의 책이 내 생각과 가치관을 바꾸기도 한다.

지금 나는 9월 28일에 전주시청 강당에서 있을 홍세화와의 만남을 위해 그의 책을 들었다. 『쎄느강은 좌우를 나누고 한강은 남북을 가른다』가 바로 그 책이다. 나는 『나는 빠리의 택시운전사』도 읽지 않았다. 어떤 의무감 비슷한, 홍세화를 만나려면 그의 책은 읽고 가야지 하는 생각에 들었던 이 책에서, 나는 무언가가 내 마음 속에서 움직이는 것을 느끼고 있다.

홍세화의 책 구절 하나하나는 프랑스와 한국을 비교하며 우리의 썩고 부패함을 씹고 있다. '나도 그렇게 생각했었는데, 여기까지는 생각을 해 본 적이 없네' 라는 생각이 내 머릿속을 떠나지 않고 있다. 또 한가지, 그 동안 프랑스와 파리에 대해(아니 다른 나라의 문화에 대해) 고정된 생각을 갖게 한 대중매체들의 존재에 대해 생각해 보고 있다.

홍세화가 말하고 있는, 유행 속에 갇혀버린 우리네 사람들 이야기처럼, 나 또한 프랑스가 유행의 나라임을 의심치 않았으며 우리가 생각하는 유행과 그네들의 유행을 같은 개념으로 여기고 있었다. 그러나 우리가 주장하는 개성과 그들의 개성은 달랐다. 진정한 개성이 파리에는, 프랑스에는 있었다. 유럽은 그랬다. 유행이라 해서 거리를 비슷한 옷들이 가득 채우지는 않는다.

내가 직접 본 독일도 그러했다. 물론 독일은 파리와는 다른 느낌(이 느낌이란 것도 매스 미디어가 만들어 놓은 것이겠지만, 독일은 철학의 나라! 프랑스는 멋의 나라!)의 나라이지만. 거리 상가마다 진열된 옷들을 보며 나는 '우리나라랑 똑같네. 역시 지구촌이란 말이 실감난다'는 생각을 잠시나마 했었다. 우리나라에서 유행하는 아이템, 디자인을 그곳에서도 만날 수 있었기 때문이다.

그러나 거리의 젊은이들의 모습은 달랐다. 비슷비슷한 옷과 신발, 머리 모양, 화장법까지가 그 곳에서는 존재하지 않았다. 가끔은 너무 없어 보인다는 생각이 들 정도로 그들의 옷차림은 수수하기까지 했다. 신기했다. 그러나 이는 갖가지 미디어들을 통해 고정된 내 생각이 틀렸음을 말해주는 것일 뿐, 신기한 일이 아니었다.

우리의 매스 미디어들은(특히 잡지가 더 심하다) 세계의 거리 곳곳을 비추며 최신 유행 동향을 파악해서, 매계절 혹은 매달마다 대중들에게 무차별 살포하는데, 거기에서는 늘 각 나라의 거리마다 고정된 유행 패턴이 존재했었다. 우리나라만이 아닌 세계 곳곳에서도 유행이란 것을 사람들이(특히 젊은이들이) 좇는 것처럼 묘사하곤 했었다. 제대로 된 매체였다면 그 나라의 총체적인 특징(딱히 유행을 따르지 않는 사람들의 성향이라든가 그들의 문화라든가)을 설명한 후, 나름의 유행이란 것을 묘사했어야 옳았을 것이다.

홍세화의 말대로 그들은 진정 개성을 알고 있는 듯했다. 대중 속에 묻힌 '나'가 아닌 하나의 완전한 존재로서의 '나'를 그들은 가지고 있었다. 유행에 따르지 않고서는 낙후된 사람으로 낙인찍히는 우리 사회가 너무 우습고 창피하게 느껴졌다.

개성을 부르짖으면서도 사치와 소비를 미덕으로 여기는 상류층을 따라가려 발버둥치며 사는 우리네 중산층이 가엾다. 지식이나 지혜, 넓은 아량으로는 우러름이나 존경의 대상이 되기 어려운 우리네 상류층들이, 단지 중산층 및 서민들과의 차별성을 드러내기 위한 수단으로 이용하는 사치가, 부러움의 대상이 되도록 만든 데에는 미디어들의 책임도 크겠지. "당신이 사는 곳이 당신을 말해줍니다"나 "부자 아빠를 꿈꾼다"고 대놓고 소비를 아름답게 포장하고 있는 우리의 매체들!

나는 한때 너무나도 명함을 갖고 싶어했다. 한마디로 폼이 나기 때문이었던 것 같다. 가끔 멋진 디자인의 명함을 볼 때면(잡지에서 이런 코너가 가끔 있다), 그게 그렇게 멋져 보일 수가 없었다. 그러나 나는 명함이 없는 홍세화의 글을 읽으며 부끄러웠다. 나도 '권위의식에 익숙해 있는, 어쩔 수 없는 한국인'이란 생각이 들었기 때문이다. 내가 누구다라는 본질적인 존재, 자아보다는 나는 어떤 계급 어떤 직위에 속한 사람이다라는 것을 더 좋아하는 우리 한국인들 말이다. 권위의식 속에 사로잡혀 있는 우리 풍토 속에서 명함은 그 권위를 하염없이 번쩍이게 해주는 하나의 소품이란 생각이 든다.

사람은 누구나 어릴 적부터 접한 것들의 영향을 받아 가치관이나 주관이 형성되기 마련이다. 보수적인 가정에서 자란 사람들은 보수적인 성향을 갖기 십상이고, 개방적인 부모의 개방적인 사고를 물려받아 열린 사고를 가진 이들도 있다. 하물며 평생 접하고 있는 매스 미디어의 영향을 받지 않고 살 수 있는 사람이 과연 몇이나 될까. 매스 미디어의 왜곡된 시선과 신중함이 없는 관점을 매스 미디어는 어느새 우리의 것, 나의 것으로 만들어 버렸다. 사대주의에 찌든 매스 미디어의 서양을 바라보는 분별 없음이, 미화된 것들이, 우리의 의식 속에 이미 자리 잡아 버렸다.

나는 매스 미디어가 제공하는, 다분히 조작되고 한심한 정보에만 볼록렌즈를 대고 보는 시선에서, 한 걸음 물러서 비판적인 생각을 가지려 한다. 부지불식간에 우리 의식을 형성해 버리는 그들의 시선에 동감하지 않으려 한다. 비판하는 자세만이 진정 바람직한 매체의 형성에 밑거름이 될 수 있으리라 믿으면서 ······.

나의 '비판적 시각'이 부담스럽다 ①

김태연 _ 국어국문학과 3학년, ktycom@hanmail.net

며칠 전에는 중간고사를 끝낸 기념으로 영화관에 가서 친구와 영화 한 편을 보기로 했다. 요즘 사람들이 모두 추천하는 영화는 『I am Sam』이었는데 이 영화를 본 사람들 중 울지 않은 사람이 거의 없을 정도였다. 대부분의 평이 영화 상영 내내 눈물을 줄줄 흘리면서 봤다는 것이어서, 오랜만에 슬픈 영화 한 편 보면서 울어보고 싶다는 생각이 든 친구와 나는, 그 영화를 보는 것으로 의견을 맞췄다. 눈물이 카타르시스를 형성하여 스트레스를 풀어준다는 것은 이미 상식이니까.

나는 유달리 영상물(TV, 비디오, 영화 등)을 보고 잘 우는 편인 데다가, 논리적이고 객관적인 눈보다는 감성적인 면이 월등하게 앞서는 사람으로 정평이 나 있기 때문에, 내가 그 슬프다는 영화를 보고 펑펑 울리라는 것은 쉽게 예상 가능한 일이었다.

그런데 친구와 오후 수업이 없는 날에 맞춰서 부푼 기대를 안고 영화를 관람하기 시작한 나는, 나의 이상한 점을 발견하기 시작했다. 뻔한 스토리에 그저 그런 연기라도 배우가 울기 시작하면 같이 통곡하기 일쑤였던 내가, 영화 속에 빠져들지 못하고 그 언저리에 서서 팔짱 끼고 거만한 태도로 영화를 관찰하고 있는 것이 아닌가!

지능이 7살밖에 되지 않는 아버지와 도망간 어머니 그리고 똘똘한 어린 딸 루시를 지켜보면서, 나는 눈물 짜내기에 아주 좋은 뻔한 소재라고 생각하고 있었다. 관객들에게 할리우드의 이미지를 바꿔 놓을 수 있는 감동을 주는 소재로 많이 쓰이는 것이 어린아이와 순수하지만 지능이 낮은 인물이지 않은가. 아버지와 딸 사이에 갈등이 시작되겠구나, 이 부근에서는 사람들이 많이 울겠다, 카메라 움직임 때문에 어지러운 걸, 연기는 꽤 괜찮네, 모성이 풍부한 여성들에게 잘 먹힐 영화야 …….

화장이 지워지는 것도 모르고 눈물 줄줄 흘리며 펑펑 우는 내 친구보다, 눈물 찔끔 흘리고 만 내가 더 부끄러워진 것은 어떤 의미였을까?

예전의 나는 유치한 방법으로 눈물이나 웃음을 강요하는 영화를 보고서도 "그냥 가슴이 아팠어, 그냥 재미있었어, 그냥 지루했어, 그냥, 그냥 ……"이라고 대답하는 스타일이었다. 조금이라도 영화에 관심이 있는 사람이 주제가 어떻고, 소재가 어떻고, 샷이 어떻고, 할리우드의 전형적인 수법이고, 영화 발전에 도움이 안 되고, 어쩌고저쩌고 옆에서 떠들어대도, 그 영화를 보고 감동을 느꼈다는 것 하나로 만족하고 그 외에는 생각하지 않으며 감동을 담아두곤 했었다. 아무리 감성이 풍부한 국어국문학 전공자라지만, 국문학에서도 꼭 필요한 비판적이고 냉철하게 판단하는 사고가 너무도 부족한 나였기 때문에, 신문방송학을 복수전공 시작한 지 몇 학기 만에 이렇게 내가 변하게 될 줄은 상상도 못했다.

처음에 신방과 수업은 참 벅차게만 다가왔었다. 유난히 영어를 많이 섞어 쓰시는 교수님들과 언제나 냉철한 사고로 요모조모 뜯어보며 질문하는 학생들의 모습은 기가 질리기에 충분했다. 이것은 사회에 어떠한 영향을 주며 어떠한 방법으로 감동을 이끌어 내고, 이 영화는 보기에는 지루하지만 역사적으로 무슨 업적을 세운 영화이기 때문에 내가 가장 아끼는 영화이고 ……·.

신문방송학을 떠난 보통 사람인 나에게는, 역사적으로 중요한 영화라 할지라도 재미가 없는 영화는 처다보지 않는 것이 당연하게 여겨졌다. 때로는 냉정해 보이는 교수님, 학생들의 모습이 징그럽고 불쌍해 보이기도 했으니까. 나는 그 영화 참 재미있고 좋은 영화로 가슴속에 담아 두었는데, 저 사람들은 영화에 빠져들지 못하고 이렇게 저렇게 따지고 재 보기에 바빴구나. 저렇게 보고도 영화 관람이 재미있을까?

그랬던 내가, 그들과 공부를 같이 하고, 점수를 잘 받기 위해서 그들의 사고와 말을 따라하고, 그 방식을 배우다 보니 똑같아진 것이다. 나는 영화를 본 것이 아니라 수업시간에 배운 할리우드의 원리를 적용시키는 작업을 하고 있었다. 포스터에서부터 의미를 따져나가기 시작해서 주제와 소재, 배우의 스타성, 연기력, 카메라 구도의 효과, 외국의 문화를 담은 외국 영화가 우리나라 사람들에게 그대로 들어왔을 때 이해 불가능한 문화의 차이, 관객들의 반응 등 배워본 것은 다 생각해 본 것 같다. 내가 두 시간여 동안 본 것은 영화가 아니라 영화와 over lap된 할리우드라 하면 맞겠다.

내가 본 신문방송학과는 그렇다. 처음 신방과를 봤을 때는 창의적이고 냉철하며 독특한 시각을 가진 대단한 사람들로 이루어진 것처럼 보였으나, 계속해서 같이 있다 보니 창의적이기보다는 그들 나름대로 형성된 일률적인 '신문방송학과적' 인 눈으로 모든 것을 바라보고 있다는 것을 느꼈다. 내가 『I am Sam』을 그렇게밖에 보지 못했던 것도 '신문방송학과적'인 시각이고 버릇이었다. 물론 신방과만이 그런 것은 아니다. 내가 속한 국어국문학과도 마찬가지다. 1학년의 눈으로 봤을 때는 아름답고 고상하고 어려운 말을 줄줄 쏟아내는 선배들이 하늘같이 높아 보이지만, 고학년이 되면 그 정도의 말은 국문과 안에 있다 보면 일률적으로 쏟아낼 수 있다는 것을 알게 된다.

이제 영화는 산업이라고들 한다. 상업주의에 물들어 비슷한 영화만을 양산하고 있는 현실에서, 그들에게 끌려 다니며 자신도 모르는 사이에 세뇌되고 이용되지 않도록 비판적인 사고는 어떤 분야에서나 필요하다.

그러나 문화는 비판적인 사고로만 이루어지는 것이 아니다. 우리는 그 안에서 인간다움을 느끼고 내가 살아 있음을 깨닫는다. 그럼으로써 제각기 다른 사람들 사이에서 공감대를 형성하고 삭막해져 가는 세상에서 따스함을 잃지 않고 살아갈 수 있는 것이다. 인간다움을 잃은 사회는 적대적일 수밖에 없다. 그 안에서 혼란을 겪고 자리를 찾지 못하는 사람들이 잇따른 패악을 저지르고 있다.

어떻게든 무언가를 비판하고 꼬집는 것만이 똑똑하고 멋있다는 생각은 버리자. 세상을 다른 각도에서 바라볼 수 있는 안목을 기르되 너무 비뚤어진 눈으로만 바라보지는 말자는 것이다. 머리만 이용하지 말고 가슴도 활짝 열자. 두꺼운 색안경을 쓰고 메말라 버린 꼬장꼬장한 눈으로 들여다보지 말고, 좀더 느긋하고 여유 있는 가슴으로 세상을 바라보며 격려하고, 때로는 지적해 줄 수 있는 우리가 되어 보는 것은 어떨까?

나의 '비판적 시각'이 부담스럽다 ②

이민중 _ 영어영문학과 98학번, lmcanna@hanmail.net

몇 해 전, 스필버그의 전쟁 대작 영화 『라이언 일병 구하기』가 국내에 상영되었을 때 인터넷을 중심으로 이곳 저곳에서 논란이 일었다. 전쟁의 참혹함을 사실적으로 그려내고 인류애를 보여준 수작이라고 평가하는 쪽과, 미국의 이데올로기가 스며든 미국적인 조잡스러운 영화일 뿐이라는 견해가 그것이었다. 하지만 평론가들의 특성상 후자 쪽에 접근하려는 글들이 신문이나 잡지 등에 많이 소개되었다.

"도대체 어떤 영화이기에 저렇게 얘기가 분분하지?" 하며 나는 영화관을 찾았다. 손에는 예의 그랬듯이 펜과 메모지를 들고서 말이다. 영화를 보며 나는 어떤 장면이 어떤 이데올로기적 냄새를 품고 있는지를 살펴보기 위해, 그리고 그런 장면이 나오면 메모를 하기 위해 긴장하며 영화를 봤다.

영화관을 나오며, 나는 메모지에 가득 적힌 글들을 보고 내가 지금 무엇을 하고 있는지 한심스러웠다. 영화를 보고 나오며 저마다 "야 재

있네" "첫 장면 정말 실감나던데" "역시 돈 많이 쓰니까 볼 만하네" 등
의 이야기를 하며 즐거워하는 다른 관객들을 보며, 뭔가 나는 내가 잘
못되어 있다는 것을 느꼈다. '나는 도대체 왜 똑같은 돈을 내고 봤는데
다른 사람들처럼 즐기지 못하고, 편안하게 감상하지 못하고, 마치 무
슨 일을 하고 나온 듯할까, 왜 이렇게 피곤하지?'

얼마 전에 서해에서 일어났던 북한과의 교전으로 아직 피어보지도
못한 젊은 영혼들이 희생되는 안타까운 일이 벌어졌다. 여러 언론사들
은 북한의 이런 도발적 행위를 비난하고 정치권의 책임을 묻는 동시에
희생된 이들의 안타까운 사연들을 보도했다. 아들의 이름을 밤새 부르
며 탈진한 어머니의 모습, 결혼 7개월째인 부인과 갓 백일이 된 딸을
두고 세상을 등진 어느 중사와 넋이 나간 그 미망인에 대한 소식, 그
와중에도 '보상'을 미끼로 유가족에게 사기를 친 사기꾼에 대한 이야
기 등, 우리의 눈물샘을 자극하고 분노케 한 소식들이 여러 매체를 통
해 전해졌다.

사람들은 삼삼오오 모이면 그 이야기를 나누며 안타까워하고 분노
했다. 하지만 나는 다른 사람들처럼 전사자들이나 그 유족에 대해 안
타까워하거나 슬퍼하지 않는 나의 모습을 발견하고는 움찔해졌다. 어
쩐지 나의 관심은 그쪽으로 쏠리지 않는 것이었다. 내가 감정이 메마
른 것일까?

그때 나의 머리를 온통 복잡하게 만든 것은 '이렇게 월드컵의 열기
가 뜨거울 때 시비를 거는 북한의 의도는 무엇일까?', '이번 참극은 정
치권의 어떤 음모가 숨어 있는 것이 아닐까?', '각 신문들이 이것을 어
떻게 이용하는지 그리고 어떻게 묘사하는지 한 번 살펴보아야겠다' 등
의 것들이었다. 나는 또 무언가 다른 사람과는 다르게 생각해야 하고
그 어떤 음모에도 빠져들지 않으며 진실(?)에 접근해야 한다는 강박관

념에도 걸려들었다.

언제부터인지 나에게 미디어는 분석의 대상이 되어버렸고 거짓의 집합체 이상의 것이 아니게 되었다. 아이들 사이에 인기 있는 만화를 보면 '저것의 인기 비결은 무엇일까?', 재미있다는 드라마를 보면 '저 드라마가 시청자들의 관심을 끄는 이유는 뭘까? 그들에게 미칠 영향들은 이런 것들이 있겠구나', 신문들의 사설을 보면 '또 뻔히 보이는 수작을 부리고 있네' 등등의 생각으로, 나는 뭔가를 대단히 많이 알고 있다는 듯 그것들과 떨어지기를 시도한다.

나는 '매스 미디어' 학도가 아니다. 그저 그쪽에 관심이 조금 있어 그것에 관련되는 교양과목과 그와 연관된 수업을 조금 받았고 지금 받고 있을 뿐이다. 하지만 아이로니컬하게도 내가 그런 수업을 받으면 받을수록 매스 미디어는 나의 적이 되어간다. 그 수업들은 매스 미디어는 못 믿을 존재라는 것을 각인시켜 주며 그것과 멀리 떨어질 수 있는 방법들을 가르쳐 준다. 전공수업뿐 아니라 교양과목으로 개설된 수업에서도 매스 미디어와 친숙하게 지내는 방법이라든지 그것을 이용하는 방법 등은 외면된다.

나의 위와 같은 태도는 바로 그런 이유로 나타난 것일까. 물론 그런 이유일 수도 있겠지만 전적으로 그런 거 같진 않다. 위와 관련된 수업을 받기도 전에 나의 이상스런 징후들은 생겨났기 때문이다. 그건 전적으로 나의 매스 미디어 받아들이기의 문제인 것 같다.

매스 미디어를 접하면 접할수록 나의 세상에 대한 '불신감'과 '냉소'는 정비례하여, 아니 그보다 더 커지는 듯하다. 휴대폰을 가지고 깔깔대며 재밌어하는 귀여운 동생들을 보며, '저 장사 속내가 가득한 거대한 괴물들에게 농락 당하면서 저러고들 있구나' 하는 생각이, 먼저 머릿속을 장악해 버린다. 이웃을 도와주는 따뜻한 사람들의 모습을 담은 신문 속의 사진을 보면서는 '세상은 아직 살 만하구나' 하는 생각 대신, '저 사람이 무슨 꿍꿍이가 있는 거지' 하는 생각이 먼저 머릿속을 가득 채워 그들의 모습이 역겨워진다.

　매스 미디어는 우리의 삶을 윤택하게 하는 데 있어 많은 도움을 준다. 많은 정보를 제공하며 즐거운 시간을 가져다 주기도 한다. 물론 음모로 포장된 많은 것들이 있을 수 있다. 그러나 그것 때문에 매스 미디어가 나에게 전달하는 유용한 것까지 포기하는 것은 나의 손해다. 이제는 그것들이 가져다 주는 웃음과 안락함을 맘껏 즐겨 보고 싶다.

　나도 이젠 다른 대다수의 사람들처럼-멋진 영화를 보고는 즐길 만한 여유를 갖고, 슬픈 소식을 접하면 슬퍼하고, 분노할 기사가 나오면 분노하는-매스 미디어의 책략(?)에 모른 척 빠져들고 싶다.(물론 내가 전문가들처럼 식견이 있어서 무언가를 딱, 정확하게 짚어내는 눈을 가진 건 아니다. 나는 그저 그렇게 하려는 내 태도가 이젠 싫어진 것이다.) 누군가는 그런 행위는 멍청한 행위이며 방관자적 자세라고 비난할지도 모르겠다. 하지만 이젠 정말 피곤하고, 뭔가를 삐뚤어지게 바라보는 그런 태도가, 이젠 나의 인간관계에서도 그러는 거 같아 무섭기도 하다.

'해석'에 대한 혼란과 고민

김민정 _ 부산대 철학과 3학년, mongolxx@hanmail.net

　얼마 전 『오아시스』를 보고, 이창동 감독의 다른 영화가 보고 싶어져 예전에 보았던 『박하사탕』을 다시 보았다. 그 구성이나 이야기가 흥미롭고 의미 있게 다가오긴 했지만 왠지 영화를 다 이해하지 못한 느낌이었다. 그래서 인터넷을 뒤져 영화평을 읽어보고는 하나하나 기억을 다시 더듬고, 생각하고, 의미를 부여해보니, 영화를 전체적으로 다시 이해하게 되었다. 많은 부분에 있어 특히 매스 미디어를 수용하고 비판할 때, 권위 있는 사람들의 해석이 나의 이해에 많은 영향을 끼침을 느낀다. 때로는 문학이나 미디어의 지나친 해석이 오히려 부작용을 낳는 것도 같다. 내가 매스 미디어를 수용하는 데 있어 전문가들의 비평은 어떤 영향을 끼치는 걸까?

　영화 잡지에 실린 비평이나 영화 전문 프로그램의 비평은, 내가 영화를 보지 않고도 그 작품의 의미에 대해, 본 사람보다 더 잘 이야기할 수 있게 해준다. 때론 내가 본 영화일지라도, 나는 전혀 생각지 못한 의미나 가치들을 평론가들은 그 속에서 찾아내어, 나를 당황하게 한다. 어쩌면 영화감독이 의도하지 않은 것조차 평론가들은 찾아내고 해석하는지도 모른다. 작품을 만든 사람과 해석하는 사람 중 누가 더 잘 이해하는가의 문제를 떠나, 어쨌든 그런 비평을 접하게 될 경우 나는 개인적으로 약간의 씁쓸함을 느낀다. 왜 저런 걸 생각하지 못했는지 때론 나의 감상 능력, 비평 능력에 실망하기도 하면서 말이다.

그러나 냉정히 생각해 보면 이건 주객이 전도된 양상이다. 그냥 각자의 입장에서 작품을 이해하면 된다. 그것이 자신에게 어떤 느낌으로 다가왔다면 그것으로 끝내도 되고, 아니면 다른 이들과 얘기하면서 서로의 느낌을 공유해도 된다. 그러나 비평가들의 글은 작품의 해석에 있어 마치 하나의 답을 제시하는 듯하다. 그리고 그것을 읽고 나면, 나도 작품을 보면서 똑같은 생각을 해야 할 것만 같다. 작품의 해석이라는 것은 작품에 대한 이해를 바탕으로 내가 하면 되는 것인데, 작품을 만든 사람들보다 더 작품의 의미를 많이 알아내려는 비평가들, 혹은 더 많은 의미를 부여하는 비평가들의 해석이 어느 순간 나의 이해를 지배해 버리는 느낌을 받는다.

그 느낌은 아주 불쾌하지만, 그들의 이야기는 너무나 설득력이 있기에 혹은 내가 그 전문가들을 능가할 만한 비판 능력을 갖추지 못했기에, 나는 그들이 제시하는 길로 영화를 감상하게 되는 일을 자주 겪곤 하는 것이다. 몇 번인가 그러지 말아야겠다는 생각에 아무 생각 없이 작품을 보고, 내 느낌만을 간직하며 영화 감상을 끝냈다. 그러다가도 우연히 영화 잡지의 영화평을 보게 되면, 또다시 내가 느끼지 못한 평론가들의 평가에 맞추어, 다른 의미들을 찾으려는 시도를 하곤 하는 나 자신을 발견한다. 물론 때로는 나의 의견과 다름을 발견하고 독자적인 견해로 그들의 평론을 비판하기도 하지만, 여전히 많은 부분에 있어서 그들의 해석은 나의 이해를 지배한다.

신문을 평가함에 있어서도 그리 다르지 않다. 신문의 평가에 있어서 나는 때론 지나친 혼란을 겪는데, 얼마 전 대학생 설문조사 결과 학생들은 『한겨레』를 가장 신임하는 것으로 드러났다고 한다. 나도 그렇게 설문조사에 응했다. 그런데 내가 어떻게 그런 생각을 가지게 되었던 걸까? 물론 신문을 읽다 보면 느낌이 생긴다. 이 신문은 지나치게 주관적인 것 같구나, 혹은 이 신문은 누구의 이익을 대변하는 것 같구나 등등. 그러나 단지 단편적인 기사를 통한 느낌이 아니라 전체적인 신문을 비판할 때, 내게 가장 많은 영향을 미치는 것은 이른바 내가 지식인이라 생각하는, 혹은 사회의 깨어 있는 세력들이 지식인이라 평가하는 사람들의 글이다.

언론학도가 아닌 내가 매스 미디어를 항상 비판적으로 바라볼 수는 없다. 보통 사람들을 기준으로 생각해 보아도, 사람들이 한 사건에 대해 세 가지 정도의 신문을 펼쳐 놓고 각 신문의 주장에 대해 평가하는 일은 하지 않을 것 같다. 물론 전공 특성상 현실과 가장 가까이 있어야 한다는 것을 생각하면서도, 나는 나의 사고가 사변적·초월적으로 흐르고 있음을 느낀다. 어쩌면 나는 막연히 세상의 큰 틀에 대한 고민만을 가지고 사는 건지도 모르겠다. 그러나 어쨌든 나는 언론을 전체적으로 평가하는 데 나의 많은 시간을 투자할 필요가 없음을 느낀다.

그래서인지는 몰라도 나는 신문을 평가하는 데 있어, 지나치게 권위자들의 생각을 좇아가고 있지는 않은가 하는 불안감이 있다. 그들은 그 분야의 전문가이고, 사회를 보고 매체를 논하는 것이 그들의 주된 일이다. 당연히 단지 세상 정보를 알기 위해서 신문을 펼치고, 그냥 단순히 기사를 읽고 잠시 생각하고 마는 나의 비판 능력과는 확연히 다를 것이다. 물론 나 또한 어떤 사건이나 매체에 대해 글을 쓰고, 그것이 많은 사람들에게 읽힌다면, 내 글은 좀더 논리성과 타당성을 갖출 수도 있을 것이다. 그러나 대부분의 경우 나는 미디어를 단지 수용하는 입장이기에 논리적인 전문가들, 비평가들의 글에 설득당하고 매료되고 마는 것이다.

내가 여러 신문 중에 『한겨레』를 읽고 그 신문을 선택하게 된 데는, 스스로 신문들을 읽고 평가한 것도 있겠지만, 사회의 여론이 나를 그렇게 만들어 버린 것 같다. 특히 내가 믿을 만하다고 평가한 지식인들의 신문에 대한 평가가 나를 그렇게 만든 것이다.

여기서 나의 불안감은 발생하는 것이다. 그래도 대학생이다. 학생운동으로 대학 시절을 보내고 있진 않지만, 사회를 바르게 보려고 하며 정의로운 사회에 보탬이 되고 싶은 대학생이다. 사르트르의 『지식인을 위한 변명』이 나에겐 감동 그 자체였으며 그러한 지식인이 되기를 꿈꾸는 대학생이다. 그런데 그런 나 자신이 미디어 평가에 있어 지나치게 권위자들을 따르고 있는 것이다. 아직은 나의 능력이 모자라 그런 것일 수도 있다. 그러나 세월이 흐른다고 해도, 그 일이 주업인 그들의 사고를 혹은 비판 능력을 따라갈 수 있을지 의문이다. 어쩌면 세월이 흘러, 사는 데 쫓기게 된다면 더욱 그럴지도 모른다.

요즘과 같이 많은 음모론이 존재하는 사회에, 내가 믿는 지식인들이 언제까지나 흔들리지 않고 좋은 생각, 올바른 판단을 내리기만을 기대해야만 하는 것인가. 그들도 사람인 이상 많은 유혹이 있을 수 있고, 잘못된 판단을 내릴 수도 있다. 때로는 그들의 잘못된 견해, 그렇지만 논리적인 견해에 내가 같이 따라가게 되지는 않을지 걱정이 되는 것이다.

요즘은 정말 해석이 너무나 많다. 전문가들의 매체나 문학에 대한 해석은 이제 나의 이해에 도움이 되는 것이 아니라, 때로는 나의 사고

를 지배해 버리고 때로는 나를 너무 혼란스럽게 한다. 날이 갈수록 번
창하는 영화와 언론매체를 전문가가 아닌 내가 제대로 평가하기가 어
려움을 느낀다. 그렇다고 단지 즐기고 끝내기에는 허전하고 찜찜한 생
각이 든다. 현재로서는 나의 매체 비평과 이해의 중심에 내가 아닌 전
문가들의 수많은 해석이 버티고 있음을 인정한다. 그것은 지식인이 되
고픈 한 명의 대학생으로서 때론 불쾌한 일이지만, 현재로서는 거부할
수 없는 일임을 느끼게 된다.

'비판적 시각'을 어떻게 소화할 것인가?

강준만

나는 학생들의 리포트를 읽으면서 일부 학생들에게 일종의 '교훈 강박증' 또는 '모범생 멘탈리티'가 있는 게 아닌가 하는 생각이 들었다. 자신의 미디어 이용 생활을 긍정적으로 잘 이야기하다가 끝에 가선 꼭 교훈적이거나 당위적인 말을 하는 게 아닌가. 예컨대, 다음과 같은 종류의 말이다.

"우리는 단 하루도 대중문화와 떨어져서 지낼 수 없기 때문에 대중문화를 주체적인 시각으로 수용하는 것이 절실히 필요하다. 우리의 주체적이고 비판적인 시각이 확립될 때 수준 높은 대중문화가 성립될 수 있으며 더 나아가 세계 정상의 자리에 우뚝 설 수 있는 발판이 마련되는 기회도 주어질 것이다."

나는 그럴 필요 없는데 ……, 하는 생각이 들었다. 혹 내가 강의 중 비판적인 말을 너무 많이 해서 그런 건 아닌가 하고 자책하기까지 했다. 그러나 분명히 말해두지만, 나는 대중매체와 대중문화를 그냥 즐기는 것에 대해 아무런 거부감이나 저항감을 갖고 있지 않다. 다만 대중의 소비 행태에 대해 거시적인 맥락을 부여해가면서 분석을 하는 것이 비판적으로 들릴 수도 있겠지만, 그것과 일상적 삶에서의 실천(쾌락 추구)은 별개일 수 있다는 것이 나의 생각이다.

나의 이런 생각을 비판할 사람들도 있을 수 있겠지만, 나는 금욕주의자가 아니며, 금욕주의자와 쾌락주의자 둘 가운데 굳이 하나를 택하라면 후자를 택하련다. 나는 '실용'과 '쾌락'에 열려 있는 사람이다. 아무래도 내가 지난해 1월에 썼던 〈'실용'과 '쾌락'〉이라는 제목의 글을 여기에 소개하는 걸로, 나의 입장을 분명히 밝혀두는 게 좋겠다. 다음과 같다.

장사를 잘한다는 출판사들이 내놓는 베스트셀러를 살펴보면 한 가지 공통점이 눈에 띈다. '실용'과 '쾌락'이다. 늘 출판계 흐름을 날카롭게 꿰뚫어보는 한국출판마케팅연구소 한기호 소장은 앞으로도 생존과 성장 가능성이 가장 큰 영역이 바로 '실용'과 '쾌락' 시장이라고 말한다. 근대적인 의미의 독자층은 이미 해체된 지 오래이며 오늘날의 독자들은 소비자에 가깝기 때문이라는 것이다. 충분히 공감이 가는 주장이다.

신문도 다를 게 없다. 신문 독자는 드물다. 주로 신문 소비자만 있을 뿐이다. 소비자는 양심과 정의를 따지지 않는다. 소비자에게 중요한 건 '실용'과 '쾌락'이다. 부도덕하고 파렴치하고 몰상식한 짓을 많이 저지른 신문들이 잘 팔리는 이유도 바로 여기에 있다. '실용'과 '쾌락' 서비스는 자본력이 강한 신문이 비교적 더 잘 제공해줄 수 있으며 자본력은 양심과 정의의 실천과 무관하기 때문이다.

너무 비관적인 생각 아니냐고 꾸짖을 분들이 있을지도 모르겠다. 그러나 이건 '비관-낙관'의 문제가 아니다. 우리가 처해 있는 현실을 있는 그대로 보자는 것일 뿐이다. 언론개혁 운동은 '실용'과 '쾌락'의 가치를 전면 부정하는 건 아니지만 그러한 서비스를 추구하자고 주장하지는 않으며 때로 그러한 가치를 폄하하기도 한다.

그래서 언론개혁 운동은 본의는 아닐망정 결과적으로 '실용'과 '쾌락'에 대한 저항 운동의 성격마저 갖게 된다. 언론개혁 운동이 일정 수준까진 성공할 수 있어도 널리 파급되기 어려운 이유가 바로 여기에 있다.

'실용'과 '쾌락'을 적극적으로 껴안고 그걸 이용하는 언론개혁 운동은 불가능한가? 불가능하진 않다. 문제는 내부의 우려와 그에 따른 반발이다. 개혁 대상은 자기들의 이익을 위해 적극적인 '타락'을 시도하는 반면 개혁을 외치는 사람들은 '타락'의 소지가 처음부터 배제된 '모범답안'에만 충실하다. 개혁을 외치는 사람들이 깨끗해서 좋긴 하나 승리하긴 어렵다.

참으로 외람되나 내 이야기를 잠깐 해보겠다. 나는 처음 만나는 분들로부터 거의 예외 없이 듣는 이야기가 있다. 글과 사람이 너무 다르다는 것이다. 그 다른 점을 몇 가지 열거해보면 다음과 같은 것들이다.

사람이 무게가 있을 줄 알았는데 무게가 너무 없다. 사나울 줄 알았는데 어리숙해 보이기까지 한다. 심각하고 근엄할 줄 알았는데 웃음이 너무 헤프다. 외곬수일 줄 알았는데 오히려 너무 활짝 열려 있어서 문제다.

나는 그런 이야기를 들을 때마다 내 글에 문제가 있다는 생각을 하게 된다. 일상적 삶에서 누구 못지않게 '실용'과 '쾌락'에 열려 있고 그걸 꽤 실천하는 내가 '금욕적인 투사'처럼 보였다면, 그런 이미지는 내 글의 독자들에게 언론개혁을 위한 노력에 참여하는 데 부정적인 영향을 줄 수 있지 않을까? 그래서 내가 언젠가 '사랑'과 '섹스'마저 언론개혁 메시지를 포장하기 위한 용도로 팔아먹자고 주장했을 때, 일부 네티즌들이 '속았다'고 나를 비난하는 글을 올렸던 걸까?

물론 나는 그런 오해를 감당할 길이 없어 나의 주장을 실천에 옮기는 걸 포기하고 말았다. 나는 이 글에 대해서도 비난을 퍼붓는 네티즌들이 적지 않을 것이라는 걸 잘 알기에 이 글을 쓰기까지 적잖이 망설였지만, 모든 사람들이 흡족하게 생각할 '모범답안' 으론 승리하기 어렵다는 문제의식 쪽으로 기울고 말았다.

나는 무슨 개혁이건 개혁을 외치는 사람들이 '실용' 과 '쾌락' 을 포용해야 한다고 생각한다. 총체적 부패구조를 자랑하는 현 상황에서 겨우 '상식' 을 실현해 보자는 일이 무슨 대단한 일이나 되는 것처럼 보이게 만드는 건 현명하지 않다. 물론 이건 나 자신의 반성문이기도 하다.

위와 같은 나의 입장을 전제로 하여, 이제 미디어를 그냥 즐기지 못하고 늘 분석과 비판의 대상으로 삼는 버릇 또는 이른바 '비판적 시각' 에 대해 내 생각을 말씀드리고 싶다. 어느 학생은 그런 버릇이나 시각을 '신문방송학과적' 인 눈이라고 했는데, 나로선 반은 동의하고 반은 동의하지 못하겠다. 미디어에 대해서 그런 건 맞지만, 그 누구건 자신의 전공 분야에 대해선 그런 성향을 갖고 있다는 뜻이다.

예컨대, 소설이나 시는 어떨까? 신문방송학도는 그건 자기 전공 분야가 아니기 때문에 그냥 즐기려 들겠지만, 문학도는 좀 다르지 않을까? 신문방송학과 학생이 국문학과나 영문학과 과목을 수강하게 되면, 그냥 즐기면 될 문학 텍스트를 이리저리 분석하고 해체하려는 시도를 하는 것에 대해, 의아하거나 불편하게 생각하지 않을까?

철학은 어떨까? 철학에 관심도 소양도 없는 신문방송학도가 보기엔, '참 별 것도 아닌 걸 갖고 고민 되게 하네!' 라는 생각을 하게 되진 않을까? 미디어만 해도 눈에 보이는 거다. 그러나 철학은 눈에 보이지 않는 걸 많이 다룬다. '그냥 살면 되지, 왜 그렇게 어렵게 따지려 드는 걸까?' 라는 생각도 하게 되지 않을까?

어느 분야나 다 마찬가지인데, 다만 신문방송학의 경우엔 미디어가 우리의 일상적 삶에 워낙 크고 깊숙이 자리하고 있는 데다, 그것이 우리가 즐기는 쾌락의 주요 공급원인 탓에, 미디어를 따지고 분석하는 행태와 관련해 밉보이게 된 건 아닐까? 그건 마치 한국 정치판에 나타나는 문제가 다른 분야에도 다 존재하는 건데, 미디어가 정치를 워낙 많이 다루고 사람들 역시 정치가 중요하다는 이유로 정치에 관심을 집중시키기 때문에, 정치가 필요 이상으로 더 많은 욕을 먹게 되는 것과 비슷한 이치가 아닐까?

나는 무엇에건 '비판적 시각'을 갖게 되는 것에 대한 부담은, '공적 영역과 사적 영역' 그리고 '이성 영역과 감성 영역'에 대한 구분을 잘하지 못한 데에서 비롯된 것이라 믿는다. 앞서 소개된 몇몇 학생들이 토로한 부담과 저항감은 과도기적 진통으로 이해한다. 무슨 말인가?

평소 '비판적 시각'을 키워가면서도 미디어 그 자체를 즐기는 건 얼마든지 가능하거니와, 남들에게 이른바 '티'를 낸다거나 거부감을 주는 언행은 얼마든지 스스로 통제할 수 있다는 뜻이다. 이건 나 역시 과도기적 진통 또는 혼란을 경험한 사람이기 때문에 자신 있게 말할 수 있다. 즉, 처음엔 모든 걸 분석과 비판의 대상으로 삼으려는 과잉 의욕을 갖게 되지만(이건 당연하거니와 바람직한 면도 있다) 어느 정도의 수준이나 경지에 이르게 되면, '비판적 시각'을 견지하면서도 자신의 취향에 따라 미디어에 빠져들어 즐기는 게 얼마든지 가능해진다는 말이다.(흉볼 사람들도 있겠지만, 나는 TV 드라마를 시청하다가도 가끔 눈물을 흘리곤 한다. 최근엔 유선방송에서 다시 틀어주는 『피아노』를 보다가 몇 번 눈물을 짰다.)

남성 산부인과 의사나 성형외과 의사는 여성의 육체를 보통 사람들과 다른 시각으로 바라볼 수밖에 없는 직업적 애환이 있을 수도 있겠지만, 그렇다고 해서 그들에게 사랑하는 여성의 육체적 매력에 대한 감수성마저 없을 거라고 볼 수 있겠는가?

즐기는 데에 방해가 되거나 남들이 나를 어떻게 볼까 하는 것이 염려돼, '비판적 시각' 자체를 갖지 않으려 하거나 그걸 죽일 필요는 없다는 것이 나의 생각이다. '비판적 시각'은 '공적 영역'인 동시에 '이성의 영역'인 반면, 미디어를 스스로 즐기고 남에게 거부감을 주지 않는 언행을 보이는 건 '사적 영역'인 동시에 '감성의 영역'이다. 그 두 가지 영역 사이의 조화를 이루는 건 그리 어렵지 않다.

어느 분야에서건 나이가 꽤 먹어서도 그러한 조화를 이루지 못한 채, 공사의 구분은 물론 이성-감성의 구분을 하지 않거나 못한 채, 1년 365일 하루 24시간 내내 매사를 분석과 비판의 대상으로 삼으려는 사람이 극소수나마 전혀 없는 건 아니다. 솔직히 나부터 그런 사람들이 불쌍하다는 생각이 들곤 한다.

우리는 가끔 '먼저 인간이 돼라!'는 말을 듣곤 한다. 나는 이 말을 싫어한다. 한국의 연고주의·정실주의·권위주의 문화를 정당화하기 위한 용도로 오·남용되는 경우가 너무 많기 때문이다. 하급자가 상급자에게 정당한 이의 제기를 하는데 기껏 한다는 말이, "먼저 어른을 알아보는 인간이 돼라!"면 동의할 수 있겠는가? 그러나 그런 오·남용의 경우를 배제하고 순수한 의미에서 말하자면, 나는 '먼저 인간이 돼라'는 말에 전적으로 동의한다.

아무리 '비판적 시각'이 뛰어나다 해도 좋은 인간성이 결여돼 있으면 그건 없느니만 못하다. 좋은 인간성의 요소는 무엇인가? 우선 겸손해야 한다. 혼자 잘난 척하지 말아야 한다. 자기가 이 세상에서 제일 똑똑하다고 믿거나 믿고 싶어하는 독선과 오만을 버려야 한다. 자신의 과오는 과감히 인정할 줄 알고 잘못된 게 있으면 즉시 사과해야 한다.

남의 기분과 아픔을 배려할 줄 알아야 한다. '솔직'을 빙자하여 함부로 '무례'를 저지르면 안 된다.

자, 그런 인간성을 갖고 있는 사람이 '비판적인 시각'을 갖고 그걸 키운다 하여 무슨 문제가 되겠는가? 문제는 인간성이지, '비판적 시각' 그 자체는 아니다. 우리 모두 '비판적 시각'을 왕성하게 키우는 동시에 좋은 인간성을 갖기 위해 노력해보자.

그리고 이젠 이미 진부한 말이 되고 말았지만, 이성적으론 비관적이고 부정적인 시각을 가질망정 감성적으론 낙관적이고 긍정적인 사고방식을 갖고 행동에 옮겨 보자. 그건 얼마든지 가능한 일이다. 대한민국 사회에서 정직하게 살아선 부자가 되긴 어렵다는 이성적 판단을 하면서도, 나는 피땀 흘려 열심히 일해야겠다는 각오를 다지면서 '나는 할 수 있다'는 식으로 감성 파워를 키우는 게 무슨 모순이 된단 말인가?

내가 앞서 소개했던 '글과 사람이 다르다'는 이야기도 그런 관점에서 이해할 수 있지 않을까? 내 입으로 말하긴 좀 멋쩍지만 내가 개인적으로 자주 듣는 다음과 같은 이야기는, 내가 여태까지 말씀드린, 겉보기에 상호 이질적인 것들의 '조화'를 내가 잘 해내고 있다는 증거가 아니겠느냐고 말한다면, 지나친 걸까?

> 사람이 무게가 있을 줄 알았는데 무게가 너무 없다. 사나울 줄 알았는데 어리숙해 보이기까지 한다. 심각하고 근엄할 줄 알았는데 웃음이 너무 헤프다. 외곬수일 줄 알았는데 오히려 너무 활짝 열려 있어서 문제다.

외람되나, 나는 학생들이 나를 본 받아도 큰일날 것 없다고 믿는다.

MBC 『미디어비평』에 대해 [1]

강 준 만

'올해의 좋은 프로그램, 나쁜 프로그램'이라는 게 있다. 지난 95년부터 해마다 신문의 방송 담당 기자들이 선정한다. 교양 부문에서 '올해의 나쁜 프로그램' 3위로 꼽힌 프로그램을 보고 나는 내 눈을 의심했다. MBC 『미디어비평』이었기 때문이다.

모든 부문을 통틀어 '올해의 좋은 프로그램'을 딱 하나만 들라면 서슴없이 『미디어비평』을 들고 싶은 나로서는 놀라지 않을 수 없었다. 우선 내가 왜 『미디어비평』을 '올해의 가장 좋은 프로그램'으로 생각하는지에 대해 말해 보겠다.

한국 방송의 가장 큰 문제는 무엇인가? 나는 '소신의 결여'라고 생각한다. '안전 제일주의'나 '무사 안일주의'라는 말로 표현할 수도 있겠다. 방송이 물불을 가리지 않고 용감한 건 오직 시청률 경쟁을 할 때

---

1) 이 글은 『한국일보』 2003년 1월 14일자에 기고했던 칼럼을 재활용하여 늘려 쓴 것입니다.

뿐이다. 무엇이 옳고 바람직한가? 이 질문은 잊은 지 오래다.

사람들은 개혁적인 마인드를 가진 인물이 방송사 사장으로 임명되면 방송이 크게 달라질 것처럼 생각하지만, 그건 큰 오해다. 지난 수십 년 간 누적되고 고착된 방송사 내부의 냉소주의 문화는 한두 사람의 리더십으로 바꾸기엔 너무도 완강하다. 방송인들 스스로 들고 일어서지 않는 한 한국 방송의 큰 변화는 기대하기 어렵다.

그런 점에서 『미디어비평』은 기적과 같은 프로그램이다. 신문들에게 아쉬운 소리를 해가면서 신문을 프로그램 홍보 매체로 이용해온 방송이 감히 신문을 비평한다? 그건 상상조차 하기 어려운 일이었다. 그래서 『미디어비평』은 지금도 방송사 '밖' 보다는 '안' 에서의 반대와 냉소에 더 시달리고 있다.

나는 『미디어비평』 제작팀이 미친 사람들이 아닌가 생각했다. 많은 사람들로부터 좋은 소리 들어가며 편하게 지낼 수도 있을 텐데, 왜 그렇게 어렵고 괴로운 길을 스스로 선택한 걸까? 비평만 해왔을 뿐 비평을 받아본 적이 없는 신문 기자들의 반발과 적대감도 만만치 않을 텐데, 그걸 어떻게 감당하려는 걸까?

결국 나의 우려는 기우(杞憂)가 아님이 밝혀졌다. 『미디어비평』이 '올해의 나쁜 프로그램' 이라지 않는가. 방송 담당 기자 37명 가운데 17명만이 설문에 응했으며, 모 일간지의 기자 2명만이 『미디어비평』을 '올해의 나쁜 프로그램' 으로 꼽은 결과가 그렇게 나타난 것이라고 하니, 무슨 의미를 부여할 일은 아니다. 그러나 그런 어이없는 결과를 그대로 발표한 방송기자단의 과오는 면책될 수 없으리라 믿는다.

『미디어비평』에 그 어떤 문제가 있다 해도, 이 프로그램은 여태까지 신문들이 집중적으로 비판해온 방송의 '시청률 지상주의' 풍토에 도전해, '생각하는 방송' 으로 거듭나자는 취지로 태어난 것임을 그 누가 부인할 수 있으랴. 시청자들의 공정한 심판을 받기 위해서라도 MBC는 『미디어비평』에 더 많은 예산과 인력을 지원하는 동시에 편성을 주시청 시간대로 옮기는 결단을 내릴 걸 촉구한다.

나는 일부 방송 담당 기자들에겐 제발 비판받는 훈련을 해보자는 말씀을 드리고 싶다. 이건 내 이야기이기도 하다. 나는 월간 『인물과 사상』 2003년 1월호에 쓴 〈인물비평, 어떻게 볼 것인가?: 비판받는 훈련이 필요하다〉는 제목의 글에서 다음과 같이 말한 바 있다.

"지식인들은 다른 분야의 종사자들에 비해 비판에 대해 더 열려 있을 것 같지만, 실상은 전혀 그렇지 않다. 바로 위와 같은 이유 때문에 그들은 비판은 잘 하지만 비판을 받는 것엔 대단히 무능하다. 나는 나 자신을 통해 내가 비판받는 훈련을 전혀 해보지 못했다는 걸 깨닫게 되었다. 내가 좀 심한 경우일 수는 있어도, 나만 그런 건 아닐 게다. 지식인들은 대통령이 쓴소리를 듣지 않는 게 문제라는 비판을 자주 하지만, 그걸 자기 자신에게 적용시켜 볼 생각은 꿈에도 하지 않는 경향이 강하다. 내가 또 하나 깨닫게 된 건, 비판은 늘 정확할 수는 없으며 정확하다 하더라도 그걸 깨닫는 데엔 시간이 꽤 걸린다는 사실이다. 그래서 우리는 그 어떤 비판이건 비판과 더불어 살아가는 법을 배워야 한다는 것이 나의 생각이다. 모든 지식인들이 다 그래야 한다는 게 아니다. 적어도 대중에게 영향을 미칠 수 있는 사회적 발언을 왕성하게 하는 지식인들의 경우엔, 자신의 발언에 대해 책임을 진다는 의미에서도 그런 자세를 가져야 한다는 것이다. 그런 필요성을 깨닫게 되면 부당한 비판을 받더라도, 그걸 무난하게 소화해 낼 수 있는 능력이 길러질 것이다. 그런 훈련을 좀 해보자는 것이다. 상처받지 않을 수 있게끔 감수성을 둔감하게 만들자는 이야기가 아니다. 진정한 의미의 겸손과 상호 소통의 습속을 배우고 실천해 보자는 것이다."

나는 기자들의 경우에 교수들 못지 않게, 아니 어쩌면 그 이상으로 비판받는 훈련이 돼 있지 않을 것이라고 생각한다. 한국의 언론사라는 게 대체적으로 누구로부터 비판을 받으면 보복 조치를 취하는 데에만 매우 능하다. 자기들이 하는 보도와 논평이 늘 정확도 100%를 자랑하는 건 아니라는 걸 잘 알고 있고, 그건 불가피한 점이 있다고 강변하면서도, 자기들이 비판을 받는 것에 대해선 도무지 역지사지(易地思之)를 하지 않는 것이다. 입사시부터 그렇게 길들여진 기자들이 MBC의 『미디어비평』을 감내하지 못하는 건 너무도 당연한 일인지 모른다.

지면을 통해 상호 논쟁을 하면 안 되는가? 혹 비판이 타당하기 때문에 할 말이 없는 건 아닌가? 혹 "우리에게 아쉬운 소리를 해야 할 너희들이 감히 우릴 비판해?"라는 식의 오만한 발상 때문에 그러는 건 아닌가? 우리 제발 그러지 말자. 비판은 쌍방향이어야 한다. 오직 나만 비판하겠다는 일방통행식 비판은 하지 않느니만 못하다.

제7장
지방 언론의 현실과 전망

지방 신문? 그런 신문도 있어?

정태안 _ 법학과 98학번, jungmean@hotmail.com

'가족 또는 주변 친지들을 대상으로 특정 신문을 구독하는 이유 또는 지방 신문을 구독하지 않는 이유를 심층적으로, 집요하게 인터뷰해 그걸 근거로 리포트를 써 보라.'

이 리포트를 통해 교수님이 바라는 것은 무엇일까 나름대로 고민해 본 결과, 특정 신문에 관해서는 아마도 나 또는 주변 사람들이 왜 이 신문을 보고 있는가 한 번 생각해 보라는 뜻인 것 같고, 지방 신문에 대해서는 왜 지방 신문이 활성화되고 있지 못한가에 대한 물음이 아니었을까 하는 결론을 내려보았다. 다음 내용은 나의 부모님과 동생 그리고 같이 공부하고 있는 법학과 98학번 교우들을 대상으로 인터뷰를 하고, 이를 근거로 나름대로 해석한 것임을 밝혀 둔다.

인터뷰를 한다고 하니 막상 어떤 방식으로 해야할 것인가가 상당한 고민이었다. 서면으로 하면 좀더 정리된 생각들을 알 수 있지 않을까 하는 생각도 했지만, 다른 한편으론 평소 가지고 있던 생각들을 편하게 적기보다 당위적인 말들만 나열하지 않을까 하는 생각이 들어, 그냥 일상의 대화에 섞어 편하게 물어보는 방식을 취했다.

우리 가족은 내가 군대 갔다오기 전까지 『조선일보』를 보았다. 나름대로 고등학교 시절 책 읽기를 좋아하고 정치에도 조금은 관심 있었던 나였지만, 대부분 내 주변 우리 또래 고등학생들은 언론 문제에 대해선 잘 알지 못했고 관심도 없었던 것 같다. 내가 처음으로, ‘내가 『조선일보』란 신문을 보고 있구나’ 하고 느낀 것은 대학에 와서 언론 문제에 관심이 많았던 선배의 영향 때문이었다. 적극적으로 나서지는 않았지만 나름대로 충격을 받고, 적어도 우리 집에서 보고 있는 신문만은 바꿔봐야지 하는 맘에 부모님을 설득하려 했지만, 열정이 부족해서인지 잘 되지 않았다.

당시를 돌아보면 부모님은 별 다른 논리는 없었던 것 같다. 나는 『한겨레』로 바꾸고자 했는데, 부모님께서는 소위 조중동(『조선』『중앙』『동아』) 외에 다른 신문은 모두 『교차로』나 『벼룩신문』쯤으로 여기는 것 같았다. 몇 차례 얘기해 보다가 실패하고는 한동안 잊고 지내다가, 나는 군대에 가게 되었다. 제대하고 나서 복학하기까지 시간이 조금 많아진 터에, 신문을 자세히 보다 보니 도저히 견디기 어려워 나는 다시 투쟁에 나서게 되었다. 결국에는 『한겨레』로 바꾸게 되었는데, 지금 생각해도 조중동이 아니라는 상징적 이유에서 『한겨레』였지, 특별히 『한겨레』에 매력을 느끼고 좋아해서 바꿨다는 생각은 들지 않는다.

이번 리포트를 맞아 부모님께 다시 한 번 여쭈어 보았다. 왜 『조선일보』를 보게 되었느냐는 질문부터 시작했는데, 언제부터 봤는지 왜 봤는지는 잘 기억하지 못했다. 아마도 이사 오면 으레 들어오는 공짜 신문으로 시작하지 않았나 싶다. 부모님은 직업이 사무직이 아니기 때문인지 신문을 자세히 보시지는 않는다. 1면에 난 기사, 매스컴에서 시끄럽게 떠들어대는 이슈 정도를 찾아보는 것 같다. 한마디로 신문에 별 관심이 없으시다. 말씀을 그대로 빌리자면 "신문에서 밥이 나오냐 떡이 나오냐" 하시는 식이다.

다음 질문으로 넘어갈 수도 없었다. 왜, 어떤 신문을 보는가에 특별한 이유가 없었기 때문이다. 그냥 남들 보니까 부담 없이 하나 정도 가끔 읽을거리도 있으니까 본다는 식이다. 부모님을 상대로 왜 어떤 신문은 안 되고, 어떤 신문은 이렇고 하며 이러쿵저러쿵하는 것이 우습게 느껴져 버렸다.

지금 법학과에 같이 다니고 있는 친구들에게 어떤 신문을 보고 있는가에 대해 물어보았는데, 오히려 부모님을 인터뷰할 때보다 더 큰 충격을 받았다. 그도 그럴 것이 부모님과는 평소 대화를 통해 대충 어떤 식으로 생각하시는구나 짐작할 수 있었고, 또 별반 다르지 않은 결론이 나온 데 반해 친구들의 경우는 정말 놀라운 대답이 나왔다.

순창이 고향인 한 친구는 어떤 신문을 왜 보느냐는 질문에, "우리 집은 신문 본 적이 없는데 ……' 하고 대답해 나를 충격 속에 빠뜨렸다. 친구의 생활 수준을 볼 때 신문 하나 못 볼 정도는 결코 아니건만, 더구나 부모님이 장사를 하신다는데 신문을 여태껏 구독한 적이 없다니 ……. 친구는 학교 고시반에 있는데 고시반에는 『한겨레』와 『중앙일보』가 와서 그것을 보고 있다고 했다. 그리고 대학 와서는 아무래도 신문에 대한 말들을 많이 들어서인지, 정확히 이유는 알지 못하지만 『조선일보』에 대해 좋지 않은 감정을 가지고 있었고, 『한겨레』를 위주로 보고 있다고 했다.

친구와의 대화를 통해서 다시 한 번 느낀 것이지만, 때로 내가 정말 중요하다고 느끼고 있는 문제들이 다른 사람들에겐 별 의미가 없을 수도 있다는 생각이 들었다. 특히 신문과 같은 문제에 대해 중요하다고 생각하고 늘 고민하고 연구하는 사람이 있는 반면, 그냥 단순히 심심풀이로 느끼고 별 필요를 못 느끼는 사람도 많다는 것을 알게 되었다.

다음으로는 지방 신문의 문제인데, 인터뷰에 앞서 나 스스로 지방 신문에 대해 얼마나 알고 있는가 돌아보니 부끄럽게 생각하지 않을 수 없었다. 언젠가 학교 학생회 편지함에 꽂혀 있던 『전북일보』를 보고, 이런 신문도 있구나 하는 정도로만 지나쳤지 한 번도 구독해 볼 생각은 하지 않은 내가, 다른 사람들에게 지방 신문을 왜 보지 않는지 혹은 지방 신문에 대해 얼마나 알고 있는지 물을 자격은 없는 것 같다.

그러나 반대로 생각해 보면 어차피 신문이 다른 잡지들과 마찬가지로 가벼운 읽을거리가 되어버린 마당에, 오늘날 지방 신문은 지방 신문이란 허울 좋은 이름아래 그 스스로 인기 있는 신문이 되기를 포기해버린 건 아닌지 ……. 구독자 수는 그렇다 치더라도 대다수 지방 사람들이 이름조차 모르고 있다면 마케팅의 실패 외에는 다른 말이 필요 없을 듯하다. 언젠가 스치듯 보았던 지방 신문은, 지방 신문으로서 특색이 있었다기보다는 어설프게 중앙지를 모방하고, 아무리 생각해도 기자와 친분관계가 있을 것 같은 지방 공무원들을 홍보하는 기사를 싣고 있었다.

지방 신문에 대해 어떻게 생각하느냐는 질문에 부모님은 그런 것도 있느냐는 반응이었다. 생활정보지보다도 홍보를 못하는 신문이 바로 지방 신문인 것이었다. 지방 신문에 대해 모르고 있는데 지방 신문을 왜 보지 않는가는 이미 질문이 될 수 없었다.

같은 질문에 친구도 별반 다른 대답은 없었다. 학생회실 같은데 한 번씩 꽂혀 있는 걸 본 게 고작이고, 읽어 본 친구들도 거의 없었을 뿐더러 아예 모르는 친구도 많았고, 본 적이 있는 친구들도 한결같이 볼 것이 없다는 반응이 주류였다. 왜 보지 않는가에 대해서는, 모르기 때문에 혹은 볼 것이 없기 때문에 라는 대답이 대부분이었다. 이쯤에서 교수님이 주신 질문을 다시 한 번 돌아보았다.

어떻게 하면 지방 신문을 활성화시킬 수 있을 것인가? 이번 인터뷰를 통해 느낀 것을 정리하면서, 왜 볼 것이 없다는 대답이 많을까 하는 의문이 가장 컸는데, 그 이유는 바로 지방 신문만의 뭔가가 없기 때문이 아닐까 생각된다. 어차피 신문사 규모나 기자 수, 투하되는 자본이 훨씬 부족한 바에야 어설프게 중앙지 흉내를 내며 중앙지에서 이미 무수히 다루고 있는 주제들을 다룰 일이 아니다. 중앙지에서 세세하게 다루지 못하는 지역의 중요한 문제만 골라서 심도 있게 다뤄보면 어떨까 하는 것이 나의 생각이다

또한 어설프게 공짜로 관공서나 상가에 신문 나눠줄 생각일랑 말고, 차라리 그 돈으로 사람을 사서 홍보를 하든지 광고를 해서, 좀더 많은 사람에게 지방 신문의 필요성과 지방지의 존재를 알려야 한다는 게 나의 생각이다. 적어도 내 주변의 사람들은 지방 신문의 존재 자체를 거의 모르고 있다고 해도 과언이 아니었다. 이런 사람들에게 지방 신문에 대해 말을 꺼내는 것 자체가 우스운 일이다.

전문가, 즉 신문으로 밥 먹고 사는 사람이 아니라면 대부분 한 개 이상의 신문은 보지 않는다. 그런 상황에서 지방 신문이 아무리 외쳐봐야 아무도 돌아보지 않는다. 중앙 신문과는 또다른 어떤 것을 보여주지 않는 이상 지방 신문은 더 이상 발전할 수 없다는 것이, 이번 인터뷰를 통해 내리게 된 나의 결론이다.

지방에 살면서 서울을 생각하는 사람들

이정은 _ 영어영문학과 1학년, tj-city282@hanmail.net

지역 신문은 지방의 발전을 위해서 없어서는 안 될 중요한 매개체이다. 그 지역의 적극적인 여론 형성과 비판과 참여를 유도하는 역할을 지역 언론이 하기 때문이다. 지역의 소식과 정보를 그 지역의 실정에 맞도록 만들어 독자들이 정보를 습득할 수 있도록 해주고, 의견의 교류를 통해 지역 정책과 그 바탕을 스스로 변화시키고 결정할 수 있게 해준다.

그런데 지금 우리 지역 신문에 대한 사람들의 인식은 '있어도 그만 없어도 그만'이라는 식의 위험한 경지에 이르러 있다. 솔직히 말하기 부끄럽지만 글을 쓰고 있는 나 또한 적어도 이 보고서를 작성하기 전까지는, 지역신문에 대한 관심은커녕 심지어 지방 방송에서 방송을 내보낸다면 짜증을 내기 바빴다. 그러나 이번 기회를 통해 지역 사회에 한층 더 많은 관심을 보일 수 있는 의지를 가지게 되길 소망한다.

이 보고서를 쓰기 위해서 인터뷰 방식으로는 인터넷 메신저를 선택했다. 첫 번째 질문 대상은 같은 과 선배이고, 두 번째 대상으로는 자주 가는 팬 사이트 사람들인데 타지역 사람들의 인식을 알아보고 싶어서 그냥 짧은 질문에 답하는 식으로 했다. 총 대상 인원은 4명이다.

먼저 첫 번째로 같은 과 선배를 인터뷰한 내용인데, 약간의 수정(아이디, 글 배열 방식, 맞춤법의 수정과 처음의 인사말 생략)을 제외하고는 그대로 옮겨 놓았다.

- 질문: 어느 신문을 보시나요?
- 선배: 『세계일보』
- 질문: 『세계일보』를 보시는 이유가 있다면?
- 선배: 부모님이 보시니까. 사실 난 인터넷 신문을 봐. 『딴지일보』
    같은 거. 그게 훨씬 보기도 편하고 더 솔직해서 나랑 성향이
    맞거든.
- 질문: 그럼 지방 신문은 안 보시나요?
- 선배: 어 구래. 안 봐.
- 질문: 안 보는 이유가 있나요?
- 선배: 아직 소비자가 될 수 없는 나이잖아.
- 질문: 그렇다면 부모님께서는 지방 신문을 왜 안 보신다고 생각하
    세요?
- 선배: 부모님은 옛날 분이잖아. TV를 통해 지방 소식을 아는 거
    에 만족하시는 것 같아.
- 질문: 아, 그렇다면 TV를 보면요, 지역 방송에서 하는 방송은 자
    주 보나요?
- 선배: 지역 방송은 좀 회피하게 돼.
- 질문: 그건 어떤 이유에서 그렇다고 생각하세요?

- 선배: 우린 커다란 사건에 익숙해져 있잖아. 세계적인 사건이나 국가적인 사건 ……. 지역적인 것은 나의 관심 사항이거나 직접적으로 나에게 이익이 되는 것을 제외하고는 별 관심을 안 갖게 되는 것 같아.
- 질문: 지역 언론이 너무 지엽적인 내용상의 특징을 가진다는 말씀이시죠? 또 내게 직접적으로 이익이 되지 않는다는 건, 지역 신문이 어느 특정인들의 이익을 대변한다고 보는 건가요?
- 선배: 음~ 그래. 지금 내게 직접 와 닿지 않는 것들, 극히 지엽적이고 작은 것을 다루잖아. 커다란 것들에 관심을 두다 보니 작은 것을 봐도 아무 감흥이 없다고나 할까? 근데 특정인의 이익을 대변한다고 생각지는 않아. 그래도 지역 신문이 중앙 신문보다 비리 같은 게 덜하고 아직은 순수하다고 생각하거든.
- 질문: 지방신문을 보실 생각은 없으세요?
- 선배: 음~ 보고 싶긴 하다.
- 질문: 지방 신문을 볼 의향이 있다고 말씀하셨는데, 그 생각을 가지게 된 어떤 이유가 있으세요? 그리고 "전북에 살고 있는 지역민이 지역 신문을 더 많이 봄으로써 지역 발전을 위한 토대를 마련하여 스스로 나아갈 방향을 잡는다. 그렇기에 지역 신문을 보지 않는다면 그런 원동력은 약화될 수밖에 없다"는 의견에 대해서는 어떻게 생각하세요?
- 선배: 응. 그게 맞다고 생각해. 지금은 모든 힘이 중앙에 과다하게 집중된 경향이 있는 것 같아. 이것은 개선되어야 하는데 ……. 그러기 위해선 지역 사회가 하나가 되어야 하는데

……. 그 소임에 중요한 역할을 할 수 있고, 해야만 하는 게 (지역) 언론이라 생각해.

– 질문: 아! (질문자는 이 대답을 이론에 딱 맞는 멋진 대답이라고 생각하고 감탄함).

– 선배: 생각은 다들 아마 이렇게 할거야. 여건상 못 보는 사람들도 많고 …….

– 질문: 네. 그러면 예전에 지방 신문 봤을 때 느꼈던 점을 말씀해 주세요. 이건 참 좋네, 이건 좀 고쳤음 좋겠다 하는 거요.

– 선배: 음 ～ 흥미 있는 내용이 부족했던 것 같아.

– 질문: 흥미 있는 내용이라면 어떤 주제가 적당할까요?

– 선배: 그냥 시간 때우기 식으로 볼 수 있는 것. 영화나 연예 이야기 정도?

– 질문: 문화에 관한 내용이랑 가십거리가 부족하다는 말씀이시죠? 그러면 지금 지역 신문이 너무 딱딱한 내용만을 다루고 있다는 얘기로 해석해도 되는 건가요?

– 선배: 음, 그래. 근데 사실 그런 내용이 있다고 해도 우리 지역의 낙후된 문화생활 수준과 경제 능력을 봤을 때, 별 관심을 끌 순 없기에 그렇게 편집되어 버리는 것 같다는 생각도 들어.

– 질문: 그렇다면 지역의 문제 고발이나 지역 소식과 정보를 알리는 건 어떻다고 보시나요? 그 역할을 충실히 해내고 있다고 생각하시나요?

– 선배: 지방 신문이란 게 지면도 적은데, 대부분 지역 소식을 알리는 데 지면을 할애하는 것 같아. 그래서 이미 흥미 위주에 길들여진 일반 사람들의 관심을 끄는 데 실패했다는 생각이 들고 …….

- 질문: 네. 이 대답을 듣고 나니까 지역 신문이 살아남기 위해서는 슈퍼 신문이 되어야 그 명맥을 유지할 수 있을 거라는 생각이 드는데, 그 외에 우리 지역 신문들이 고쳐야 할 점이 있다면 또 무엇이 있을까요?

- 선배: 음, 사실 잘 모르겠는데 ……, 관심이 없었으니까. 지방 언론일수록 보수적인 것 같다는 생각이 들어. 지역의 일이라면 그저 스리슬쩍 봐주기 식으로 지나쳐 간다고나 할까?

- 질문: 그렇다면 지금 지역 신문의 개선 방향에서 필요한 것은, 진보적인 생각과 변화를 줄 수 있는 새로운 인재가 필요하다는 건가요?

- 선배: 맞아. 진보적인 성향, 그건 꼭 필요하고 그래야만 변할 수 있거든. 우린 지금 변화를 원하고 있다 …….

- 질문: 변화 ……. 그렇다면 그 외에 변화 방향이 있다면 어떤 것이 있을까요?

- 선배: 음, 근데 이게 지역 사회의 힘만으로는 안 돼. 지역 신문만 열심히 한다고 되는 게 아니지. 정부와 중앙 언론의 역할이 있어야 한다고 생각해.

- 질문: 그건 어떤 식으로 가능할까요?

- 선배: 중앙은 힘을 분산시켜 지역이 골고루 자신의 특성을 살려 발전시켜 나갈 수 있도록 유도하고 도와야 하며, 중앙 언론은 그 사이에서 자신들의 세력 확장을 위해 정신 없이 돌아다니기 전에, 그런 정부의 노력에 조금은 도움을 줘야 한다고 생각해.

두 번째 인터뷰 대상은 모두 3명인데 거주지가 각각 서울, 충남, 충북이며 나이는 20대 중·후반이다. 사이트에 질문을 올리고 그 뒤에 달리는 댓글(reply)로 대답을 들을 수가 있었다. 본 글과 댓글 중 몇 개만 뽑아서 그대로 올린다.

1. 어느 신문을 보십니까? 그 신문을 보시는 특별한 이유가 있나요?
2. 지역민 중에서 지역 신문을 보십니까?
  1) ㉮ 혹시 보신다면 그 이유는 무엇인가요? ㉯ 그리고 신문을 보면서 어떤 생각이 드시나요? ㉰ 지역 소식을 아는 데 많은 도움이 되나요? ㉱ 아쉬운 점이 있다면 무엇입니까?
  2) ㉮ 안 본다면 그 이유는 무엇인가요? ㉯ 지역민이 지역 신문을 보는 것이 지역 발전에 도움이 된다는 것에는 어떻게 생각하세요? ㉰ 또 보실 의향은 있나요?

다음은 이 글에 대한 댓글이다.

노**(충북) 2002/11/02
- 1. 『조선일보』: 「광수생각」이 있었다.
- 2. 의 ㉮ : 안 봅니다. 지역 신문 있는지도 모릅니다.
- 2. 의 ㉰ : 볼 의향이야 있죠.

이**(충남) 2002/11/02
『중앙일보』 봅니다. 지방지를 안 보게 되는 이유는, 지방지는 지방 소식 위주로 나오기에 지방 소식 말고는 그다지 얻는 게 없더라구요. 근데 중앙지는 세상 돌아가는 걸 한눈에 들어오게 하더라구요. 그래서 중앙지를 보게 됩니다. 지역민으로서 지역 신문을 보는 것이 당연하다는 말에 동의하지 않아요. 지역 신문에 중앙 신문까지 보려면 비용이 배로 듭니다. 저 같은 경우 이왕이면 중앙 신문을 보겠습니다. 중앙지에서도 지방 소식을 알 수 있거든요. 물론 지방지보다는 약하지만.

최**(서울) 2002/11/02
- 1. 『한국일보』. 특별한 이유는 없습니다
- 2. 지역 신문 안 봅니다
- 2.의 2) ㉮ : 중앙지 및 다른 매체에서 얻는 정보로도 충분하니까요.
- 2.의 2) ㉯ : 굳이 지역 신문이 아니더라도 충족이 되기 때문에 지역 신문을 꼭 봐야 한다고는 생각하지 않습니다.
- 2.의 2) ㉰ : 볼 의향은 있습니다. ^^;

나는 여러 사람들의 반응을 보면서 지역 신문을 하시는 분들의 고충이 얼마나 클지 짐작이나마 할 수 있었다. 지역에 살면서도 그 지역에 지역 신문이 있는지 없는지도 모를 정도로 홍보가 제대로 되어 있지도 않고, 지역 신문에서 얻을 수 있는 지역 사회에 대한 세세한 정보들보다 중앙지가 전해주는 대략 훑기 식의 정보를 더 선호하는 경향. 지역 신문들은 우리에게 직접 피부에 와 닿는 이야기를 해 주지 않는다는 고정관념, 그리고 똑같은 비용으로 지역 신문을 보느니 전국의 정보를 모두 아우를 수 있는 중앙지를 보자는, 최소 비용의 최대 효과(?)라는 자본주의에 젖은 생각들 ……. 어쩌면 자유 경쟁과 자본주의 시장에서 살아가는 사람들로서는 당연한 모습일지도 모른다는 생각이 든다.
　지역 언론은 지역 사회의 문제를 진단하고 그 문제를 지역 주민 스스로 해결해 나가도록 유도할 수 있을 뿐만 아니라, 우리 사회의 잘못된 편견과 왜곡된 언론 문화를 변화시키는 바탕이 되는 중요한 역할을 한다. 지역 주민의 잠자는 머리를 일깨워 지역 사회에서 벌어지는 부조리와 비효율적인 요소를 감시·비판하게 하여, 지방자치가 뿌리 깊이 튼튼하게 자리잡을 수 있게 하며 경제적·문화적 발전에도 크게 기여할 수 있다.

하지만 이런 중요한 원론적 기능에도 불구하고 지역 언론은 그 지역 주민에게서조차 인정을 받지 못하고 있는 실정이다. 이는 우리 사회가 중앙 집중적인 현상을 보이고 그 대열에 끼지 못하면 낙오자가 된다는 의식이 팽배하기 때문인 것으로 보인다.

이제 지역 언론은 모든 문제를 하나씩 해결해 나가고자 하는 의지를 키우고, 중앙 정부와 언론은 이를 뒷받침해 줄 수 있는 분산 정책을 도모해야 할 것이다. 이와 동시에 지방 독자들은 지역 언론이 왜 중요한지를 제대로 깨닫고 지역의 사건에 좀더 관심을 가지려는 자세가 필요하다. 이 삼박자가 척척 맞을 때 우리의 지역 언론은 뿌리를 깊게 내리고 주체성 있는 지역 발전에 큰 몫을 하게 될 것이라 믿는다.

지방 사람들이 지방 신문을 보지 않는 이유

김동련 _ 경영학부 2학년, kdrno1@hanmail.net

〈졸업하고 취업 준비하는 선배〉

Q: 지방 신문 보십니까?

A: 아버지가 보고 있는 것으로 알고 있다.

Q: 아버지는 어떤 지방 신문을 구독하시고 있는지 알고 있습니까?

A: 집에서 『새전북신문』을 읽고 있는 모습을 본 적이 있다.

Q: 그럼 형은 함께 읽겠네요?

A: 부끄러운 일이지만 할 일 없을 때나 읽지. 아버지도 꾸준히 읽고 있지는 못하는 것 같아 보이더라.

Q: 그럼 왜 지방지를 신청해서 보는 건데요?

A: 신문사에 아는 사람도 있고 해서 그런 거지.

Q: 지방지에 대해선 어떻게 생각 하셔요?

A: 지방지에서 지방 소식을 다루는 데 깊이가 없고, 특히 사설이 약하고, 전북이나 전주와 관련된 사항 같은 것을 심층적으로 다루

고 있지 못하고, 전체적인 기사들이 중앙지의 축소판이 되어서 지방지는 부록 같은 느낌이 들어.

Q: 지방지가 다루어야 할 점과 개선점이 무엇이라고 생각하십니까?

A: 지방지면 지방의 특색 있는 사항을 잘 알리고, 지역 여론을 조성하기도 하고, 잘못된 지방 행정에 대해선 비판도 하고, 주민들의 가려운 부분을 적시 적시에 해결해주는 센스가 필요한 게 아닐까? 예를 들어 지방 행정기관의 월별 일정이나 행사, 공약했던 사항들의 실천 여부 체크, 지방에서 일어난 사건 사고나 지역경제·물가 등, 그 지역에 거주하는 모든 사람에게 유익한 정보가 있다면 앞으로 지방지가 좀더 잘 되지 않을까 하는 생각이 든다.

〈학교 선배〉

Q: 지방 신문 보셔요?

A: 아니.

Q: 그럼 왜 지방지를 보지 않으셔요?

A: 다른 중앙지도 잘 보지 않는데 지방 소식을 다루는 지방지를 보겠어?

Q: 중앙지는 보지 않더라도 지방 소식을 다루는 지방지는 꼭 봐야 하지 않겠어요?

A: 고등학교에서도 현대에는 사회에 대한 무관심이 팽배해 있다고 배웠잖아.

Q: 형도 대학생이고 지식 계층에 들어간다 할 수 있는데, 사회에 대해 관심을 갖고 신문도 읽으면서 의식 있는 삶을 살아야 하지 않을까요?

A: 너 말에도 일리는 있는데, 다른 사람들이 모두 다 그렇게 하지

않는데 나 홀로 그런다고 해서, 과연 내가 생각하고 원하는 사회가 되고 정치가 될지는 회의적이다.

〈전북대 교수님〉

Q: 교수님 지방 신문 보셔요?

A: 왜? 뭣 때문에 물어보는데?

Q: 예 제가 듣는 강의에 필요해서 지방 신문에 대한 사람들의 생각을 인터뷰하고 있는데, 혹시 도움이 되는 말씀을 들을 수 있을까 하고요.

A: 지방지를 보긴 봐야 하는데 그렇게 하고 있진 못해.

Q: 왜요? 왜 못하고 있나요?

A: 나도 이제 주부에서 사회운동도 하고 교수로서 학생들을 가르치니까 읽어야 한다는 생각만 있고 그렇게 못하고 있네. 또 변명 같지만, 나는 학교는 전북대고 사는 곳은 전주·전북이 아니어서 정체성에도 문제가 있는 듯싶다.

Q: 네 그럴 수도 있겠네요. 그렇지만 이제부터라도 지방지를 구독하셔야죠?

A: 그래 나두 필요성을 느끼고 있으니까 구독하긴 해야지.

Q: 교수님 식사시간에 시간 빼앗아서 죄송한데요, 필요성을 느끼신다니 한 가지만 더 여쭤볼게요. 지방지의 필요성이 무엇이라고 생각하셔요?

A: 지방에서 일어나는 시사성 있는 부분에 대해 여론을 조성해서 시민운동에서 활용할 수도 있고, 지역 일은 지역 신문에서 제일 잘 알려줄 수 있지 않을까? 미안하다. 제대로 잘 답변해 주지 못해서 …….

Q: 아니에요 감사합니다. 식사 맛있게 하셔요.

내가 지방 신문을 보지 않는 이유

김호상 _ 전자정보공학부 97학번, *seglory@hanmail.net*

첫째, 번거롭다. 생각하는 것과 행동하는 것은 정말 어마어마한 차이가 있다. 분명히 머릿속으론 이해도 가고 공감도 간다. 그렇지만 능동적으로 움직이는 건 쉽지 않다. 이건 좀 딴 얘기지만, 우리 집에서 보는 신문이 내용 면에서 매우 편파적이고 정치적 성향이 짙다는 걸 안다. 하지만 아직도 바꾸지 않았다. 그걸 바꾸려면 그 신문사에 전화해서 구독 해지하고 또다른 신문사에 전화해서 구독 요청해야 한다. 내 신문 배달 경험에 의하면 구독 해지한다고 해서 지국에서 그렇게 만만히 물러나지도 않는다. 한마디로 말해서 정말 번거롭다. 컴퓨터의 마우스 한 번 움직이는 것도 많이 움직이는 게 귀찮아서 버튼을 모아 놓는 세상이다. 사람들은 이 정도의 움직임도 꺼려한다. 지방 신문을 선뜻 보지 않는 이유 중에 이런 이유도 크게 작용하는 것 같다.

둘째, 사람들이 신문을 보는 이유가 뭘까 하는 생각을 해본다. 조금 형식적이지 않나 하는 생각이 든다. 유행이라고 하면 좀 표현이 이상한 것 같고, 신문이 갖는 진짜 목적보다는 신문을 본다는 것 자체가 자신이 어느 정도 지적이고 여유 있는 생활을 영유하고 있음을 드러내기 위한 수단이 아닌가 하는 생각이 든다. 그게 우리 집이라곤 차마 말 못하겠지만, 솔직히 어떤 집은 신문 보면서 아침에 온 신문 그대로 쌓아놓는 경우도 많이 봤다. 이런 경우 굳이 신문을 볼 필요가 있을까? 텔레비전에 나오는 9시 뉴스만 봐도 충분할 것 같다.

말이 길어졌지만 이건 지방 신문을 보지 않는 중요한 이유가 된다. 누가 그런 형식적인 도구를 두 개씩이나 가지고 있으려 할까 하는 생각이 든다. 공짜로 주는 것도 아닌데 말이다. 한 집에서 한 달에 만 원이라면 싸다고 할 수도 있다. 그렇지만 필요하지 않은 물건을 산다면 아까운 느낌이 드는 것은 어쩔 수 없을 것이다.

셋째, 지방 신문은 내용이 빈약하다. 간단한 논리라고 생각된다. 구독자가 적어서 구독료뿐 아니라 광고 수입도 적을 것이고 그러다 보니 자연히 부수도 적어지고 내용도 부실해질 것이다. 이해할 수 있다. 하지만 그래서 사람들은 그 신문을 꺼리게 될 거다. 악순환이다.

넷째, 직접적으로나 간접적으로나 나에게 필요한 정보가 별로 없다. 물론 지방 정치와 지방 경제는 중요하다. 그렇지만 교수님 말씀처럼 당위적인 생각이다. 어차피 실제적으로 지방 정치와 경제가 중앙 정치와 경제에 의해서 좌우되는 시대에, 지방 정치와 경제에 관심을 가지라는 것은 도덕 수업과 다를 게 없다.

다섯째, 우리 지역은 인구가 적고 낙후된 지역이다. 자존심 상하지만 현실이다. 만약 우리 지역이 경제적으로 활성화되어 있어서 지역의 경제 변화가 사람들에게 직접적 또는 간접적이라도 좀더 큰 영향을 미치게 된다면, 사람들은 지역에 관심을 갖게 될 거다. 그렇게 되면 당연히 지역 신문도 많이 팔릴 것이고 …… . 그렇지만 현재 우리 지역에 대해선 별로 관심이 가지 않는다.

당위적인 생각은 나도 한다. 지역 도민으로서 당연히 지역에 관심을 가져야 되고, 지역 언론을 활성화시켜야 지역 발전에 이바지할 수 있다는 건 나도 안다. 하지만 이런 심리적인 압력도 위의 '다섯 개 + 알파'의 문제가 겹쳐지면, 순식간에 사라질 수 있다.

지금 쓰고 있는 글의 목적은 수용자로서 지방 신문을 보지 않는 이유에 대한 분석이다. 그렇지만 기왕 쓴 거 몇 자 더 적어본다. 어떤 해결 방안이 있을까? 그런 고민하느라 원형탈모증까지 걸렸다는 교수님만큼은 아니지만 정말 열심히 고민해 보았다. 결국 내 머릿속에서 나온 결론은 하나다. 우리 지역이 돈을 많이 벌면 모든 문제가 해결된다.

어떻게든 지역 신문 살려보려 노력하는 교수님껜 좀 죄송하지만 그 방법 외엔 떠오르는 게 없다. 지역 경제가 좀 활성화되어서 규모가 커지게 되면 인구도 늘어날 것이고 자치기구도 힘을 얻을 것이다. 그러면 사람들이 우리 지역에 관심을 많이 갖게 될 거고, 그렇게 되면 자연히 우리 지역 신문도 많이 팔리게 될 것이다. 사람들은 장식용, 대인 이미지 홍보용 신문이 아닌, 기능적인 신문으로서 지역 신문을 보게 될 거다.

지역 신문이 외면받는 일곱 가지 이유

전성우 _ 농업경제학과 1학년, i-sangwoo@hanmail.net

우리 지역 신문이 환영받지 못하는 이유는 무엇일까? 왜 구독자가 없는 것일까? 가장 큰 이유는 아마도 지역에 대한 무관심이 아닐까 한다. 그렇다고 해서 지역 신문이 면책될 수 있는 건 아니다. 지역 신문들의 문제점에는 무엇이 있는가.

첫 번째로 지역 신문의 문제점은 재미가 없다는 것이다. 다른 신문에 비해 흥미성이 떨어지기 때문에 지역 신문에 관심이 없는 것이다. 신문을 왜 보는가? 시간을 때우기 위해서 신문을 보는 경우가 다반사라는 걸 인정해야 한다. 하지만 우리 지역 신문에선 재미를 얻기 힘들다. 기껏해야 지역의 문화재 설명 정도로 그치기 때문에 시간 때우기를 위한 것이 부족하다.

두 번째로 중앙지에 비해 잘 알려져 있지 않다는 점을 들 수 있다. 지역 신문을 아는지 다른 사람들에게 물어봐도 다 모른다고 한다. 신문을 널리 알리려는 노력조차 하지 않는 게 아닌가? 지역 신문이 자기

신문을 선전하는 걸 본 적이 없다. 어린 나이라서 못 본 것이라고 하자. 다른 사람들 즉 부모님이나 대학 선배들 그리고 주위에 있는 어른과 친구들에게 우리 지역 신문을 물어보면, 단 하나의 신문을 말하고 심지어는 지역 신문이 무엇이냐고 물을 정도로, 사람들에게 지역 신문에 대한 인식은 아예 없다.

세 번째로 중앙지를 포함하여 신문들이 너무 많다는 것도 문제다. 선택의 폭이 워낙 넓기 때문에, 우선 당장 지면에서부터 열악한 지역 신문엔 눈길이 가지 않는 것이다. 경제적으로도 2개 이상의 신문을 보는 것은 웬만한 가정에선 어려운 일이다.

네 번째로 우리 지역 신문의 관심이 너무 농촌에 치중돼 있다는 것도 문제일 것이다. 농촌 인구보다는 도시 인구가 많거니와 신문은 농촌 사람들보다 도시 사람들이 더 많이 본다. 그러기 때문에 그만큼 도시에 대한 많은 정보가 있어야 하는데, 우리 지역의 1차 산업 비중이 큰 탓인지 농촌 기사가 너무 많은 것 같다. 농촌을 크게 다루는 게 나쁘다는 것은 아니다. 문제는 구독자들이 그런 정보를 많이 필요로 하지 않기 때문에 보지 않게 되고, 보지 않음으로써 지역 신문들이 더 큰 문제에 봉착하게 되는 악순환에 처하게 되는 게 아니냐는 것이다.

다섯 번째로 사람들의 인식의 문제가 있다. 서울 쪽, 즉 넓은 지역에 관심을 두면 자신이 시대를 따라가는 것처럼 인식하고, 지역 신문을 보면 시대에 뒤쳐지는 사람처럼 생각하기 때문에 지역 신문을 보지 않는 것이다.

여섯 번째로 중앙에 있는 신문들이 지역별로 지역 정보를 따로 보도하기 때문에, 지역 신문이 꼭 필요한 것이 아니라는 인식이 만만치 않게 퍼져 있다는 점이다. 만약 중앙지가 중앙 즉 서울 쪽 정보만 내놓는다면 사람들은 지역 신문의 필요성을 느끼게 될 것이다.

일곱 번째로 정보의 속도다. 중앙지는 빠르다. 보통의 지역 신문에
비해 정치·경제 부분에서 빠르게 돌아간다. 하지만 지역 신문에서 이
슈가 되어진 건 비교적 오래 지속된다. 사람들은 한 정보에 대해 지속
적인 것보다 여러 정보를 빠르게 많이 얻는 걸 좋아하는 것 같다.

지방에 사는 아픔과 서러움

문미영 _ 경영학부 1학년, baummmy@hotmail.com

첫 번째 리포트를 쓰려고 참 많은 고민을 했다. 평소엔 그냥 받아들이기만 했지 매스 미디어가 나에게 미치는 영향 같은 건 전혀 생각해 본 적이 없었기 때문이다. 내 생각을 쓴다는 것 자체도 부담이 됐다. 감상문을 제외하곤 여태까지 내가 써온 숙제나 리포트는, 죄다 인터넷에서 자료를 뽑거나 도서관에서 이 책 저 책 뒤져 짜깁기한 것이었기 때문이다. 그것도 나름대로 티 안 나게 잘 짜깁기해서 많은 양의 A4 용지를 채우면 친구들 사이에서 능력 좋은 애, 공부 잘하는 애라는 생각까지 하게 만들었다.

내 생각을 써야 한다는 것은 역시 어려운 일이라는 생각이 든다. 우선 가장 편하게 말을 꺼낼 수 있는 엄마와 인터뷰를 했다.

나　：엄마 왜 우리 집은 『동아일보』 봐?
엄마：왜긴 왜여 거기서 전화기 줬으니까 그렇지. 2개월도 공짜로

넣어주고. 1년 보기로 했는데 아직 6개월 남았어. 6개월 지나
면 또 다른 거 준다는데 봐야지.

나　：근다고 덥석 신문 바꾸는 게 어딨대? 한 개 봤으면 끈덕지게
　　　계속 봐야지. 자존심을 지켜야 할거 아녀!!

엄마：내가 나 위해서 그러냐? 니네들 키우는 데 어떻게 해서든지
　　　돈 아낄라고 그러지. 이놈들이 즈그들 위해서 나는 이거 아끼
　　　고 저거 아끼고 그러는데 말하는 거 하고는!!

나　：그럼 아예 보지 않으면 되잖아.

엄마：아, 다 너 위해서 그런 거 아녀. 작년에 너 대학 들어갈 때 논
　　　술시험 본다고 사설 읽어야 된다며!!

나　：지금은 대학생 됐잖아. 사설 안 읽어도 돼. 인터넷에 다 나와.

엄마：말을 해도 못 알아듣네. 작년에 1년 보기로 약속 해놔서 그거
　　　마저 채워야 된다니까.

나　：알았어 알았어. 그럼 왜 『전북일보』 같은 건 안 봐?

엄마：야, 너 저리 가. 엄마 일하는 데 방해하지 말고. 돈 없어서 못
　　　본다니까, 계속 했던 말 또 하고 또 하게 하네.

나　：신문이 그렇게 비싸? 한 달에 만원 쯤 넘잖아. 우리 집에 그
　　　정도 돈도 없어?

엄마：다 너희들 위해서 그렇지. 괜히 수도세 아끼고 전기세 아끼고
　　　그러냐? 한 푼 두 푼 아껴서, 니 동생들 대학도 보내고 너 시
　　　집도 보내야지. 나중에 너 돈 많이 벌면 나한테 『한겨레』 신
　　　문도 넣어주고 『전북일보』도 넣어주고 해라.

특정 신문이 특별히 더 좋고 더 나빠서가 아니라, 그저 돈 때문에
『동아일보』를 보고 『전북일보』를 못 본다는 엄마한테 더 이상 물어볼

게 없었다. 더 물어봤자 나만 더 미안해질 것 같았다. 이건 특별히 우리 엄마한테만 적용되는 게 아닐 것 같다. 우리나라에 있는 많은 서민층 어머니 아버지들은 자식들 위해서 자전거 주는 데, 돈 깎아 주는 데, 공짜로 많이 넣어주는 데를 찾아다닐 수밖에 없다는 생각이 든다. 또 신문사들도 그걸 노리고서 그런 정책을 쓰는 것 같다.

이번엔 인터넷 메신저로 친구한테 물어봤다.

나　: xx야. 니네 집 무슨 신문 보냐?

친구 : 신문 안 봐. 누나랑 자취하는데 웬 신문..^^;;.. 차라리 인터넷으로 보겠당.. 우리 동아리서 『한겨레』는 보는데.^^;;;

나　: 그럼 세상 돌아가는 거는 어떻게 아냐?

친구 : 텔레비전 보구..^^;;.. 동아리서 가끔씩 『한겨레』도 읽고.. 친구 기다리다가.. 게시판에 있는 신문도 읽구.. 친구들한테도 듣구.. 복합적인데..^^;;

나　: 너 그럼 신문 자주 읽어?

친구 : 아니.. 솔직히 뉴스나 신문 본 지 겁나게 오래됐어.__; 요즘엔 누가 뭘 하든 나 먹고살기두 바쁘다 ㅋㅋㅋ

나　: 그래도 나름대로 대학생인데 사회에 대해서 관심을 좀 가져야겠다는 생각은 안 들어?

친구 : 글쎄.. 나도 그래야 할꺼 같긴 한데, 막상 시간도 없다야. 언제 신문 보고 있어__;

나　: 근데 왜 니네 동아리에선 『한겨레』 보냐? 다른 신문도 많잖아.

친구 : 예비역 선배들이 보니까 그렇지..^^ 글고 『한겨레』 봐야 좀 멋있어 보이지 않냐?

나　　: 멋있어 보여?

친구 : 몰라.. 그냥 그렇게 보인다고..『조선일보』보면 욕 먹잖아＿
　　　＿+ 참 얼마 전에 신문 본 건데.. 서울지역 대학생들 설문조
　　　사 했는데 1위가『한겨레』였대.『조선일보』점점 떨어진다던
　　　데?

나　　: 그럼 왜『한겨레』만 보고『전북일보』같은 건 안 보냐?

친구 : 나도 거기까진 잘 모르겠다.^^;; 근데 그거 가끔 학교 앞에 있
　　　지 않냐?

　학교 앞에서 나눠주지 않느냐고 물어보는 걸 봐서는, 그 친구는 너
무 관심이 없는 나머지『전북일보』와『전북대신문』을 혼동했던 것 같
다. 똑같은 경우는 아니지만 몇 명 물어본 친구들 대부분이 이런 식으
로 대답했다.

　주위 사람들에게 신문에 대해 물어보면서 많이 실망했다. 그래도 나
름대로 지식 있는 대학생인데 신문은 그렇다 치고, 세상 돌아가는 일
에 대해서도 관심을 갖는 사람이 정말 적었기 때문이다. 오히려 물어
보는 내가 다 민망했다. 신문을 읽고 정치에 대해서 조금이나마 관심
있는 내가 거꾸로 고리타분하고 이상한 애처럼 돼버렸다. 몇몇 친구들
한테 물어봤지만 인터뷰가 제대로 안 되는 것 같아, 우선 내 자신이 생
각하고 있는 것부터 정리를 해야겠다는 생각에 스스로 인터뷰를 했다.

　내가 어떤 신문을 보는 게 좋겠다고 자각하기 전에 우리 집은 벌써
『동아일보』를 보고 있었다.『동아일보』만 본 것도 아니다. 내 기억에
나 초등학교 다닐 때는 가입 선물로 유리컵을 줬던『경향신문』도 봤고,
이것저것 서너 가지는 번갈아 가면서 본 것 같다. 경품 준다고 할 때마
다, 몇 달씩 공짜로 넣어준다고 할 때마다, 우리 집 신문은 항상 바뀌

었다. 언젠가 『한겨레』가 자전거를 준다면 우리 집 신문은 『한겨레』가 될지도 모르겠다.

　엄마가 1년 보기로 약속했기 때문에 그 기간을 채워야 한다고 했을 때, 사람이 한 약속이고 또 돈이 걸려 있으니까 당연히 1년을 채워야 하는 줄 알았다. 그런데 얼마 전에 미리 계약을 했어도 끊을 수 있는 방법이 있다는 것을 알게 되었다. 엄마한테 말해서 끊어야지 했는데 귀찮기도 하고 해서 아직까지 미루고 있다. 이제는 맘먹고 끊어야겠다.

　내가 지역 신문을 보지 않는 이유. 작년에 수능 보고서 대학 입학 등록하기 직전까지 고민을 많이 했다. 이대로 전주에 주저앉아야 할까? 하는 생각 ……. 나뿐만 아니라 지방의 수험생이라면 누구나 다 그런 고민을 했을 것이다. 벌써 1년 가까이 다녔는데도 아직까지 그런 미련을 못 버렸다. 외국으로 어학연수라도 가야겠다는 것, 대학원은 서울로 가야겠다는 것, 전주에서 어떻게든 벗어나야겠다는 생각이 있기 때문에 지역 신문은 더더욱 못 보겠다. 단순히 신문 하나를 더 본다고 생각할 수도 있지만, 신문을 봄으로써 지방에 관심을 갖게 되고 이대로 눌러앉아 버려야겠다는 생각을 하게 될까봐 두렵다.

　지방에서 성공한다는 것은 전문직-의사, 교수-말고는 너무 힘들고 가능성도 거의 없다는 말을 주위에서 많이 듣는다. 월급도 적고, 작은 공간 안에서 작은 꿈 키우다가 이름 없이 죽게 될까봐 두렵다. 물론 서울 가서 공부하거나 서울에서 산다고 다 잘 되는 게 아니라는 건 알지만, 그래도 서울이 지방에 비해서 기회와 얻을 수 있는 정보가 많고 사고의 폭도 더 넓어질 거라는 생각, 거기다 지방에 산다는 피해의식까지 겹쳐서 지방에 더더욱 관심을 갖지 않으려고 노력하게 된다. 아니, 관심 갖게 되는 걸 경계하고 있다고 해야 할까?

신문 안 보는 이유를 말하면서 이렇게까지 비약할 필요는 없겠지만, 나-뿐만 아니라 지방의 대학생들-는 언젠가 전주를 뜰 사람이라는 생각을 하기 때문에, 지방보다는 서울 쪽에 관심을 갖게 되고 이것이 신문 구독에까지 영향을 미치는 것 같다.

매스컴과 이 사회에 대해서 지대한 관심을 갖는 사람을 제외한 보통 사람들이라면 집에 신문 한 개면 충분하다. 돈 문제뿐만 아니고 두 개까지 보기엔 바쁜 현대사회에서 시간도 없고, 또 그럴 필요성 자체를 못 느끼기 때문이다. 이왕 보는 거 서울에서 나오는 큰 신문을 봐야겠다는 생각을 하게 되고, 또 관심을 갖지 않으면 지방 신문은 왠지 공짜로 어디서 나올 것 같은, 돈주고 보기엔 아까운 신문이라는 생각도 하게 된다.

며칠 전에 SBS에서 '서울사랑축제'를 하는 걸 봤다. 요즘 인기 있는 가수들은 전부 나오고, 이정현이 MC 보는 화려한 특집방송을 보면서 또 한 번 씁쓸한 생각이 들었다. HI SEOUL이라는 슬로건까지 내걸고, 돈 많이 들여서 가수들 많이 나오게 하고, 화려한 폭죽 터뜨리고 ……. 외국인이 본다면 '서울=한국'이라는 생각을 갖게 할 정도였다. 방송 중간 중간에 '내가 서울을 좋아하는 이유'라는 코너를 만들어, 월드컵으로 하나 된 도시 최첨단 도시라고 각인을 시켜줬다. 다른 쇼 프로는 잘만 자르더니, 왜 서울축제는 전주까지 내려보내는지 ……. 이것도 내 괜한 피해의식이었을까.

리포트를 쓰면서 아직까지 부러움과 피해의식에 시달리고 있는 나 자신을 느꼈다. 하지만 지역 신문을 본다는 건 작은 틀 안에 나를 끼워 넣는 것이라는 생각이 들고, 우물 안 개구리가 될 거라는 생각이 드는 것. 정확한 이유나 근거도 없이 '왠지'라는 변명을 하는 건 나만의 탓은 아닌 것 같다. 아니 탓이라기보다는 지역 신문의 스스로의 생존을 위한 노력이 없었기 때문이라고 말하고 싶다. 리포트를 쓰면서 직접 전북 지역 신문을 보고 싶어서, 진짜 신문은 못 보고 인터넷에 들어가 봤는데, 평소 내 생각과는 다르게 중앙지에서 다루는 우리나라 전체 현안들도 다 있었다. 나는 그저 전주시에 무슨 일이 있었는지, 전주와 군산이 왜 싸우는지, 그런 것만 있을 줄 알았는데 …….

내 나름대로 내린 결론은 지역 신문이 한 달 정도 집집마다 공짜로 신문을 넣어줘서, 지역민들로 하여금 지역 신문이 중앙지에 비해 꼭 뒤떨어지거나 좁은 문제만을 다루는 건 아니라는 생각을 갖게 해야 한다는 것이다. 예산이 부족한 것은 도나 시 차원에서 우리 지역 살리기 운동의 일환으로 받아들여 지원해줘야 한다.

내가 너무 쉽게 생각하는 것일까? 지역 신문을 본다고 어디다 말하는 것이 부끄럽지 않도록, 어디 면접 보러 가서 전주 출신이라는 것이 부끄럽거나 마이너스 요인이 되지 않을까 걱정하지 않도록, 지방이 활성화 됐으면 좋겠다.

지방 신문의 발전을 위한 제언

최지은 _ 의예과 1학년, jieun2002-y@hanmail.net

수업시간에 교수님께서 자주, 지방 신문을 무조건 나쁘게 보고 보지도 않으면서 욕만 할 게 아니라, 보면서 비판하여야 할 게 아니냐고 하셨던 말이 생각난다. 맞는 말이라고 생각한다. 하지만 이를 실천하기는 어찌 보면 아주 쉬운 일인 듯싶으면서도-구독료가 큰 부담이 되는 것은 아니니까-잘 안 되는 것이 사실이다.

예전에 우리 집에서는 『호남신문』이라는 지방 신문과 『중앙일보』를 함께 구독하였다. 하지만 지금은 『동아일보』 하나만 보고 있다. 예전에 수업시간에 조사해 보았듯이 지방 신문을 보고 있는 집은 거의 없는데다가, 그나마 인맥 등에 의해 어쩔 수 없이 구독하고 있는 것이 사실이다. 우리 집에서도 그 지방 신문을 본 이유가, 그 신문이 아빠가 근무하시는 학교 재단과 관련된 기업에서 발행한 것이기 때문이었으니까. 만약 그런 이유가 아니었다면 아마 구독하지 않았을 것이다.

아무튼 두 신문을 함께 보다 보니 자연스럽게 그 둘을 비교할 수 있는 좋은 기회도 되었다. 물론 그 두 신문이 전국의 수많은 지방 신문과 『조선』『중앙』『동아』로 대표되는 중앙 신문을 완벽히 대표한다고 볼 수는 없겠지만, 이 두 신문을 비교하여 사람들이 지방 신문을 구독하지 않으려는 이유에 대해 생각해 보고, 그에 따른 지방 신문이 나가야 할 발전적 방향에 관해 서술하고자 한다.

첫째, 무엇보다도 두 신문은 지면의 양 즉, 발간되는 지면수에서부터 차이를 보이고 있었다. 먼저 『중앙일보』는 매일 발간되는 신문의 지면수가 지방 신문에 비해 거의 2배 이상(일반적으로 32면 이상으로 발간) 되다 보니, 그 안에 실린 기사 내용이 상대적으로 다양하고 보다 자세하였다. 즉 여러 방면에 걸쳐 기사 내용이 실려 있어서 내가 원하는 지면만을 선별하여 볼 수 있었다.

하지만 그 지방 신문은 발간되는 지면수가 16면 정도이다 보니 지방 기사를 다룬 부분을 제외하고는 별로 읽을 만한 내용이 없었다. 지방 신문이다 보니 광고의 양도 더 적고, 좋은 광고주를 만나는 것이 용이하지 않아서인지는 모르나 광고도 거의 같은 것이 반복적으로 실리고 있었다.

이와 같이 중앙 신문과 지방 신문 간에는 지면수에서부터 큰 차이가 있음에도 불구하고 월정 구독료는 각각 8,000원과 10,000원으로 별로 차이가 없었다. 즉 지방 신문은 지면수에 비해 상대적으로 비싸다는 단점도 가지고 있다. 물론 양적인 측면에서 떨어진다고 구독료가 적어야 되는 것은 아니지만 그래도 일반적인 관점에서는 그렇다는 말이다. 따라서 적은 지면이라도 알차게 꾸미고 채운다면 질적 측면에서는 경쟁력이 있을 것이며 양적 측면에서의 열세 또한 만회할 수 있을 것이다.

둘째, 신문의 내용 구성상에서 차이를 보이고 있었다. 『중앙일보』는 외국의 신문들과 마찬가지로 크게 정치·사회면, 경제면, 문화 및 스포츠면 등 세 가지 섹션으로 나누어져 있어서, 보고 싶은 부분부터 먼저 펼쳐 읽어보기 편하였고, 펼쳤을 때 읽고 싶다는 느낌을 받을 수 있도록 구성 또한 깔끔하게 디자인되어 있었다.

그러나 이에 비해 그 지방 신문은 단순한 구성에 왠지 딱딱해 보이고, 활자체 또한 읽기 편하지 않을 뿐 아니라 지루하기까지 해 보였다. 그래서 난 항상 『중앙일보』만 보았고 아빠만 지방 신문을 읽던 기억이 난다. 따라서 지방 신문 나름대로의 독창성 및 참신성 있는 지면 구성과 활자체의 개발 등이 이루어진다면 경쟁력이 있을 거라고 여겨진다.

셋째, 지방 신문은 기사 내용의 발췌 및 전개가 다소 지방 편협적이어서 신문의 사명 중 하나인 공정성이나 개연성이 떨어졌다. 물론 일부 측면에서는 이러한 태도가 오히려 지방 신문의 특징이랄 수도 있지만, 전국화 세계화되어 가는 세상에서 받아들이기 곤란한 경우도 자주 나타났다. 전국과 지방의 관계가 지역 간의 관계로 재정립되어 가고 있는 시점에서, 이러한 지방화는 지역화로 변화되어야 하며 지방 신문도 이러한 추세에 충실히 따라야 할 것이다.

넷째, 지방 신문이면 당연히 갖추어야 할 조건인 지방 신문으로서의 특성이 부족하였다. 지방 나름대로 보다 구체적이고 보다 세부적이며 정확한 입장에서, 그 지방에서 발생한 기사를 취재하고 작성하여야 함에도 불구하고, 신문을 구성하고 있는 대부분의 기사 내용은 연합뉴스로부터 받은 것이었다. 그런 현실에서는 지방 신문이 성장하는 데에 한계가 있으며 존재 이유조차도 찾기 어려울 것이다.

이를 극복하기 위해서는 쉽지는 않겠지만 유능한 기자의 확보와 함께, 경영진과 제작진 모두가 사명감을 가지고 신문 제작에 정진하는 자세 확립이 먼저 이루어져야 할 것이다. 아울러 지역 여건에 가장 적

합한 주제나 사건을 중심으로 공정하고 신속하게 취재하고 기사를 작성하는 것부터 시작하여, 지역의 현안 사업이나 문제점들을 해결하고 극복하기 위한 사업을 꾸준히 전개하여 간다면 다소 희망은 있다고 보여진다.

　다섯째, 기사 내용에 대한 신뢰가 떨어지고 사주의 이익을 대변하는 역할이 강조되고 있다는 느낌이 들었다. 물론 이익을 추구하려는 신문의 특성상 사주의 이익이 대변되는 것은 당연할 것이다. 하지만 대부분의 신문 사주가 그 지방 기업체의 사장을 겸직하고 있는 현실 속에서는, 신문의 사설이나 기사 내용이 공정하게 쓰여지고 있다고 이야기하기에는 다소 무리가 있다.

　실제로 일부 지방 신문의 경우에는 그러한 목적을 위해 설립된 경우도 있다는 말을 들었다. 그렇다면 이것은 매우 큰 문제이며 무엇인가 지각변동이 이뤄져야 하는 건 아닌지 모르겠다. 개인이나 사기업체의 이익을 위해 신문사를 소유하고 있는 일부 경영자는 모두 도태되어야 할 것이며, 그 자리에 올바른 정신을 가진 경영진이 새롭게 들어섬으로써 신문 기사 내용에 대한 공정성 확보가 가능해질 것으로 여겨진다.

홀대받는 지역 신문, 그래도 포기할 순 없다

서미영 _ 유럽어문학부 4학년, syumyung@hanmail.net

지역 방송은 별 특성 없이 재미와 세트, 구성 등에 있어서 중앙과 현저한 차이를 보이며 외면당하고 있다. 난 전주방송(JTV), 전주 MBC, 전주 KBS의 프로그램을 30분 이상 시청한 적이 없는 것 같다. 하나같이 비슷비슷하다.

지역 방송? 지역 소식과 지역의 특성이 담겨 있어야 하지 않은가? 지역 특성이 뭐지? 지역민들의 색깔이 담겨 있어야 하지 않나? 지역민들의 사는 이야기는 방송 소재로 많이 이용되고 있는 듯하다. 그러나 그런 것도 모두 하나같이 중앙 방송과는 비교도 안 될 만큼 특별하거나 지역민들의 귀를 솔깃하게 하는 요소는 없는 것 같다. 중앙 방송을 따라가려는, 흉내내려는 노력만 하는 것처럼 보인다. 적어도 내게는 …….

지역 신문은 어떤가. 나는 신문을 구독하지 않는다. 이상하게도 나는, 아니 우리 집은 배달된 신문에는 관심을 보이지 않는다. 그냥 오다가다 신문을 사서 본다. 물론 매일 신문을 보지는 않는다. 아직 나는 정보사회의 구성원으로서는 제격이 아닌가 보다. 한마디로 신문이 당길 때가 있고 그렇지 않을 때가 있다. 중앙지가 나에게 이런 대접을 받고 있는데, 하물며 지역 신문은 어떨까?

내 주위에 지역 신문을 보는 사람은 없다. 아니 적어도 순수하게 보는 사람은 없다. 신문 사주인 이창승과의 개인적인 친분 때문에 『전북중앙신문』을 보는 사람이 주위에 있긴 하나, 이를 순수한 동기로 지역 신문을 본다고 생각하고 싶지는 않다.

"재미없어!" 지역 신문을 왜 보지 않는가에 대해 내가 물었을 때, 친구가 당연하다는 듯 주저 없이 토해낸 대답이다. 왜 재미없을까? 친구는 지역 신문은 지역 뉴스만 다루어 흥미를 가질 만한 큰 사건도 없고, 지역 신문만 보고서는 제대로 나라 일을 모르니 중앙지와 지역 신문을 둘 다 봐야 하는데, 그만한 돈을 쓸 수 없다고 대답했다. 한마디로 지역 신문을 돈 주고 읽기에는 아깝단 의미였다. 혹 중앙지들(조·중·동)이 신문을 보는 이유랄까 습관 같은 걸 버려놓은 건 아닐까?

지역 신문에 전국(이것이 곧 서울을 중심으로 하는 것이 되겠지만 어쨌든 그것에 익숙해진 독자들은 그것이 전국의 뉴스인 양 착각한다)의 정치, 문화, 경제 등에 대한 기사를 싣는 것은 어떨까? 이것이 지역 신문을 살리기 위한 하나의 대안이 될 수 있지는 않을까? 그런데 ……, 그런데 말이다. 그런 기사가 여기저기 크고 잘 보이는 자리를 차지하고 나면, 과연 무엇으로 무엇을 가지고 지역 신문과 중앙지를 구별할 수 있을까? 신문사가 지방에 있다는 그 하나?

솔직히 말해 나도 지역 신문에 흥미가 없다. 있는지 없는지도 모르는 행사들, 사고와 사건, 그리고 이름은 어렴풋이 들어봤음직한 정치인 이야기나 문화 기사를 대할 때면, 백지상태에서 우리 지역에 대해 모든 면에서 다시 시작해야 될 것만 같은 답답함을 느낀다. 그만큼 내가 태어나고 여태까지 살아온 지역에 대해 관심이 없었으니까.

인정한다. 오로지 TV 뉴스에서 보도하는, 서울이 어떻고, 정치인 창이 대선을 위해 무얼 한다느니 같은, 큼직한 기사거리(창이 뭘 어쩐다는 게 나로서는 큼직한 기사가 절대 아니지만)에만 익숙해 있던 나이기에, 지역 소식은 우스워 보이고 작게만 보이고 도무지 뭐가 뭔지 모르겠는 게 당연하리라.

내가 사는 지역에서는 대체 얼마나 많은 지역 신문들이 중앙 신문에 밀려 외면당하고 있을까? 전북에는 모두 9개의 일간지가 있다. 해방 이후 신문이 처음 등장한 지역이 전주라는 사실, 각 지역 도민일보의 효시가 『전북도민일보』였다는 사실, 전북은 나름대로 자랑스럽고 내세울 만한 과거를 가진 지역이다. 각각의 일간지들은 나름대로의 역사성을 내세우기도 하고 신선함을 내세우기도 하며 그렇게 일어서려고 애쓴다.

그러나 이 작은 지역에 무려 9개나 되는 일간지가 웬 말이더냐. 『전북일보』『전북도민일보』『전주일보』『전라일보』『전북매일』『새전북신문』『매일전북』『전주매일』『전북중앙신문』까지. 이제 신문을 창간한다 해도 더 이상 붙일 이름이 없을 정도다. 중앙지들이 하나같이 거대 기업을 등에 업은 채 그 기업에 대해 감언이설만을 늘어놓고 다른 기업 다른 신문을 헐뜯고 비난하듯, 우리 지역 신문들도 하나같이 전북에서 내로라 하는 거물들의 소유물이다. 학교, 호텔, 버스회사, 하다 못해 골프장이라도 운영하고 있는 사람들의 입김에 신문들이 자유롭지 못함은 중앙이나 다를 바 없다.

현재 우리 지역 신문들은 정확히 얼마나 발행되고 있는지 밝히지 않고 있다. 전체 독자를 10으로 놓고 볼 때 중앙지가 9만큼의 독자를 우리 지역에서 확보하고 있다면, 지역 신문은 1이나 그 이하만을 차지하고 있을 뿐이다. 지역 신문들이 투명성을 가지고 독자들에게 다가갔으면 한다. 그 규모가 얼마나 작든 간에 포장되지 않은 있는 그대로의 모습으로 당당하게 나섰으면 좋겠다. 이미 알 사람은 다 아는데 발행부수를 왜 숨기는지 이해가 가지 않는다.

구독료가 12,000원인 중앙지에 비해 4,000원이나 싼 구독료에도 불구하고 외면당하는 우리 지역 신문은 어떻게 해야 하나? 요즘에는 어떤 매체든 시선 끌기에 실패하거나 재미가 없으면 살아 남기 힘들다. 나는 지역 신문들이 중앙지와 별반 다를 게 없는 신문이 되기를 바라지는 않는다. 그러나 어느 정도의 재미와 신선함은 가지고 있었으면 좋겠다.

우선 1면의 기사는 당연히 지역 소식이었으면 한다. 그리고 따로 중앙 소식과 국제 소식을 전하는 면이 있었으면 좋겠다. 물론 그 양이 중앙지의 그것보다 훨씬 적어야겠지. 간추린 뉴스처럼 지역민도 꼭 알고 지나가야 할 그런 뉴스 말이다. TV 뉴스에서 떠들어대는 정도가 있으니 핵심만 짚고 가자는 것이다. 두세 면에 걸쳐 중앙 소식과 국제 소식을 전하고, 1면을 비롯한 다른 면에 지역 소식을 싣자는 것이다.

간혹 정치인들의 싸움을 부추기고 지역 갈등을 부추기는 지역 신문이 있다. 애향심이 어쩌고저쩌고 떠들어대면서 지역민들을 우둔한 민중으로 몰아붙이며 조정을 하려 든다. 언론은 바른 자세로, 지역과 나라가 국민을 위한 지역과 나라가 되도록 비판에 앞장 서고 민중들의 목소리를 높여줘야 하는데, 장삿속으로 애향심 운운하며 지역민들이 타지역과 싸우도록 여론을 형성한다. 이것이 자전거를 준다며 독자를 우롱하는 『조선일보』나 김치냉장고 준다고 주부들을 현혹하는 중앙지와 무엇이 다른 행태란 말인가?

지역 신문이 지역을 하나로 묶고 올바른 여론이 형성될 수 있도록 앞장 서는 것은 당연한 것이며, 타지역과의 교류를 이끌어낼 수 있는 것도 언론이 할 수 있는 일이 아니겠는가. 영호남간의 화합을 이끌어 내고 지역주의를 타파하는 데, 영호남 지역 신문들이 서로의 뉴스를 교환하고 민심을 교환하는 게 일조를 할 수 있지 않을까.

예를 들어, 전북의 일간지가 부산에 자리를 잡고 성공한 전북 지역 출신의 중소기업가나 사업가들을 소개하는 것은 어떨까? 문화인들을 소개하는 것은 어떨까? 부산의 경제는 어떻고 문화는 어떠한지, 어떠한 행사가 있는지, 그네들의 주요 관심은 무엇이며 주요 쟁점은 무엇인지, 우리와의 공통된 과제는 무엇이고, 공통된 관심사는 무엇인지에 대해서 말이다. 우리 지역에는 이러이러한 관습이 있는데 타지역은 어떤지, 우리 지역에서 정부는 이런 사건에 대해 이런 결론을 내렸는데 다른 지역은 어떤 결론에 도달했는지 ……. 서로 공감하고, 때로는 서로 상이한 모습에 우리가 관심을 가질 수 있지 않을까.

진정 지역민을 위한 신문이 되길 바란다. 자치단체의 잘못된 점에 제대로 된 비판을 가하고 민중을 깨우칠 수 있는 신문이 되길 바란다. 우리들은 중앙지의 말발과 화려한 광고, 물어뜯고 부풀리는 것들에 익숙해져 있다. 그래서 너무 쉽게 큰 것에만 눈을 돌리고 다소 과장된 것에만 관심을 보인다. 이것을 지역 신문이 바로잡아 주어야 한다. 지역을 사랑하고, 지역 행사에 애정을 가지고 비판하는 자세를 지역 신문이 심어주어야 한다. 경제적인 어려움과 운영상에 많은 난관이 있겠지만 그래도 차별화된 신문이 되고자 노력하길 바란다.

또한 우리들도 노력해야겠지? 잘못된 언론에 과감히 채찍질을 해대는 우리의 의식이 필요하겠지? 전북 민언련(민주언론운동시민연합)의 언론학교처럼 지역에서도 언론을 보는 시민들의 태도에 대한 교육과 토론의 장이 많았으면 한다. 우리들은 아직 진정 바른 언론에 대한 명확한 기준을 갖고 있지 못하다. 알고 싶어도 그러한 기회가 많지 않다. 홍보도 부족하다. 올바른 언론에 대한 의식을 위해 많은 단체들의 더 많은 노력이 있었으면 좋겠다. 교육을 통해 가능하다. 무엇이 옳고 그른 것인지에 대해 보는 눈은 교육을 통해 길러질 수 있다. 난 언론학교를 통해 지역 신문이 얼마나 어렵고, 또 얼마나 많은 노력을 하는지 조금은 알게 됐다. 나처럼 지역 언론에 무지한 대학생들과 시민들이 많다. 쉽게 접하고 문턱을 넘을 수 있는 많은 프로그램이 있었으면 한다.

애향심에 호소하지 말고 정면 대결하라

김영은 _ 국어국문학과 1학년, long1229@hanmail.net

지역 신문 혹은 지역 방송을 보지 않는 이유를 생각해보았다.

첫째, 야박하게 들릴지는 모르겠지만 재미가 없다. 신문이건 방송이
건 간에 구독자나 시청자의 흥미 또는 관심을 끌지 않으면 사람들이
굳이 그것을 볼 이유가 없다. 유명 연예인이나 전문가를 통한 재미나
정보를 주는 것도 아니다. 일단은 지역 신문이나 방송을 보게 하려면
사람들의 주의를 집중시킬 만한 무언가가 있어야 하는데, 지역 신문이
나 방송에는 그 무언가가 없다.

둘째, 수도권 밖의 지방 사람으로서 느낄 수 있는 소외감과 불안감
때문이다. 그렇지 않아도 중앙의 여러 가지 혜택에서 벗어나 있다는
느낌에 사로잡혀 있는 지방 사람들인데, 그 곳에서 무슨 일이 일어났
는지도 모른 채, 오직 자기 지역의 일에만 관심을 가지며 지역 신문을
구독하거나 지역 방송을 시청하려 하진 않는다. 중앙지나 중앙 방송을
보지 않으면 뒤떨어진 것 같은, 왠지 모를 불안한 느낌도 이와 관계 있

을 것이다.(우물 안 개구리가 되지 말자?!)

셋째, 지역 신문이나 지역 방송은 왠지 모르게 촌티가 난다. 서울이 아니라고 해서 수도권 밖의 지역이라고 해서 모두 촌은 아니다. 또 촌이라고 해서 모두 사투리를 쓰고 서울에 비해 꼭 촌스러울 필요도 없다. 그러나 지역 신문이나 방송은 너무 열악하고 촌스러운 느낌을 주어 보는 사람까지 떨떠름한 기분을 느끼게 한다.

또 지역 방언을 아끼고 이어간다는 생각은 좋으나, 하나같이 우리 지역에서 하는 방송이나 라디오 프로그램들은 사투리를 사용하여, 구수하다는 등 정겹다는 등 방언의 좋은 점만을 부각시키며 부자연스럽게 그것을 고집하는 경우가 허다하다. 이것은 듣는 사람으로 하여금 다시 한 번 이곳이 촌이구나 하는 느낌을 강요하기도 한다는 것을 모르나 보다. 촌이어서 싫을 것도 없지만, 부자연스러운 느낌을 굳이 강요할 필요도 없을 것 같은데 말이다.

넷째, 재미도 관심도 없는 지역 신문과 지역 방송을 볼 만큼 아직 애향심을 자극받지 못했다. 내가 꼭 내 고장에 대한 굳건한 애향심을 가지고 지역 신문을 구독하고 지역 방송을 봐야 하는가? 또 나 아니면 볼 사람이 없다는 식의 강한 신념으로 무장해야 하는가? 그런 애향심을 갖고 있는 사람은 많지 않을 것이다.

다섯째, 지역 신문·방송은 지면과 시간을 채우기에 급급하다는 느낌이 든다. 시대는 하루가 다르게 변화하고 있는데, 지역 신문·방송은 진보한다는 느낌은 전혀 들지 않고 언제나 같은 자리다. 매번 그렇고 그런 지역의 문제점이나 조명하고, 지역 행사 같은 것으로만 지면을 채우고, 작년에 했던 방송을 재탕 삼탕하기도 하고, 어디서 이상한 다큐멘터리 같은 것만 수입해다가 계속 틀어대는데, 누가 중앙지나 중앙 방송을 제쳐두고 지역 신문이나 지역 방송을 보겠느냐 말이다.

물론 지역 신문이나 지역 방송이 중앙에 비해 자본이나 시설 면에서 열악하다는 것은 다 안다. 하지만 자본이나 시설이 열악하다고 해서 내용까지 열악해도 된다는 뜻은 아니다. 하나둘씩 설자리를 잃어 가는 지역 신문과 방송이 제자리를 지키기 위해서는, 지금처럼 중앙에 비해 열악하다는 걸 강조하면서 사람들의 동정심에 호소하기보다는, 내용과 질적인 면에서 정면승부를 해야할 듯싶다. 꼭 자본이나 시설이 확실하다고 해서 좋은 기사와 방송이 나오는 것은 아니라고 생각한다. 이를 악물고 중앙과 경쟁해보겠다는 의욕을 불태운 적이 한 번이라도 있었는지 궁금하다.

지방 방송, 언제까지 '재미' 타령만 할 것인가?

송지훈 _ 서어서문학과 3학년, sixfingers@hanmail.net

지역 방송사의 홈페이지에 들어가 보면 어디나 자유게시판이란 곳을 볼 수가 있다. 이런 지역 방송사들의 자유게시판에 올라오는 글 중에는 상당히 많은 조회수를 자랑하는 한 가지 공통된 주제의 글들이 있다. 바로 이것. "왜 짤라요?"라는 제목의 글들! 물론 이 제목은 내가 고른 비교적 괜찮은 제목이며, 실상은 "뽕 먹고 들어간 X (가수)싸이 보려고 했는데 왜 짜르는 거야~?", "논스톱 짜르지 마~X", "재밌는 거 다 짜르려면 지방 방송 하지 마" 등등의 글들이 올라오고 있으며 욕설이 난무한 적도 적지 않다. 오히려 많다고 해야 할 것이다.

물론 이것이 모든 시청자들의 전체적인 의견이라고 보기에는 무리가 있지만, 방송계라는 것이 '잘하면 조용~~! 못하면 바로 지적·모니터'에 들어가는 곳이기 때문에, '조용'한 어떤 부분에 대해서는 나도 특별한 지적 없이 그냥 조용하기로 하겠다. 우선은 잘되었다고 박수를 치기에는 많이 미흡한 게 사실이고, 이 리포트도 어떻게 보면 지방 방송에 대한 하나의 모니터이기 때문이다.

먼저 우리는 지역 방송사들의 자유게시판에 올라온 글들을 통해, 지역민들이 중앙 방송을 간절하게 원하고 있다는 것을 알 수 있다. 그 이유는 많다. 스포츠 게임을 보기 위해서, 재미있는 시트콤을 보기 위해서, 자기가 좋아하는 연예인의 특집 쇼를 보고 싶어서 ……. 실제로 이런 내용들이 불만사항의 90%를 차지하고 있으며, 진지하게 지역 방송을 지적한 내용은 10% 이하밖에 되지 않는다. 또 한 사람이 수십 회 지적한 '도배' 사연도 적지 않지만, 어쩔 수 없이 인정해야 하는 것은 중앙 방송을 원하는 것이 지방 방송이 볼 가치가 없다고 느끼는 것에서 나온다는 것이다. 그 이유는 간단하다. '재미'가 없기 때문이다. 또 내용의 미흡함이나 질적 수준 차이도 느껴지기 때문이다.

그렇다면 지역 방송은 왜 이렇게 인기가 없는 걸까? 먼저 아이템이 없다는 걸 지적하고 싶다. 동네 주민을 찾아가거나, 봉사활동을 하는 '아름다운 모습'을 담거나, 가요·동요 프로그램을 하는 것이 아직까지 지역 방송에서 할 수 있는 최대한의 것들이다. 또 지역 방송에는 중앙 방송만큼 자질을 발휘할 수 있는 실력 있는 방송인들이 많지 않다. 방송과 언론, 사회·문화 전반적인 모든 것들이 서울에 집중되어 있다는 것 역시, 지방 방송의 질을 떨어뜨리고 지역민들에게 지방 방송에 대한 편견을 심어주는 데 한몫 한다.

게다가 보수적인 프로그램 운영은 지방 방송의 인기를 떨어뜨리는 데 큰 요인이 되고 있다. 소규모로 운영되고 정확하게 모니터 되고 있다는 점 때문에 딱딱하게 굳어진 말투, 정규 채용보다는 연줄에 의한 진행자 섭외 등이 지방 방송 프로그램들을 재미없게 만들고 있다. 과감한(긍정적인) 진행을 유도하고, 새로운 방송 요원들의 적응기가 지난 뒤에도 일종의 '끼'가 없다면 과감하게 교체를 하는, 이런 과감성이 없다. 소수의 연줄에 의해 방송을 시작한 스태프의 경우 그 문제는 더욱 심각하다. 화면을 보고 미동도 없이 딱딱하게 말하는 아나운서나 프리랜서 진행자들을 본 적이 있는 사람이라면 동의할 것이라고 생각한다.

지방 방송의 프로그램 편성에서 제일 중요시되는 것이 '기획의도와 자금'이라는 것도 큰 문제다. 반드시 정확하게 떨어지는 기획의도와 교훈이 있어야만 하는, 혹은 협찬금이 많이 들어오는지를 생각해야만 하는 것 말이다. 색다른 프로그램이 아닌, 지역 내에서 해결할 수 있는 아이템만을 골라 혹은 녹화가 쉽고 참여가 쉬운 프로그램을 선호해 편성하는 경향 말이다.

또한 지방 방송은 방송사 직원으로 구성되어 있는 참여자들이 많다 보니 개인 개발에 신경을 쓸 필요가 없다고 느끼는 듯하다. 방송을 잘하건 못 하건, 재미가 있건 없건, 한 회 방송을 하면 행복한 하루 일과가 끝나는 것이고, 한 회 방송분으로 주어지는 것은 몇 천 원에서 1~2만 원 선이니 ……, 특별한 행복이 있으리라고는 생각지 않는다. 그리고 좀더 강하게 어필하거나 새로운 시도를 해보는 것은 위험을 감수해야만 하는 일이기 때문에, 차라리 깔끔함과 도도함만 잃지 않으면 된다고 생각할지도 모르는 일이다. 오히려 그 편이 오래도록 편안한 방송을 할 수 있는 방법이기도 하기 때문에 지방 방송에서는 방송 주 요원들의 경직화, 보수화가 개선되지 않는 것 같다.

지방 사람들도 반성해야 할 점이 있다. 인터넷을 주로 이용하고 또 원하는 텔레비전 프로그램을 자른다고 지적하는 대부분의 사람들은 연예 스타를 좋아하는 10대에서부터 20대 후반까지이다. 항상 느끼는 것이지만 모니터에 오르는 글들은 왜, "왜 자르냐"라는 극도로 이기적인 것들뿐일까? 프로그램이 뭐가 재미없고, 뭐를 살리면 좋은지, 어떤 점이 부족한지, 구체적으로 지적을 하고 개선을 요구하는 글들은 거의 없다는 게 슬프다. 가끔 올라오는, 지역 방송에 대한 조금은 소신 있는 글들을 봐도, 지역 실정을 무시하고 막연하게 재미있는 방송을 만들어 달라는 요구이다. 극히 수동적인 입장으로서의 이기적인 시청자만 존재하는 듯하다.

지역 방송은 우리가 사는 곳을 대표해주는 곳이라 해도 과언이 아니다. 시청자들 중에는 가만히 앉아서 중앙 방송을 보며 마치 자기도 서울시민인 것처럼, 문화시민인 것처럼 생각하는 사람도 있겠지만, 여기에는 한 가지 큰 차이점이 있다. 지역민들에게 서울 방송은, 즐긴 다음 이용할 수 있는 것이 될 수는 없다는 것이다. 지역에서 할 수 없는 공연이나 문화거리들을 보는 것은 지역 내에서 해결할 수 없는 것을 방송을 통해서 해결하는 것이라고 할 수 있지만, 모든 소스와 이용 가능한 위치가 서울 위주로 되어 있는 여타의 프로그램을 보면서 우리가 지역에 대해 과연 어떤 생각을 할 수 있느냐 하는 것이다. 우리가 살고 있는 지역에 대한 열등감을 갖거나 자기 비하나 하지 않으면 다행일 듯싶다.

우리가 전통가락 프로그램을 보면서 지루해 하는 것은, 우리가 사는 전주와 전북의 여러 도시들이 어쩔 수 없는 판소리의 도시이기 때문이다. 이 지역을 다룬 프로그램들을 보면서 다양한 사건들이나 인재가 없음을 느끼는 것은, 그만큼 우리가 보수적이고 작은 도시의 시민들이라는 증거이기도 하다. 우리 지역이 축제와 술의 도시, 오락의 도시는 아니기 때문에 당연히 기획되는 프로그램들이 서울 기준으로 봐선 재미없는 것일 수밖에 없다.(물론 재미있게 만들기 위해서 노력해야 할 것이다. 한때 판소리 프로그램이 재미있었을 때도 있었다. 진행자가 유머러스하고 젊은 층이었던 걸로 기억되는데, 이런 걸 보면 지루한 소재의 방송거리도 충분히 재미있게 만들 수 있을 것이다.)

　그러므로 우리 지역 텔레비전이 재미없다고 펄펄 뛰기 전에 내가 재미없는 곳에 살고 있다는 생각을 한다면, 내가 문화·예술적으로 참 목마른 곳에 살고 있다는(많은 지역들이 이런 목마름을 갖고 있지 않을까?) 생각을 한다면, 좀더 나은 곳으로 이사를 가거나, 아니면 살고 있는 이곳이 좀더 나은 곳이 되길 바라는 게 지역민의 올바른 모습이 아닐까? 지루하긴 하지만 우리 고장의 자랑스러운 문화 유산을 대표할 수 있는 프로그램이 있다는 것도 어쩌면 행복한 일이다. 조금만 이런 생각을 한다면 참고 지켜봐 주는 것도 가능할 것이다.

　어쨌든 재미없는 프로그램을 참고 봐 주자는 게 이 리포트의 취지는 아니다. 지역 방송이 앞으로 나아가야 할 방향과 관련해 지역적 특색을 무시할 수는 없다는 이야기를 하고자 하는 것이다. 우리가 우리 지역에 대해서 눈을 감고 귀를 닫을 때, 우린 정말 이용도 할 수 없고 가까이서 접할 수도 없는 서울의 문화에 수동적으로 끌려가는 시청자가 되어버릴 것이다.

　가까운 지역 방송을 함께 발전시켜 시청자들 자신에게 유리한 무언가가 될 수 있도록, 지역 방송을 최대한 이용하는 것이 좋은 방법 아닌가? 실제로 지난 대사습놀이 때에는 전주에서 개최하던 것을 중앙 방송에서 내려와 조인트 연출함으로써 전국적으로 자금을 모집할 수 있었다. 오직 '전주'에서만 할 수 있는 프로그램이 있다는 것이다. 프로그램의 질적 수준에서 서울 방송을 따라갈 수 없고, 지역 방송이 전국의 자금을 유치하기엔 스케일이 작다는 것이 아쉬운 점이었다.

　자, 그럼 지역방송을 살리기 위해서 어떻게 해야 하나, 이걸 생각해 보았다.

　먼저 개성 있는 프로그램 아이템이 필요할 것이다. 편견을 없애고 보면 우리 지역 방송에도 좋은 것들이 많이 있다. 중앙 방송을 모방하는 데서 그치기만 한다면 그 질적 차이가 너무나도 여실히 드러날 것이 뻔하기 때문에, 우리 입맛에 맞게 우리 현실에 맞게(그렇다고 너무 안주하지는 말고) 개성 있는 프로그램을 개발해내야 할 것이다.

극소수이긴 하지만 섭외나 참여가 어렵다고 일방적으로 보여주기만 하는 프로그램을 만드는 분들도 있을 것이다. 하지만 방송은 즐거움과 정보를 주는 동시에 시청자들의 수준도 끌어올려 줄 필요가 있다. 제작, 기획, 섭외, 참여자 구성이 다소 어려울 수도 있는 과감한 프로그램이라고 하더라도, 몇 번의 보여주기(심각하게 사활이 걸린 게 아니라면 한두 번쯤은 연출될 수도 있는)를 통해 충분히 프로그램의 캐릭터를 시청자들에게 심어줄 수 있을 것이다. 그러므로 획기적이면서도 감각 있고 개성있는 새로운 아이템을 프로그램화 할 수 있어야 할 것이다.

두 번째로는 수준급의 방송인들을 배출할 수 있어야 한다. 이것은 개인의 노력 또한 절실히 요구되는 것이기도 하다. 몇 해 전, 나는 모 방송사의 신인 여자 아나운서들을 보고 굉장히 놀라고 한심하게 생각했던 적이 있다. 방송을 전혀 모르는 객관적인 시각에서 보더라도 여러 차례 더듬고 고개를 숙여 정정하는 등 뉴스 전달 능력이 엉망이었다. 문제는 1년 뒤에 봤을 때에도 그 솜씨가 여전하더라는 것이었다. 난 저들이 1년 동안 뭘 했나, 굉장히 궁금했다.

방송인이라 함은 단순히 읽고 말하는 데 그치면 안 될 것이다. 더군다나 애드립이 필요한 프로그램의 진행을 맡게 되었을 때 자신의 역할과 기량을 최대한으로 발휘해야 할 텐데, 발휘할 그 무언가가 텅 비어 있으면 어떻게 하겠는가? 적어도 공중파의 방송인이라면 더 좋은 표현, 재치 있는 표현, 자연스러운 표정과 모션을 위해, 연습에 연습을 거듭하는 것이 당연한 게 아닐까? 지방 방송의 특성상 연예인 일색으로 갈 수는 없으니, 쇼맨십까지는 아니더라도 노련한 진행을 잘할 줄 아는 센스 있는 진행자들이 필요할 것이다.

세 번째로는 단연 돈이다. KBS의 경우는 공영방송이기 때문에 다르지만, 다른 두 개 방송사를 포함한 모든 케이블방송까지가 이윤추구를 위한 기업이다. 물론 중간광고나 협찬을 통해 돈을 벌기 위해서만 프로그램을 만든다고 하면 터무니없을 것이다. 제작자 나름대로의 꿈이 있고 자존심이 있을 텐데 설마 그렇겠는가. 하지만 협찬광고를 늘리기 위해 방송 프로그램 수를 늘리는 경우는 있다. 프로듀서의 수가 좀 부족하더라도 말이다. 잘 나가는 지역 방송사에서는 아마도 자주 볼 수 있는 광경일 것이다. 무리해서 이런 프로그램을 만들 경우 재미와 프로그램에 대한 집중도가 떨어지는 것은 당연하다.

예컨대, '가을특집 콘서트'를 한다고 치자. 그럼 제작자들은 협찬금을 모은다. 광고를 하기 위해 자율적으로 들어오는 협찬금도 있을 것이고 섭외를 통해 들어오는 협찬금도 있을 것이다. 이렇게 해서 2,000만 원이 모였다고 치자. 이 중 1,000만원이 웃도는 돈이 가수 섭외비와 출연료로 들어간다. 물론 가수는 A급 가수 한 팀, A-나 B+급 가수 한두 팀, B급 가수 두세 팀, C급 가수 서너 팀이 될 것이다. 이 콘서트의 티켓은 무료이며, 세트 비용과 스태프 비용이 200만 원 정도 들어간다. 결국 남는 돈은 800 정도인데, 이것이 콘서트를 끝낸 후에 방송사의 순이익이 된다. 전체 협찬금이 커질수록 똑같은 비율로 다른 비용들도 모두 조금씩 상승된다.

그런데 이런 경우에 지역 방송사들이 차라리 800만 원의 이익을 남기지 말고, 아니면 더 적은 액수의 돈을 남기고, 그 돈을 콘서트에 투자하는 건 어떨까? 그래서 인기 있는 A급 가수를 두 팀 정도 더 불러오는 것이다. 그러면 당연히 무료티켓 공연을 찾는 발길이 당초 예상보다 두세 배 정도 늘어날 것이다. 이렇게 해서 지역민들에게 볼거리를 제공하고, 지역 방송사들은 좋은 이미지를 심음으로써 호의적인 반응을 유도할 수 있을 것이다.

TV 프로그램도 마찬가지다. 위와 같은 순이익을 남기는 대신에 더질 좋은 프로그램을 만드는 데 우선 투자를 한다면, 당장에 많은 이익을 보진 않더라도 장기적으로 좋은 결과를 가져올 프로그램의 질 향상에 기여할 것이다. 하지만 이게 잘 안 되는 이유는 순이익을 얼마 남기느냐에 따라 단기적인 방송사의 운영 실력(?)을 평가받기 때문이다. 사정이 이러하니 방송사 간부들도 먼 내일을 위해 오늘의 이익을 버리는 과감한 결단을 내리지 않는다.

그래서 네 번째로 지역 인사들의 적극적인 재정 지원이 필요하다. 방송사만의 단순한 희생으로는 정말 말 그대로 화끈한(좋은 의미로^^) 프로그램을 만들기 어렵다. 실제로 굉장히 많은 제작비가 필요하기도 하고, 지역 방송에서 프로그램의 수준은 제작비와 정비례하기 쉽기 때문이다.

그러므로 지역 인사들과 기업들의 재정적인 지원은 꼭 필요하다. 나만의 생각일지도 모르겠지만 지역 방송이 살아남기 위해 가장 중요한 것은, 지역의 경제 주체라 할 수 있는 기업과 인사들의 적극적인 참여이다. 되도록 많은 사람들이 방송 매체를 이용하고 자금을 지원할수록 더 좋은 프로그램이 생겨날 수 있을 것이다.(물론 방송사에서 순이익의 비율을 줄여 과감한 투자를 해준다면 더 좋고. 제발^^)

마지막으로 중요한 것은 지역 시청자들의 응원과 격려다. 재미없고 지루한 프로그램에 대해서는 비난하는 것도 좋지만, 수정·보완하면 좋겠다 싶은 것들을 지적해주고 재미있는 아이템들을 적극적으로 반영할 수 있도록 많이 도와주어야 할 것이다. 언젠가는 지역 방송사의 게시판에 "가수 비가 나오는 특집방송 왜 짧라요?"라는 종류의 글보다는, "*** 프로그램 내용 중 부적절한 내용에 대해서 말합니다" 등과 같은 종류의 글들이 많이 올라왔으면 하는 바램이다.

지역 방송에서 별달리 크게 기대할 것도 없고 한국에서 지역 방송의 자리란 지역의 뉴스를 전해주고, 간단한 다큐멘터리를 찍거나 아름다운 인사를 찾아내고, 노래자랑을 하는 수준에 그칠 수밖에 없다고 많은 사람들은 생각할 것이다. 물론 나도 방송의 자세한 부분을 알기 전에는 많은 부분 그렇게 생각했다.

하지만 지역 방송이 발전하지 못하는 가장 큰 이유는 재미가 없으니까 즉 재미있게 안 만드니까, 지역 수준이 그 정도밖에 안 되니까 등등의 것들이 아니다. 가장 큰 이유는 지역의 제작자와 연출가와 방송인들이 모두 힘을 합쳐 개혁적인 의지로 새로운 무언가를 시도해나가지 않기 때문이다.

물론 우리나라는 중앙집권화가 너무나 견고히 되어 있어 정치 · 경제적인 면에서 지역화가 잘 이뤄지지 않고 있는 게 현실이다. 그래서 방송 역시 독립할 수 없고, 또 막대한 지원금 없이는 개별적으로 특별한 프로그램을 만들기 어렵고 좋은 반응을 얻기 힘든 것도 사실이다. 그러나 중앙에 너무나 큰 기대를 걸면서 중앙만을 바라보고 있는 모습은 우리 지역을 더 가난한 지역으로 만드는 결과를 초래할 뿐이라고 생각한다. 앞서 말했듯이 중앙 방송은 우리가 '구경' 할 것밖에 없기 때문이다.

내 가게의 광고를 하고 싶다면 어디 가서 해야 하는가. 가까운 방송사를 이용할 수 있지만 내가 중앙 방송을 좋아한다고 해서 중앙 방송에 광고를 낸다고 해보자. 물론 돈만 있으면 그렇게 할 수 있겠지만 아마 빠른 시일 내에 가게를 정리해야 할 것이다. 내 경제 문제는 우리 지역의 경제권에서 해결해야 한다.

　마찬가지로 우리 지역 방송도 우리 지역민들이 직접 발전시켜 나가야 한다. 서울 것만 받는 중계소가 되기엔 우리 지역의 방송 시스템과 여러 자원들이 아깝지 않은가? 실제로 전주 MBC의 경우 계열사의 지방 방송사 중에서는 프로그램의 질과 양 등을 따져볼 때 상위권에 속한다. 또한 전주 3사 방송사 중에서도 가장 괜찮은 프로그램들을 보유하고 있다고 생각한다. 그럼에도 불구하고 현 프로그램에 대해 많은 채찍질이 있다는 것은 여전히 새로운 무언가를 모색해야 한다는 이야기이며, 변해야 한다는 이야기이다.

　방송사와 시청자 모두 변해야 한다. 시청자는 좀더 인내심을 갖고 포용하면서, 그렇다고 방관이 아닌 정확한 비평관을 갖고 지역 방송을 지켜봐 주어야 한다. 방송사는 시청자들을 우선으로 하는 프로그램들(시청자들의 의견을 따라가는 게 아닌), 최대한의 준비된 모습으로 최대한의 실력 발휘를 해 만든 재밌고 개성 있는 프로그램들을 안겨주어야 할 것이다. 그리고 웃게 하는 프로그램, 웃어줄 줄 아는 시청자의 자세가 필요할 것이다.

지역 언론은 더 이상의 꿈이 없는가?: 발상의 대전환이 필요하다

강준만

'중앙 중심주의' 라는 고질병

누구나 다 인정하겠지만 한국 사회는 지금 '중앙 중심주의' 라는 고질병을 앓고 있다. '중앙 중심주의' 의 가장 좋은 증거는 서울이라는 도시와 서울대라는 대학이다. 이 두 거대한 괴물이 만들어지기까진 그럴 만한 정치·경제적 이유가 있었겠지만, 심리적 이유도 간과할 수 없다. 두 가지 이유가 상호 상승 효과를 냈다고 보는 것이 타당할 것이다.

'중앙 중심주의' 가 꼭 나쁜 건 아니다. 중앙에 진입하기 위한 치열한 경쟁과 중앙을 정점으로 한 일사불란한 피라미드 체제가 사회 발전에 긍정적으로 작용한 점이 전혀 없다고 말하기는 어려울 것이다. 그러나 '중앙 중심주의' 는 그 어떤 장점에도 불구하고 그 장점을 초과하는 심각한 문제를 낳고 있다.

가장 큰 문제는 높은 '경쟁 비용'으로 인한 사회적 손실과 '중앙'에 집중되는 '과부하'로 인한 부작용이다. 전자의 문제는 비교적 널리 인식되어 온 반면 후자의 문제는 아직 제대로 인식되지 않고 있는 것 같다. 후자의 문제 가운데 가장 심각한 것으로 여론 형성 구조를 빼놓을 수 없다. 한마디로 이야기해서 그건 독과점 체제다.

레오폴드 코어는 "진정한 세계 평화는 내셔널리즘의 괴물인 강대국들이 깨어져 조그마한 나라들로 대체되지 않는 한 기대하기 어렵다"고 말한다. 이는 하나마나 한 말인 것 같지만, 그 안엔 '독과점의 정치경제학'에 관한 중요한 진실이 담겨져 있다. 절대 권력은 절대적으로 부패하게 돼 있다는 말에 수긍하지 않을 사람이 누가 있으랴. 그간 우리가 거의 '국민 신앙'의 차원에서 외쳐온 '민주화'란 것도 권력의 독과점에 대한 저항이 아니었던가.

아직 미진한 점이 남아 있긴 하지만 우리는 '정치적 민주화'는 이루었다. 그러나 '사회적 민주화'는 아직 요원하다. 무엇보다도 사회 분야의 독과점에 대한 국민들의 문제 의식이 너무 박약하다. 최근의 한 통계 자료가 말해주듯이, 조중동(『조선』-『중앙』-『동아』)의 매출액이 신문업계 전체 매출액의 74.7%에 이른다는 사실을 두렵게 생각하는 사람은 많지 않은 것 같다.

도시국가와 같은 특수한 경우를 제외하곤, 이 지구상의 어떤 나라도 그렇게 극심한 언로(言路) 독과점 구조를 갖고 있지는 않다. 독일에서는 5대 신문 그룹이 전체 시장의 42%를 점유하고 있는 것에 대해 '민주주의의 위기'까지 거론하고 있다. 일본이 어떻다고 하지만, 일본 신문은 지방지가 중앙지와 대등하게 겨루고 있거니와 한국 신문들처럼 사주가 마음대로 좌지우지할 수 있는 체제가 아니다.

독과점은 죄악이다

이 문제와 관련, 『창작과 비평』 2001년 가을호에 실린 〈좌담: 언론 개혁, 어디로 갈 것인가〉에 좋은 이야기가 많이 실려 있다. 평소 '작은 언론이 희망이다'고 외치면서 최근 그 제목으로 책까지 낸 바 있는 순천향대 교수 장호순은 미국과 비교하여 한국의 여론 독과점 체제가 얼마나 심각한지 그 점에 대해 다음과 같이 말한다.

"『뉴욕 타임즈』와 『워싱턴 포스트』가 사실상 족벌 소유체제이면서도 여론독점이라는 비난을 받지 않는 이유도 두 신문의 실제 신문시장 점유율이 극히 미미하기 때문입니다. 전체 미국 일간지 발행부수 5500만 부 중 두 신문이 차지하는 부수는 200만 부에도 미치지 못합니다. 한국에서 『조선일보』와 『중앙일보』가 전체 신문시장에서 차지하는 비율이 50%에 이르는 데 비해, 미국 최고 유력지의 시장 점유율은 3.5% 정도에 불과합니다. 미국에서 대부분의 신문은 발행부수가 10만 부 미만인 지역 일간지입니다. 미국 신문의 평균 발행부수는 3만5천 부입니다. 작은 신문이 많다는 얘기는, 그만큼 미국 언론인들에게 고용기회가 많다는 것을 의미합니다. 편집권이 독립되려면, 법적인 보장보다는 건강한 군소 신문사들이 늘어나 언론인의 고용기회가 많아져야 합니다. 그러기 위해서는 서울에 몰려 있는 종합 일간지들이 지방으로 분산되어야 한다고 생각해요."(35쪽)

가슴에 팍 와 닿는 이야기이긴 하지만, 서울에 몰려 있는 종합 일간지들이 지방으로 분산되기를 기대하는 건 하늘의 별 따기만큼이나 어려운 일이 아닌가 생각한다. 그러나 일단 무엇이 문제인지 그건 정확히 알아야 하는 만큼 이야기를 계속해보기로 하자.

한국 여론형성의 독과점 체제가 안고 있는 가장 큰 문제는, 몇 개 신문들에게 '과부하'가 걸려 이들이 '책임 없는 권력'으로서 오만과 방종을 범하며 한국 사회를 마음대로 요리하고 있다는 점이다. 이에 대해선 인터넷 신문 『프레시안』 편집국장 박인규의 다음과 같은 탁견을 감상하는 것이 좋겠다.

"저는 사실 초년 기자 시절부터 우리나라 언론에 대해서 이런 비유를 많이 했는데요. 아무것도 모르는 대여섯 살 먹은 어린애가 엄청나게 큰 칼을 들고 휘두른다는 것입니다. 우리 언론의 지적 수준은 상당히 떨어지는데 정치·사회적 파워는 엄청나거든요. 서울대 장경섭 교수와 박승관 교수의 『한국의 언론권력』 요약 글이 『신문과 방송』 7월호에 실렸는데, 이를 보면서 많이 공감했어요. 우리나라 언론의 위기랄까 문제점은 언론이 지나치게 권력화가 된 것이고, 그에 따라서 기능적 과부하가 생겼다는 거예요. 언론의 권력화라는 것이 뭐냐면, 우리나라가 압축적 근대화를 하는 과정에서 서양의 문물을 학문적인 소화를 거쳐서 들여온 것이 아니라 저널리즘의 형태, 정보의 형태로 들여왔고, 그러다 보니까 언론의 역할이 커졌다는 것이죠. 그리고 박정희 정권 이래로 사법부와 입법부의 기능이 전혀 이루어지지 못해 그나마 유일하게 비판 기능을 수행할 수 있었던 데가 언론이었다는 거죠. 그래서 사회의 감시·비판 세력으로서 언론에 대한 기대가 많았고, 그러다 보니까 언론이 상당히 많은 권력을 축적했다는 겁니다. 기능적 과부하란, 사회가 다양화·세계화·전문화됨에 따라 지적 수준이 매우 낮은 언론이 자꾸 여러 문제를 다루다 보니까 감당을 못하게 됐다는 거죠. 그런 측면에서는 출판이라든가 전문인, 학계가 역할을 해줘야 하는데, 우리는 모든 것을 신문에 보도된 것을 가지고 판단한단 말입니다."(47쪽)

그렇다. 바로 그런 점이 근본적인 문제다. 사실 그간의 언론개혁 논쟁과 관련해서도 조중동의 주장이 옳은지 그른지 그건 두 번째 문제다. '과부하'도 문제지만 독과점은 그 자체로서 죄악이라는 점이 중요하다. 일부 사람들은 '자유시장경제'가 어떻다고 떠들어대지만, 그 원조라 할 미국에서 독과점에 대해 얼마나 무섭게 규제의 칼날을 들이대는지 그걸 제대로 알고서 말해야 할 것이다.

민주주의의 생명은 다양성

『조선일보』의 편집국장 변용식은 영향력 면에서 『조선일보』가 정치권력을 능가한다고 주장했다. 그렇다. 바로 이게 문제다. 집단으로서의 언론의 영향력이 정치권력의 영향력을 능가하는 건 바람직한 일이다. 문제는 일개 신문 또는 겨우 3개의 신문이 정치권력을 얼마든지 통제할 수 있다는 데에 한국 사회의 원초적 비극이 도사리고 있는 것이다.

정권의 수명은 겨우 5년인 반면 조중동은 영원한 세습권력이다. 『조선일보』가 대선시마다 '대통령 만들기'라는 오만방자한 시도를 해온 거나 그런 행태를 가리켜 '밤의 대통령'이니 뭐니 하는 말이 나온 것도, 적어도 정치 분야에 관한 한 언론권력이 정치권력 위에 군림한다는 걸 웅변해주는 것에 다름 아니다.

이념적으로 정파적으로 조중동을 얼마든지 좋아할 수 있다. 그러나 아무리 조중동이 좋더라도 독과점은 죄악이라고 하는 대원칙에 눈을 감아선 안 될 것이다. 언로의 독과점 구조는 자연스러운 시장 논리가 아니라 법과 공정거래의 원칙을 유린하면서 이루어진 것이라는 사실은 이미 충분히 입증되지 않았는가.

민주주의의 생명은 언로의 다양성 보장이다. 유럽의 선진 민주주의 국가들에서 작은 매체들에 대해 각종 간접적 지원을 해주는 것도 바로 그런 이유 때문이다. 정부는 세제, 금융, 공고 및 공익광고 게재 등의 다양한 방법으로 비교적 작은 매체들을 우대하는 적극적인 정책을 써야 할 것이다. 이는 우리 사회가 대단히 중앙집권적인 위계질서에 중독된 사회이기 때문에 꼭 필요한 일이다.

문화적으로 볼 때엔 우리 사회 특유의 '중앙병'과 '1등병'이 언론의 독과점 구조를 강화한 면이 있다. '서울공화국'이니 '서울대의 나라'니 하는 표현들이 잘 말해주듯이, 우리는 무조건 1등을 향해 우우 몰려가는 체질을 갖고 있다. 물론 그럴 만한 합리적 이유가 있어서 그렇기도 하겠지만, 신문까지 그런 체질로 구독하는 건 나라 망하게 하려고 발버둥치는 것에 다름 아니다. 독과점은 죄악이라는 걸 잊지 말아야 할 것이다.

지방 신문, 어떻게 살릴 것인가?

그런 문제 의식을 갖고 지방 언론을 살펴보자. 나는 강연 형식을 통해서나마 기업인들을 만나기가 겁난다. 거의 한 번도 예외 없이, 강연이 끝나면 지방 언론의 폐해에 대해 공격적인 질문이 쏟아져 나오기 때문이다. '언론통폐합'이 필요하다는 말도 여러 번 들었다.

나는 그런 말을 들을 때마다 비참한 생각이 든다. 지방 언론이 그 지경이라면, 지방대 언론학 교수라는 사람은 도대체 뭐하는 사람이란 말인가? 나는 나의 자존심 보호 차원에서라도 지방 언론을 적극 옹호하곤 했다. 심지어는 '조중동' 때문에 지방 언론이 그렇게 되었다는, 다소 억지스러운 주장까지 한 적도 있다.

물론 모든 지방 언론이 다 그런 건 아니다. 정말 양심적으로 해보려는 지방 언론사들도 적지 않다. 언론사엔 다소 문제가 있을망정 개인적으로 엄격한 도덕성을 유지하려고 애쓰는 언론인들도 많다. 문제는 이런 언론사와 언론인들의 노력이 빛이 나지 않을 만큼 일부 지방언론 시장이 거의 파탄 지경에 이르렀다는 점일 것이다.

'조중동' 때문에 그렇게 된 건 아니지만, '조중동'이 그런 상황을 이용해 시장 지배력을 더 강화하고 있다는 건 분명한 일이다. 이제 언론개혁운동이 지방 언론에 대해 이전보다 더 큰 관심을 가져야 할 이유가 바로 여기에 있다.

일부 지방 언론이 처해 있는 참상의 가장 큰 이유로 '열악한 경제'가 거론되지만 내가 보기엔 그것보다 더 근본적인 이유가 있다. 그건 바로 '신뢰의 붕괴'다. '언론통폐합'이 필요하다는 말이 나올 정도이니 더 말해 무엇하랴.

많은 지방 언론의 '밥줄'이었던 이른바 '계도지'는 꽤 사라진 것처럼 보이지만 형태를 달리한 '관언유착'은 지금도 계속되고 있다. 그러한 유착에 코가 꿰여 부정부패 감시와 고발은커녕 '관'의 문제를 제대로 지적할 수조차 없는 언론을 갖고 제대로 된 지방자치를 기대한다는 건 어림도 없는 일이다.

한국 사회에 수많은 문제를 낳고 있는 이른바 '서울공화국' 체제가 개선될 조짐이 전혀 보이지 않는 이유도 바로 여기에 있다. '서울공화국' 체제에 대한 최대의 저항 세력은 당연히 지방 사람들이어야 한다. 그러나 그들의 아우성은 파편화된 채 소진되고 있다. 그걸 수렴해 정치적 압력으로 전환시켜줘야 할 책무가 있는 지방 언론이 그 존재 근거와는 상관없는 방향으로만 치닫고 있기 때문이다.

'꿈★은 이루어진다'

그렇다면 어떻게 해야 할 것인가? 답은 간단하다. 기존의 악순환의 고리를 끊어야 한다. 지방 언론이 너무 열악한 처지에 놓여 있기 때문에 제 기능을 다하지 못하고 지방민들로부터 불신을 받고 있고, 또 불신을 받기 때문에 지방 언론의 처지가 더욱 열악해지는 악순환의 고리를 끊기 위해 시민사회가 개입해야만 한다. 어떻게 개입할 것인가?

나는 '전북 신문 살리기 운동'을 제안하고 싶다. 물론 이 운동은 결코 쉬운 일이 아니다. 나는 그간 나름대로 전북도민들이 왜 전북 신문을 구독하지 않는지 그 이유에 대해 조사를 해보았다. 그 이유는 크게 보아 두 가지였다.

첫째는 전북 신문을 구독해야 할 필요성을 전혀 느끼지 못한다는 것이다. 도민들의 주된 관심이 전북보다는 서울에 가 있다는 것이다. 하다 못해 자녀 교육에 있어서도 전북대를 비롯한 전북 지역 대학들보다는 서울 소재 명문대학들에 더 깊은 관심을 갖고 있는데 더 말해 무엇하랴. 또 '실용'과 '오락'의 기능 면에서 보더라도 중앙지들이 그 일을 잘해주고 있기 때문에 굳이 전북 신문을 추가로 구독해야 할 이유도 없다는 것이다.

둘째는 전북 신문들에 대한 불신이었다. 앞서 말씀드렸다시피, 특히 기업을 하거나 자영업을 하는 분들의 불신이 컸다. 아닌게 아니라 그간 지방지와 관련하여 불미스러운 일들이 전국적으로 많이 일어났었다. 그러니 애향심 차원에서 신문을 하나 봐주고 싶어도 선뜻 그렇게 하고 싶은 마음이 내키질 않는다는 것이다.

나는 이 두 가지 이유가 거대한 장벽처럼 버티고 있으며 이를 돌파해내기가 거의 불가능하다는 걸 절감하게 되었다. 요즘 같은 세상에

'애향심'에 호소한다는 건 시대착오적이라는 느낌이 들거니와, '애향심'을 발휘하고 싶은 사람이라도 지방지에 대해 도무지 신뢰가 가질 않는다는데 그걸 무슨 수로 극복할 수 있겠는가?

그런 이유 때문에 '전북 신문 살리기 운동'은 계란으로 바위를 치는 격이라는 결론을 내리지 않을 수 없었다. 그런 결론에도 불구하고 이 운동이 필요하거니와 가능하다고 보는 건, 바로 그런 냉정한 '현실주의'가 여태까지 지방을 서울의 식민지로 전락하게 만든 역사적 퇴행에 대해 침묵하게 만든 이유일 것이라고 보기 때문이다. 즉, 이 운동은 성패(成敗) 여부를 떠나 반드시 해야만 할 필연이라는 것이다.

현 단계에서 가장 중요한 문제는 신문들의 도덕성이다. 도덕성에 관한 한 '도토리 키재기'일망정 신문들마다 다소의 차별성이 있다. 신문들이 도덕성을 갖게끔 상호 경쟁시키는 건 어떨까? 신뢰받는 시민운동 단체가 기존 신문들 가운데 도덕성을 지키기 위해 가장 애쓰는 신문을 하나 골라, 그 신문에게 더욱 강력한 도덕성을 요구할 권리를 갖는 걸 전제로 하여 그 신문의 구독을 권유하는 대대적인 캠페인을 전개하는 것이다.

더욱 구체적으로 말씀드리자면 이렇다. 그 시민운동 단체는 구독 운동을 전개할 대상 신문과 협약을 맺는다. 그 협약은 그 신문이 그 신문의 도덕성에 대한 시민들의 이의 제기에 대해 지면을 통해 성실하게 답해야 한다는 걸 명문화한다. 그걸 조건으로 하여 그 시민운동 단체는 그 신문 구독 운동을 전개하는 것이다.

이는 사소한 것 같지만 의외로 중요한 의미를 갖는다. 과거 애향운동 차원에서 지역 신문 구독을 권유하더라도 가장 큰 장애가 지방 신문에 대한 불신이었기 때문이다. 신뢰만 확보된다면, 지역 신문 구독 운동은 얼마든지 활성화될 수 있는 것이다.

　지역 언론은 더 이상의 꿈이 없는가? 여태까진 없었다. 나는 그런 발상의 대전환이 이루어질 때에 비로소 꿈을 찾게 될 수 있을 것이라 믿는다. 지방 신문의 문제를 '너희들의 문제'가 아니라 '우리들의 문제'로 인식할 때에, 우리도 지방 언론이 정상화되고 발전하는 방향으로 '꿈★은 이루어진다'를 외칠 수 있게 되리라는 것이다. 조만간 전북 지역에서 그런 시도가 이루어질 것을 믿어 의심치 않으며 나부터 그런 운동에 앞장 서고자 한다.

제8장
문화간 커뮤니케이션

일본문화 개방에 대해

유진선 _ 문헌정보학과 3학년, hue23@hanmail.net

주말이면 시내에 있는 제법 큰 쇼핑몰에서 아르바이트를 한다. 특성 상 하루 종일 음악이 나오는 곳인데 한 시간씩 신청곡을 받아 DJ가 틀어주는 사내 방송을 한다. 그 날은 Rock음악 특집이었다. 거의 끝나갈 쯤 DJ가 이런 말을 했다. "X-JAPAN 노래 신청하신 분들이 많은데, 저는 일본 노래는 틀지 않습니다. 왜냐하면 일본이 싫기 때문입니다." 나는 이해가 가지 않았다. '아직도 저런 사람이 있구나.'

중·고등학교 시절 나는 일본이란 나라를 무조건적으로, 굉장히 싫어했다. 주위에 있는 친구들도 마찬가지였다. 그러한 반일감정은 운동 경기 때엔-특히 축구경기-정말 최고조에 이르렀다. 무슨 일이 있어도 일본은 이겨야 한다! 일본에게는 절대로 져서는 안 된다! 이런 식이었다. 솔직히 지금도 일본에게 진다면 자존심이 조금 상하는 건 마찬가지다. 6월에 있었던 월드컵 때만 해도 일본이 8강 진출에 실패하자 약간 안심을 했었다. 공동 개최국인 만큼 약간의 경쟁심도 작용했겠지만

'적어도 일본보다는 잘해야 한다'는 이유가 컸던 것 같다.

이유는 있다. 일본이 우리나라를 침략하며 저질렀던 만행들을 생각하면 난 정말이지 아직도 소름이 끼친다. 그런 행동들을 아직까지 시인하지 않으면서 망언을 일삼으며 정당화하고 있는 일본이란 나라는 참으로 뻔뻔스러워 보인다. 그런 마음에서 나는 우습지만 일본 만화책은 읽지도 않았었다.

그랬던 내가 얼마 전 『센과 치히로의 행방불명』이란 영화를 보고는 O.S.T.를 휴대폰 벨소리로 저장시켰으며, 노래방에 가서는 X-JAPAN 노래를 부르고, 일본이 싫다고 해서 일본 노래를 틀어주지 않는 아저씨가 신기하게 느껴졌다. 일본문화를 내가 당연하게 받아들이게 된 것이다.

문화란 익숙함에 가깝다. 미국에서 태어났다면 혹은 오래 살았다면, 한국인이라도 사고 방식과 습관은 미국인과 비슷하다. 미국문화에 이미 익숙해져 버렸기 때문이다. 그렇지만 문화란 또한 후천적인 성격이 강하다. 우리의 문화는 아니지만 자꾸만 밀려들어오는 미국문화 및 서구문화에 우리는 점점 익숙해져가고 있다. 생일이면 케이크를 사고 패스트푸드를 먹으며 랩을 따라하는 문화를 이해 못하는 어른들은 이제 거의 없다.

한국문화의 취약성과 경쟁력 부족이라는 이유를 들어 일본문화 개방은 우리에게 큰 타격이 될 것이라는 시각은 아직도 무성하다. 이제야 겨우 자리를 잡았다고 생각하는 영화인들은 사정을 봐달라는 식으로 호소하고 있고 아직 전면 개방되지는 않았지만 현재 상당히 어려운 음반업계도 불안해하고 있다. 드라마나 쇼 프로그램 표절, 가요의 표절 중 일본 것을 베낀 것이 가장 많다. 아마도 다른 서구문화에 비해 문화적 성향이 비슷한 부분이 많기 때문일 것이다. 또한 바로 이러한 점에 대해 많은 대중문화 종사자들이 우려를 나타내고 있다. 그러나 자신감이 없어 보여 안타깝다.

최근의 일이긴 하지만 한국영화가 세계적인 영화제에서 수상도 하고 한국 대중문화가 중국을 비롯해 동남아권에서 열풍을 일으키고 있다. 문화교류란 쌍방향적이다. 우리나라 가수들도 현재 일본에서 활동을 해 많은 인기를 얻고 있다. 얼마 전에는 한일 합작 드라마에 출연한 우리나라 남자배우를 보기 위해 우리나라에 직접 와 기획사를 찾은 일본 여성들도 많았다. 특별히 일본에게 약해질 필요는 없다. 말 그대로 맞대응을 하면 되는 것이다.

자본력이 막강한 할리우드의 한 영화가 우리나라에서 크게 히트를 친다고 해도 우리나라의 영화는 한순간에 망하게 되는 것이 아니다. 다른 나라의 영화가 우리나라에서 우리 영화계에 위기감을 줄 만큼 길게 롱런을 한 적은 없다. 한순간의 흥미를 끌 수는 있으나 공감하기는 그리 쉽지 않기 때문이다. 일본문화도 우리와 비슷하다고는 하나 역시 다른 사고방식을 가진 다른 문화이다. 설사 일본 노래나 영화가 크게 히트를 치게 되더라도 우리는 이를 좋은 자극제로 활용하는 것이 옳을 것이다.

일본문화는 어느덧 우리 사회에 깊숙이 들어와 있다. 음식은 말할 것도 없고 게임·잡지·만화·패션뿐만 아니라 비록 우리말로 된 가사이긴 하지만 일본의 한 가수까지 활동을 하고 있다. 그리고 우리는 점점 익숙해져 가고 있다. 익숙함이란 친해진다는 것이지 지배를 당한다는 것은 아니다. 우리의 사고 방식과 기존 태도까지 쉽게 잠식당할 만큼 우리의 문화적 주체성은 결코 약하지 않다고 본다. 점점 우리의 것과 융화되어 가고 있는 서구문화처럼 일본의 문화도 따로 또 같이 우리의 문화와 공존하게 될 것이다. 그것을 지혜롭게 풀어나가야 할 뿐

막을 이유가 우리에겐 없는 것이다. 하지만 나는 아직도 일본 만화책은 읽지 않는다. 우리나라 만화에 비해서 소재가 진부하게 느껴지고 내용이 길기 때문이다. 그뿐이다.

일본만화의 유입에 대해

이민재 _ 섬유공학과 2학년, mieapple@naver.com

만화책은 어려서부터 내가 즐겨 읽었던 책이다. 보통 어렸을 때 많이 읽었을 법한 위인전이나 동화책보다 만화책은 나에게 더욱 흥미로운 책이었다. 나에게 처음 그 흥미를 가져다준 책이 『드래곤볼』이란 만화책이었다. '도리야마 아키라' 라는 작가가 만든 작품으로 일본만화였는데, 작은할아버지 댁에 놀러갔다가 삼촌 방에서 우연히 집어든 책이었다.

생각해 보면 조금 놀랍다는 생각이 든다. 많고 많은 우리 국산만화를 제쳐두고 처음 선택한 만화가 일본만화라는 점에서 그렇다. 더군다나 그때(1990년대 초반 무렵)는 우리나라가 일본에 대해 완전한 문호개방을 하지 않은 터라 정식 판권의 만화가 아니어서 구하기 수월치 않은 책이었다.

그렇게 우연히 일본만화를 접한 후 밥 먹는 것처럼 당연한 듯이 나는 일본만화를 즐겨봤다. 이렇게 얘기하니 내가 국산만화는 보지도 않고 일본만화만을 좋은 것으로 보는 '만화' 사대주의자처럼 비춰질지도 모르겠지만, 전혀 그렇지 않다. 나는 우리나라 만화의 발전을 위해 국산만화도 열심히 보고 있다. 하지만 국산만화에는 번번이 실망하곤 한다. 왜? 뛰어난 작품들이 많은 일본만화에 비해 전반적으로 허섭스레기 같은 우리 만화는 쉽사리 읽혀지지 않기 때문이다.

물론 일본은 만화산업이 크게 발달해서 우리나라와는 비교도 안 될 시장 규모를 가지고 있고, 수많은 작가들이 작품들을 생산해 내기에 작품수 면에서 압도적으로 우리나라보다 많다. 그 중 뛰어난 작품 위주로 국내에 수입되기 때문에 우리나라 만화와 질적으로 차이가 날 수밖에 없는 것 같다.

국산만화도 아끼고 사랑해줘야 하겠지만 객관적으로 질이 높은 작품을 선호하는 독자의 입장에서 그러는 것이 쉽지 않다. '같은 값이면 다홍치마' 라는 속담이 있듯이 같은 만화라면 일본만화를 선택해 본다는 것이다. 그만큼 일본만화는 국산만화보다 작품성과 질적인 면에서 앞서 있다고 볼 수 있다. 문제는 일본만화가 우리나라 젊은이들에게 미치는 영향일 것이다.

일본의 만화들은 일본문화의 소산물 중 하나이기에 무의식 중에 독자들은 그것들을 별 거리낌없이 받아들이고, 일본의 문화에 친근감을 느끼게 되는 것 같다. 우리나라와 지리적으로 가까운 나라로서, 우리나라와 국제적으로 많은 관계를 맺고 있는 나라로서, 앞으로 서로 협력해 나가야 하는 나라로서, 일본에 대해 우리들에겐 많은 이해(앎)와 관심이 필요하다. 그런 점에서 볼 때엔 일본문화의 자연스러운 유입은 우리에게 긍정적인 영향을 미친다고 생각된다.

긍정적인 영향만 미친다면 더할 나위 없이 좋겠지만, 그렇진 않다. 부정적인 측면 중 하나로 왜곡된 역사 인식을 가지고 있는 작가들의 작품들이 있다는 걸 들 수 있겠다. 예를 들어 내가 읽은 작품 중 일본 작가 가와구치 카이지의 『지팡구』(ZIPANGU- '일본' 이란 뜻으로 서양 사람들이 일본을 처음 발견했을 때 붙여준 이름)와 같은 일본만화를 보면, 작가는 2차 세계 대전을 배경으로 일본의 식민지 침략 정책을 정당화시키려 하고, 침략의 주모자들을 멋있고 영웅처럼 묘사하며, 일본이 평화의 선봉에 서서 세계를 선도해 나간다는 어처구니없는 발상과 왜곡을 아무렇지도 않게 일삼는다. 만화이지만 가볍게 웃어 넘길 만한 일이 아니다. 정말 위험한 발상의 만화가 아닐 수 없다. 이러한 만화가 많지는 않지만 일본이나 우리나라 또는 우리나라와 같이 일본만화를 수입해 보는 나라의 청소년 독자들에게, 올바른 세계관 형성에 나쁜 영향을 준다는 것은 두말할 나위가 없다.

또다른 부정적 측면의 만화로는 일본의 퇴폐적인 성문화를 그린 것들을 들 수 있다. 어느 나라 만화든 성인들을 위한 성인만화는 있을 것이다. 하지만 일본은 'SEX의 천국' 으로 불리다시피 하는 나라로서 퇴폐적인 성문화가 발달해 있다. 그것을 바탕으로 청소년들의 정신건강에 큰 해악을 미칠 것이 뻔한 저질의 성인만화들이 무분별하게 국내에 유입되는 것 같다. 분별력 있는 성인들이 본다면 별 무리가 없겠지만, 제대로 분별력을 갖추지 못한 청소년들도 별 어려움 없이 이런 퇴폐적인 만화들을 구입할 수 있다는 것이 문제다.

이렇듯 일본만화의 국내 유입은 이중적인 측면을 가지고 있다. 부정적인 측면의 것들을 제거하려 하더라도 단시간 내에 없어질 것 같지도 않다. 그렇다면 우리는 일본만화를 아예 수입 거부해야 하나? 이는 너무 극단적인 방법이다.

일본만화를 수입하는 사람들이 제대로 된 양심을 가지고 일본만화의 부정적 측면을 가진 만화들을 1차적으로 차단하고, 일본만화에 대

해 분별력 있는 시각을 키워줄 수 있는 이들이 도와준다면-사회 · 문
화적인 정책하에 가능할 듯-더욱 질적이고 건전하게 일본만화를 즐길
수 있을 것이라 생각된다.

　덧붙여 마무리를 하자면, 지금 우리나라는 만화를 비롯한 많은 대중
문화 상품들을 일본에서 수입하고 있는 실정인데, 그에 상응해서 우리
의 문화상품들의 수출을 높이는 것이 중요하다고 생각한다. 물론 질적
으로 뛰어난 문화상품들이 되어야 할 것이다. 그것들을 통해 온전히
상호 교류가 이뤄져서 양국의 국익과 삶의 질이 증대되고 풍성해졌음
하는 것이 나의 작은 바람이다.

박노자의 『당신들의 대한민국』에 대해

유우석 _ 전자정보공학부 97학번, igenial@hanmail.net

인터넷 사이트와 신문에서 '양심적 병역 거부'에 대한 글을 읽은 적이 있다. 나는 그때 병역을 거부하는 사람들을 '미친 사람'으로 생각했다. 분명히 우리는 대한민국 국민의 4대 의무에 국방의 의무가 있다는 것을 알고 있고, 특히 대한민국의 건장한 남자라면 당연히 알고 있을 것인데, 어떻게 양심적으로 병역을 거부한다고 해서 병역의 의무를 이행하지 않을 수 있는가? 라고 생각을 했다.

그런데 박노자의 『당신들의 대한민국』은 나의 그런 생각을 일종의 '세뇌'의 결과로 간주하고 있다. 하지만 군대를 갔다온 나의 관점에서는 동의하기 어렵다. 그것은 세뇌가 아니라 우리나라의 특수한 상황을 알지 못하는, 아직 우리 사회에 완전히 동화되지 못한 귀화 외국인의 생각에 지나지 않는 게 아닐까?

징병제인 우리 현실에서도 병역을 거부하려고 하는 판국에 모병제로 바뀐다면, 아마 지금의 군인 수보다 훨씬 줄어들 것이고 그에 따라 국방력이 상당히 약화될 것으로 생각한다. 우리가 북한을 공격하기 위해서가 아니라 있을지도 모르는 북한의 침략으로부터 우리나라를 방위하기 위해서, 북한에 맞설 수 있을 정도의 국방력은 반드시 필요하다고 본다. 따라서 양심적 병역 거부를 긍정적인 시각으로 보는 것은 타당하지 않은 시선이라고 생각한다. 그리고 이것은 내가 완전히 세뇌되어 버린 것이 아니라 국민의 국가를 위한 당연한 사고 방식이라고 생각한다.

박노자의 생각들을 접하다 보면 성급한 판단일지도 모르지만 우려되는 것들이 있다. 그 중 한 가지는 그의 생각들이 다소 감상적이며 비현실적일 수 있다는 점이다. 그는 "아직도 감옥에 있는 모든 양심적 병역 거부자들에게 이 책을 바친다"고 밝히며 열린 민족주의의 필요성을 주장한다. 이는 한국 사회가 처한 특수하며 위태로운 위치, 강대국들의 틈바구니 사이에서 부단히 가슴을 조이며 생존을 모색하면서 눈치를 보아야 하는 엄연한 현실을 과소 평가하고 있는 것이다.

우리나라는 아직은 북한의 무력 도발에 우리 자신만의 힘으로는 견뎌내기 어렵고, 경제력으로 봤을 때도 아직은 강대국들의 눈치를 보아야 하는 상황인데, 박노자는 한때 최고의 강대국 중 하나이던 소련에 살던 강대국 국민의 마인드로 우리를 보고 있다는 느낌이 든다. 약간은 비참한 현실이기에 인정하기 싫지만 인정할 것은 인정해야 하고 그러한 비참한 상황에서 벗어나기 위하여 우리 모두 단합하여 노력해야 할 것이다.

박노자는 우리가 예전부터 갖고 있었고 또한 갖고 있을 수밖에 없었던 우리의 강한 민족성을 비판한다. 우리가 수많은 외세의 침략을 지켜내면서 단일 민족으로서의 민족의식을 지켜낼 수 있었던 건, 우리의 강한 민족성 때문이었다는 걸 이해하고 하는 말일까? 박노자의 비판은

과거 오랜 세월에 걸쳐 생성된 우리 민족의 특수한 상황을 간과한 것
이라는 생각이 든다. 또한 강대국에서 약소국으로 일방적으로 강요되
는 세계화 추세 속에서, 민족이란 울타리의 해체론은 순기능 못지 않
게 역기능을 더 많이 발생시킬 것이다. 한국이 처한 현실에 대한 인식
의 부족 혹은 낭만적 시각이라고나 할까? 그러한 생각이 든다.

　박노자가 한국의 역사에 대해서 공부했기 때문에 우리나라에서 태
어나고 자란 보통 한국인보다 우리 역사에 대해서 많이 알 수도 있다.
하지만 오히려 그게 더 문제일 수도 있다는 생각을 해 보는 게 좋을 것
이다. '지식'만으론 파악할 수 없는 것들이 많이 있다고 보기 때문이
다.

강 준 만

'초일류기업의 비즈니스 대실수'

아니 세계적인 초일류 기업이 이런 실수를 하다니! 미국의 경영학자인 데이비드 릭스가 쓴 『초일류기업의 비즈니스 대실수』(이광철·이재유 옮김, 김영사, 1995)라는 책엔 그런 사례들이 수두룩하다. 그러나 이 책은 단지 재미있다고 읽을 책은 아니다. 초일류 기업이 그런 실수를 할진대 작은 기업들이나 개인의 경우에야 더 말해 무엇하랴. 무엇이든 미리 꼼꼼하게 챙겨야겠다는 자극을 받는 기회로 이 책을 활용하는 것이 좋을 것이다.

외국 기업과 거래를 틀 때에 무엇을 선물할까 하고 고민하는 경우가 있을 것이다. 그 나라의 문화를 미리 살펴보는 것이 필요하다. 중국에서는 시계를 선물하는 건 현명치 않다고 한다. 중국말로 '시계'라는 단어는 '장례식'이라는 단어와 발음이 유사하기 때문이라는 것이다.

일본에 무슨 가전제품을 팔 때엔 반드시 '소리'에 신경을 써야 한다. 일본의 가옥 구조 때문이다. 과거 서양의 냉장고 생산업체들은 소

리가 크게 나는 냉장고 모터 때문에 판매에 큰 어려움을 겪었다고 한
다. 서양의 가옥 구조에선 괜찮은 것도 벽이 얇은 일본의 가옥 구조에
선 큰 문제가 되었던 것이다.

미국의 한 화장품 회사가 이슬람교도가 많은 북아프리카 지역에서
남성용 향수 광고를 하면서, 미국의 농촌을 배경으로 한 남자와 그의
애견이 찍힌 광고 사진을 그대로 이용했다가 낭패를 보았다. 이슬람교
도들은 개라는 동물을 불길한 징조나 더러움의 상징으로 간주하기 때
문이었다. 또다른 미국업체가 라틴 아메리카에서 동백향 향수 판매를
시도했다가 실패한 일도 있었는데, 이는 그 지역에서는 동백꽃이 주로
장례식에 쓰인다는 것을 간과한 대실수였다.

미국과 유럽의 기업들이 중동의 두바이에서 아라비아어로 광고를
했다가 실패한 적도 있다. 두바이에서는 전체 국민의 10%만이 아라비
아어를 쓰고 나머지 90%의 사람들은 파키스탄어나 인도어, 이란어 또
는 그 밖의 다른 나라 말을 사용한다는 걸 몰랐던 것이다.

서양의 어떤 안경 판매 회사는 태국에서 동물들이 안경을 쓰고 있는
광고를 선보였는데 이는 어리석은 짓이었다. 왜냐하면 태국에서는 동
물을 비천하게 여기기 때문에 서양에서와 같은 광고 효과를 거둘 수
없었기 때문이다.

어느 서양 전화기 회사는 라틴 아메리카에서 광고를 하면서 라틴계
출신의 배우를 모델로 쓴 것까지는 좋았는데 광고 내용에서 큰 실수를
저질렀다. 아내가 남편에게 "아래층에 내려가서 메리에게 전화하세요.
우리가 좀 늦겠다고요"라고 한 멘트 때문이었다. 전통적인 라틴 가정
에서는 아내가 남편에게 감히 명령을 할 수가 없으며 라틴계 부부는
그 누구도 늦는다고 전화로 미리 알릴 필요를 느끼지 못한다는 문화적
차이를 간과했던 것이다.

유명한 진공청소기 제조 회사인 일렉트로룩스를 인수한 어느 스웨덴 회사는 미국 시장에서 진공청소기 광고를 하면서 "Electrolux sucks better"라고 주장하는 실수를 저질렀다. "먼지를 잘 흡입한다"는 뜻으로 그렇게 표현했겠지만, 미국에서 'suck'라는 단어는 클린턴과 르윈스키 사이에서 있었던 것처럼 "입으로 빤다"는 저질스러운(?) 의미를 갖고 있다는 걸 미처 생각하지 못했던 것이다.

라틴 아메리카나 북아프리카와 같은 먼 지역은 제쳐놓더라도 우리는 과연 일본과 중국의 문화에 대해 얼마나 잘 알고 있는지 반성해 볼 일이다.

각 나라별로 사람들은 문화적으로 얼마나 어떻게 다를까? 우리는 '국민성'이 어떻다는 식으로 이런 물음을 던지고 답을 하기를 즐겨 한다. 물론 이런 식의 주먹구구식 평가는 왜곡과 편견을 수반할 수 있다는 점에서 위험할 수도 있지만, 그렇다고 해서 이러한 탐구까지 금기시할 필요는 없을 것이다.

그간 이 주제로 수많은 책들이 출간되었지만, 그 가운데 가장 돋보이는 건 단연 네덜란드의 심리학자인 기어트 호프슈테더(Geert Hofstede)가 쓴 『Cultures and Organizations: Software of the Mind』라는 책이다. 지난 95년 『세계의 문화와 조직: 문화간 협력과 세계 속에서의 생존』(차재호·나은영 역, 학지사)이라는 제목으로 번역·출간되었다.

이 책은 다국적 기업인 IBM 지사가 있는 50개국의 현지 사원들을 대상으로 한 설문 조사 결과와 그 밖의 3개 지역 조사를 근거로 한 실증적 연구로서, '문화간 커뮤니케이션'을 다루는 책들에 거의 빠지지 않고 인용되는 명저이다. '문화간 커뮤니케이션'에 관심이 있는 사람은 반드시 읽어야 할 필독서임에 틀림없다.

외국인에 대한 과잉 친절의 역효과

김태연 _ 국어국문학과 3학년, ktycom@hanmail.net

2002 월드컵으로 온 나라가 들썩이던 지난 여름, 덕분에 여름방학을 일찍부터 맞게 된 나는 아르바이트 자리를 구하다가 마트 판매 경험을 살려 시내에 있는 중저가 메이커 옷가게에서 일하게 되었다.

깔끔한 캐주얼 메이커라 남녀노소 손님들이 꽤 많이 몰리는 곳이었는데 가게 사모님이 나의 왕초보 딱지를 떼어주셨던 어느 날, 갑자기 외국인들이 몰려오는 것이었다. 중·고등학교 시절 영어 점수가 꽤 잘 나오긴 했었지만 우리나라 주입식 교육의 영향(?)으로 회화에는 영 자신이 없던 나는 기겁을 하고 말았다. 눈이 휘둥그레지는 날 보며 사모님이 조용히 하시는 말씀.

"서비스 정신은 어디서나 통하는 것잉게 한 번 가서 부딪혀 봐. 우리 가게에는 단골 외국인들도 많여."

그러나 넉살 좋고 적극적인 성격으로 먹고사시던 사모님도 많은 외국인 숫자에 당황한 눈치. 그 가게 안에서 그나마 가장 젊은 엘리트였던 나를 모두 등 떠밀었다. 서비스와 친절은 세계 어디서나 통하는 거라고 마음을 굳게 먹고 어색한 미소를 활짝 지으며 그들에게 다가간 나는, 대여섯 명이 영어로 계속 떠드는 소리에 기가 질렸으나 그 소음을 우선 막아보기 위해 입을 열었다.

"May I help you?"

파란 눈빛들이 키도 작은 나에게 한꺼번에 쏠릴 때의 당혹스러움이란 이루 말할 수 없었지만, '그래 여기는 한국이니까 영어 조금 틀린다고 자기들이 뭐라고 할 수 있겠어? 에라~ 모르겠다.' 나는 보통 때 장사하던 그 태도 그대로를 보여주기 시작했다.

참고로 내가 아르바이트하던 가게는 사모님의 영향으로 장사하는 방법이 다른 가게들과 비교해 봤을 때 매우 적극적이라 할 수 있었다. 티셔츠 고르는 손님이 있으면 가서 어울리는 바지와 다른 상의까지 권해주며 사지 않아도 한 번만 같이 입어보라고 떼를 쓰는 것은 당연한 일이었고, 눈치 봐서 살 것 같으면 다른 예쁜 티셔츠들도 골라주며 말로 구슬려 사게 만들고, 눈치가 영 아니다 싶으면 값이 아주 저렴한 옷을 보여주거나 가게에서 잘 팔리는 옷이란 옷은 다 꺼내어 보여 주곤 했으며, 마음에 드는 옷이 없어 나가는 손님에겐 "이건 어떠세요!!" 해서 뒤돌아보게 만드는 것도 잊지 않았다.

가게에 들어온 손님뿐 아니라 가게 앞에서 얼쩡대는 손님까지 끌어와서 계속 쫓아다니며 좋은 말로 현혹하는 것이 나의 임무였다고 하면 맞을 것이었다. 가게 안에 들어와서 티셔츠 한 장 달랑 사가는 손님이 있다면 그건 실패한 것으로 여겼으니까. 실제로 가게의 그러한 판매 전략은 돈 많은 아주머니나 허영심 많은 아가씨, 순진한 중·고등학생, 옷 볼 줄 모르는 남자 분들한테 꽤 잘 들어맞는 방법이기도 했다.

나는 지금 그러한 방법을 외국인들을 상대로 시작한 것이다. 짤막한 영어 단어를 붙여서 이어가며 이 옷 저 옷 꺼내들고 어색한 미소를 활짝 띠는 내가 그들 눈에는 신기하게 비쳤던 것일까? 멍하니 서서 내가 하는 모양만 쳐다보고 있던 그들은 이내 두 손을 휘휘 저으며 "No, Thank you"를 연발했다. 그러더니 서툴게 "죄송합니다" 하며 미안해하는 얼굴로 나가버리고 말았다.

월드컵 기간이었기 때문인지 내가 일하는 두 달 반 동안 외국인들은 심심찮게 우리 가게를 찾았다. 그때마다 가게 사모님은 내가 전과 같이 하기를 종용했고 대부분 판매는 실패했다. 항상 상황은 같았다. 외국인들은 한국에 오기 전 열심히 연습했을, "실례합니다" 또는 "구경할게요"라는 인사말을 하며 들어와서는, 사모님과 나를 보고 기겁해서 미안하다며 나가 버리기 일쑤였다. 그때마다 민망해진 나는 사모님을 탓하며 서비스 정신은 세계 공용이 아니라며 투덜댔고 …….

그 판매 전략을 외국인들 특히 서양인들이 부담스러워하고 당황해한다는 것을 알게 된 것은 한국말을 조금은 할 줄 안다는 한 외국인을 통해서였다. 여느 외국인과 다름없이 "구경할게요" 하고 들어선 그 외국인은 옷을 꺼내 들이대는 사모님에게 당황해서, 빨개진 얼굴로 "무서워요"라고 말했다. 사모님과 나도 당황하긴 마찬가지. 옷을 들고 황망히 서 있는데 그 외국인이 또다시 짧게 말했다.

"그렇게 하는 거 다들 무서워해요."

그랬다. 그들은 알아들을 수 없는 말을 계속 해대며 자꾸 옷을 꺼내드는 점원들이 무섭고 미안스러웠던 것이다. 그들이 옷가게 점원에게 원하는 서비스는 원하는 옷의 위치를 대강 알려주고 사람 좋은 얼굴로 조용히 웃으며 지켜보는 것이었고, 그 이상은 부담으로밖에 다가오지 않았나 보다.

미소와 서비스가 세계 공통의 것이 아니라는 말은 아니다. 지역마다 정도의 차이가 있다는 것이다. 가게에 왔던 동양권 사람들은 그런 서비스에 익숙했고 그런 만큼 잘 사가기도 했지만 서양인들은 익숙하지 않았던 것 같다. 또 가게 사모님은 젊은 손님들이 오면 엄마처럼 다독여 가며 입혀 보고 스스럼없이 엉덩이도 두들겼는데, 문화적 차이가 심한 서양인들은 받아들이기 힘들었는지도 모른다.

친절도 지나치면 불쾌감까지 낳을 수 있다. 요즈음은 워낙 서비스가 발달한 시대라 어딜 가나 전문 매장들은 온갖 서비스를 베풀곤 한다. 그 친절이 익숙해지면 편하지만 익숙하지 않은 사람은 오히려 불편하기도 하다.

이에 관한 작은 에피소드 하나를 간략히 얘기해 보려 한다. 며칠 전 휴가 나왔던, 군인인 남자 친구와 테이크 아웃 커피 전문점을 찾았던 나는 그만 웃음보가 터지고 말았다. 그런 셀프 커피 전문점이 익숙하지 않았던 그는 조그만 실수를 점원 앞에서 연발했는데, 실수 앞에서도 계속 예쁘게 웃으며 얘기하는 여자 점원 앞에서 그는 창피함을 더 느꼈던 것이다. 깔깔대는 나에게 그가 돌아와 앉으며 하는 말.

“창피해 죽겠네. 과잉 친절은 불편해.”

오히려 그는 실수하는 자기를 조용히 내버려두었으면 덜 창피했을 거라는 얘기를 했다. 그러한 친절에 익숙하지 못했던 그가 느낀 황망함을, 내가 아르바이트하던 가게에 온 외국인들도 느꼈던 것일까? 지금도 혼비백산하여 달아나던 외국인들의 뒷모습을 떠올리면 웃음이 난다.

친절이나 서비스가 사람을 불편하게 한다는 얘기를 쓰려는 것은 아니다. 서비스와 친절도 상대방에 맞게 적절해야 한다는 것이다. 내 경험은 비록 작은 가게 안에서 벌어졌던 일이지만, 크게 본다면 우리나라가 국제적 행사를 열 때 적용해 볼 수 있는 소중한 경험이 아니었나 생각한다. 위에서도 말했던 것처럼 지금은 서비스 시대다. 외국인들이 우리나라를 편하고 정감 넘치는 나라로 기억하기 위해서는 그들에게 맞는 서비스를 연구하고 개발해야 할 것이다. 이것도 우리나라의 국제적 위상을 높이고 관광의 나라 한국을 만들 수 있는 중요한 분야가 될 것이다.

미국 해병과의 만남

김룡 _ 신문방송학과 98학번, wow867@hanmail.net

오키나와에 주둔하는 미 해병대는 한국 해병대와의 공동 훈련을 위해 짧은 기간 동안, 포항에 있는 미 해병대 캠프에 들어온다. 미 해병대 포항 캠프는 포항 00읍에서 00면 쪽으로 향하다 보면 조립식 건물로 깨끗하게 만들어진 작은 규모의 부대이다. 그들은 그 곳에서 한 달 정도 지내게 되는 것이다. 물론 부대마다 체류 기간은 다르지만 내가 만나본 부대들은 대개가 한 달 정도였다.

미 해병대와 한국 해병대는 많은 면에서 공통점이 있다. 둘 다 팔각모를 쓰고 해병대 마크도 독수리를 상징으로 하여 비슷하다. 그리고 둘 다 지나친 자기 우월주의로 인해 육군이나 해군 등 타군을 무시하고 깔보는 특징이 있다. 이 사실은 미 해병과의 대화 속에서 알게 됐는데 너무도 놀라운 우리와의 공통점이었다(물론 그래서는 안 되지만).

내가 처음 미 해병을 만난 건 2000년 10월 즈음이었다. 미 해병은 포항에 오면 대한민국 해병대 유격 교육대에 와서 교육을 받는다. 미국에선 우리가 군인으로서 필수로 받는 훈련인, 레펠·도하·등반 등의 유격 기술을 익힐 수가 없다고 한다. 미국에서는 육군 솔저(soldier)들이 이런 훈련을 받는다고 한다. 그래서인지 빠지지 않고 와서 우리에게 교육을 받았다.

처음 미 해병과의 만남에서 느낀 건 그들의 자유스러움에 대한 놀라움이었다. 미국이 자유의 나라라고 하지만 그 정도까지일 줄은 몰랐다. 내가 만난 건 분명히 군인이었는데, 그들은 내가 중·고등학교 다닐 때 했던 것보다 더 자유스럽게 행동하는 것이었다. 교육 중에 음식물을 먹고, 웃고 떠들고, 무서워서 못 하겠다고 해도 아무런 강제력을 행사하지 않으며, 이병과 병장이 우리처럼 어려운 사이가 아니라 친한 친구 같았다. 미군은 모병제에 의한 직업군인이기 때문인지 우리와는 사뭇 다른 분위기를 느낄 수가 있었다.

처음 만나던 날, 그들은 저녁 식사에 우리 유격 조교들을 초대했다. 빵과 케이크·콘칩·삶은 콩·고기류·사과·음료 등으로 차려진, 처음 접해본 미국식 음식은 너무나도 새로웠다. 그리고 맛있기도 했다. 약간 서양인 냄새가 나기도 했지만 그런 대로 즐길 수 있는 음식이었다. 음식을 함께 나누며 그들과 대화도 나눌 수 있었다. 나의 짧은 영어 실력으로 그리 깊은 대화를 나눌 수는 없었지만, 그들이 어디에서 왔으며 나이가 몇인지 어떤 운동을 좋아하는지 정도의 짧은 대화는 무난히 이끌어갈 수가 있었다.

그 후로도 가을과 봄을 전후해 미 해병들의 출입은 계속 이어졌다. 그런 사이에 나는 계급이 올랐고 훈련부대가 오면 병사들을 관리하는 일이 주어졌다. 통역관이 있으면 쉽게 언어 소통이 되었지만 그렇지 않은 경우, 똑똑한 후임병을 데리고 올라가서 손발을 다 써가며 커뮤니케이션을 할 수밖에 없었다. 온몸을 다 써가며 뜻을 전달하고자 해도 내 말뜻을 전혀 이해하지 못하는 경우가 발생했다. 그럴 때면 화도 나고 정말 답답하기만 했다. '왜 이놈들은 남의 나라에 와서 교육받으면서 그 나라 말 한마디도 못 한단 말인가!' 당연히 우리가 영어를 쓸 줄 알겠지 하고 생각하는 것이 참 못마땅하기도 하였다. 물론 오키나와에 주둔하며 한국에 한 달 정도밖에 있지 않는다는 걸 알면서도 옹졸하게 그런 생각이 떠오르는 건 어쩔 수 없었다.

미 해병 중에는 한국계 혼혈인도 있었다. 이런 사람들은 우리말을 조금 하기 때문에, 비교적 대화하기도 편하고 모르는 영어가 나오면 배울 수도 있어서 아주 큰 도움이 되었다. Lundy라는 흑인이 있었다. 그의 아버지는 흑인이고 어머니는 한국인이었다. 집에서는 한국말을 쓰기 때문에 우리말을 곧잘 했다. Lundy는 우리의 피가 섞여서 그런지 마음이 더 갔고, 우리와 함께 김치에 밥을 먹고, 과업 후엔 같이 PX를 이용하곤 했다. 나의 선임병들은 주말에 외출을 나가면 Lundy를 만나서 소주를 곁들이기도 했다. 비록 피부색은 다르고 국적은 달라도 한국인의 피가 흐르고 우리말을 할 수 있다는 것이, 다른 누구와는 사뭇 다르게 Lundy와 우리 사이를 가깝게 만들었다.

미 해병과의 축구 시합도 있었다. 미국이라는 나라는 축구엔 좀 관심이 없는 나라여서 실력이 별로 좋진 못하다. 이번 2002 월드컵에서 8강에 드는 성과를 거두긴 했지만, 미 해병과의 몇 번의 축구 시합에서 느낀 것은 충분한 자신감이었다. 덩치 큰 흑인들 사이를 헤집고 다니며 골을 넣는 기분은 가히 환상적이라고 할 수 있었다. 그러던 중, 엄청난 팀을 만나게 되었다. 미국에서 축구 선수를 했던 한 해병의 엄청난 발재간과 스피드에 기가 눌린 우리는 어려운 경기 끝에 2 : 2로 간신히 비길 수 있었다. 정말 재밌는 승부였고, 우리는 서로가 너무나 가깝게 느껴졌고, 여자와 남자끼리도 서로 아무런 거리낌없이 어깨동무를 하고 사진을 찍고, 악수를 하며 이별을 아쉬워했다. 정신적인 뭔가가 통했을 것이다. 이것도 하나의 커뮤니케이션이라고 할 수 있겠다.

그들과 이렇게 좋은 일만 있는 것은 아니었다. 덩치 큰 그들과 축구를 하다 보면 몸싸움은 피할 수 없는 것이어서 많이 다치기도 한다. 그러다 보면 신경이 날카로워지고 우리도 거친 플레이를 하게 된다. 거친 플레이 속에서 서로의 표정만 보아도 알 수 있는데, 욕을 섞은 그들의 말을 듣고 나면 나의 인내심은 그만 한계에 달하고 만다. 그들의 fucking, fuck 소리는 욕이라는 것을 아는 나에겐 정말 참기 힘든 일이었다. 그러던 차에 미 해병대 한 명이 날 수비하다가 내 발을 걷어찼고, 난 도저히 참지 못하고 한국식 욕을 하며 곧 칠 기세를 보였다. 다행히 sorry 하면서 그가 사과를 했고 나도 곧 미안하다는 말을 하였다. 여담이지만 그 덩치 큰 흑인이 참지 못하고, 그래서 싸움이 벌어졌다면 난 어떻게 되었을까?

미국에 가지 않고도 미국인과 대화를 나눌 수 있었다는 것은 나에게 커다란 행운이었다. 비록 그 대화의 깊이가 이루 헤아릴 수 없이 얕은 것이었지만 미국식 음식을 먹고, 미국인의 체취를 가까이서 맡고, 함께 운동하고, 그들 문화(부대)의 특성에 대해 알게 된 것은, 한국에서 나서 한국에서만 자란 나에게는 삶의 기분 좋은 경험의 하나가 되었다.

세계가 좁아지고 있고 돈이 많지 않아도 손쉽게 외국을 여행할 수 있는 세상이다. 앞으로 많은 나라의 많은 외국인들이 우리의 삶을 스쳐 지나갈 것이다. 그들을 대하며 Lundy를 생각한다. 그에게 했던 것처럼 편안하고 친근한 생각을 가지고 먼저 다가간다면, 상대가 어느 나라 사람이든지 좋은 친구가 될 수 있을 것이라고 믿는다. 앞으로의 인생에서 외국인을 만날 때 꼭 되새겨 보아야 할 좋은 경험이었다.

바디 랭귀지도 훌륭한 언어다

이상희 _ 신문방송학과 2학년, gadgetcat@naver.com

전주 객사 앞 골목길에 Deep In이라는 Bar가 있다. 전체적인 분위기는 어둡고 담배 연기로 뿌옇다. 낡은 듯한 테이블과 의자, 주인의 손때가 묻어나는 인테리어, 벽면을 장식한 그림과 사진들은 굉장히 이국적이면서도 감각적이다. Bar 사장님이 전공을 살려 직접 인테리어를 했다고 한다.

처음 갔을 때는 이른 시간인 데다가 평일이라서 한산했다. 벽면을 장식한 폴라로이드 사진을 보니 외국인들이 굉장히 많았다. 그 사진들만 보면 내가 마치 외국에 나와 있는 듯한 착각에 빠질 정도였다. 이국적인 인테리어도 미국영화 속에서 자주 보던 그것이었다. 후에 알고 보니 그 곳은 외국인들이 자주 오는 Bar로 유명했다.

두 번째 그 곳을 찾았을 때는 월드컵 기간이었다. 그 날은 우리나라가 4강 진출이 확정되고 독일전을 하루 앞둔 날이었다. Bar에 앉아서 친구와 이야기를 하고 있는데 한 외국인과 눈이 마주쳤다. 난 쑥스러워서 고개를 돌리려다 미안한 마음에 다시 그 사람을 보고 웃어줬다. 그러자 그 사람이 다가와 말을 걸었다.

"HI." 당황했지만 그간 배워 온 영어를 총동원해 땀을 뻘뻘 흘려가며 대화를 나눴다. 그는 독일 출신으로 봉동 쪽 LG25라는 곳에서 일한다고 자신을 소개했다. 나이는 43세, 이름은 조세프였다. 고등학교 시절 제2 외국어가 독일어였기 때문에 간단한 문장을 독일어로 했더니 조세프는 놀라며 즐거워했다.

조세프도 영어는 잘 못하는 눈치였다. 한결 마음이 가벼워지다가도 막막한 의사소통 때문에 등에서 식은땀이 나기 시작했다. 어색한 웃음만이 오고가다 일상적인 이야기를 나누게 되었다. 가족 · 친구 · 학교 · 직장 이야기 등등 사실 못 알아들은 말도 많았는데 그냥 알아듣는 척 고개를 끄덕였다. 나만한 딸이 있다고 했는데 그럼에도 불구하고 담배를 권하고 술을 사줬다. 개방적이라는 표현을 써야 하나? 행동 하나하나를 어느 관점에서 해석해야 될지 아리송했다.

독일전을 앞두고 월드컵 이야기를 빠뜨릴 수가 없었다. 조세프가 먼저 '대한민국'을 외쳤고 난 답례로 '도이칠란트'를 외쳤다. 서로의 선전을 기대하며 다음 월드컵 때 독일에서 만나게 되기를 바란다고 말했다. 그때 조세프와 함께 온 대머리 아저씨가 한 분 계셨는데 난데없이 와서는, 연습장에 한국과 독일의 지도를 그리고 뮌헨과 베를린의 위치를 설명해 주고 면적, 인구에 대해 목에 힘을 줘가며 설명해주셨다. 한국 지도를 놓고서 전주 군산간 거리, 전주 목포간 거리를 물어 나를 당황하게 만들더니 자랑스럽게 나에게 알려주셨다. 강한 자부심에 난 위축되고 말았다.

만약 그 아저씨를 먼저 만났더라면 아마도 외국인들에게 갖는 편견이 쉽게 허물어지지는 않았을 것이다. 자기 국가에 대한 자긍심이 대단했고 우리나라보다 훨씬 넓고 좋은 곳이라고 강조했다. 나도 우리나라에 대해서라면 월드컵을 통해 회복한 엄청난 자부심으로 애국심이 고취되어 있는 상태였는데, 그 아저씨가 잘못 건드렸다. 욱하는 성질에 한 번 따져 드릴까 하다가 그래도 우리나라를 찾은 외국인에게 좋지 않은 인상을 남겨서는 안 되겠다 싶은 마음에, 아저씨네 나라도 좋고 우리나라도 좋다는 소극적인 결론을 짓고 말았다. 조세프와는 서로 언어가 매끄럽게 통하진 않았어도 유쾌하고 편안했는데 그 대머리 아저씨는 왠지 모를 불편함이 들었다.

곧 독일로 돌아간다는 조세프는 e-mail 주소를 교환하고 작별 인사를 했다. 처음엔 언어가 통하지 않아 답답했는데 금새 친구가 되고 보니 서툰 영어로도 재밌고 유쾌한 대화가 가능해졌다. 어쩌면 이렇게 편견 없이 만나는 외국인과의 대화가 내 사고를 더 개방적으로 이끈다는 생각이 들었다. 더불어 외국어에 대한 흥미도 높아졌다.

여전히 Bar에서는 외국인들이 일어서서 음악에 맞춰 춤을 추고 술을 마시고 있었다. 그런데 저쪽에서 익숙한 얼굴의 외국인이 우리를 보고 있었다. 다름 아닌 고등학교 시절 영어 회화 선생님이었던 제프였다. 제프와는 2년 간 같이 공부를 했었는데, 나는 항상 제프의 말을 해석하느라 진땀을 뺐고 제프는 나의 바디 랭귀지를 해석하느라 진땀을 빼는 사이였다.

학교에서 하던 대로 제프는 입으로 말했고 난 몸으로 말했다. 교복 입고 보던 선생님이랑 건배를 하려니 여간 쑥스러운 게 아니었다. 제프는 술 마시는 걸 보고 교장 선생님께 이르겠다는 농담을 했고 난 주민등록증을 보여줬다. 제프랑 고등학교 시절 말하기 시험을 보면서 곤욕을 치렀던 얘기, 떠들어서 미안했었다는 사과, 이쁜 언니 소개시켜 주겠다는 약속을 했다. 언어도 다르고 문화권도 다르지만 이렇게 술잔을 기울이며 농담도 즐기고 이야기를 나누는 게 즐거웠다. 가끔씩 문화적 차이에서 오는 어색함이나 불편함도 없지 않았지만, 그 정도는 굳이 외국인이 아니어도 보통 사람들과의 대화 속에서도 흔히 접해 오던 문제이기 때문에 괜찮았다.

우리나라의 딱딱한 수직적 상하 관계에서는 찾아 볼 수 없는 커뮤니케이션의 개방성이 그 곳에는 있다. 피해가 될까 주저하며 말 걸기를 어려워하는 우리들 정서와는 다른 모습이었다. 개방되어 있기에 우려되는 무례나 난폭한 언어 사용도 거의 없었고 외국 사람들에게 가졌던 편견을 없앨 수 있는 계기가 되었다. 내가 그 동안 외국인들에게 가졌던 이미지는 마약 폭력 섹스에 대한 거침없는 수용과 개인주의와 인종차별 등이 전부였는데, 대화를 통해 그 이미지는 모두를 대표하는 것이 아니라 그저 일부일 뿐이라는 생각을 갖게 되었다. 역시 대화는 모든 오해를 이해로 이끌어내는 마법과도 같은 것이다.

다시 그 곳을 찾게 된 건 얼마 지나지 않아서였다. 이번엔 의도적으로 그 곳을 갔다. 처음엔 우연이었지만 좋은 경험이었다는 생각에 외국인 친구도 사귀고 대화도 나눠 볼 겸 또 가게 되었다. 친구와 오랫동안 앉아 있는데 아무도 말을 걸어오지 않았다. 먼저 말을 걸어 볼까 했지만 용기가 나지 않았다.

잠시 후 한 캐나다인이 와서 말을 걸었다. 이름은 크리스였다. 친구와 둘이서만 왔냐길래 그렇다고 대답했더니 사랑하는 사이냐고 대뜸 묻는 것이었다. 크리스는 우리를 레즈비언으로 착각했던 모양이다. 그도 그럴 것이 둘이서 귓속말하고(시끄러워서였지만 ……) 웃으며 좋아하는 모습이 충분히 오해를 살 만했다. 우리는 정색하며 "Never Never!!"를 외쳤고 그때부터 크리스와의 대화가 시작되었다. 어린아이들을 가르치는 영어 학원 교사라고 했다. 나이는 23살이고 여자 룸메이트와 함께 산다고 했다. 익히 들어서 익숙한 문화이긴 했지만 그래도 크리스의 말들을 들으며 문화적 충돌을 경험해야 했다.

　크리스는 우리와 나이가 비슷해서 음악이나 영화 이야기를 했다. 크리스와 나는 락그룹 Greenday를 좋아했고『브에나비스타 소셜클럽』의 영화 음악을 좋아하는 것도 취향이 같았다. 음악도 신청해서 들으며 좋은 음악이나 영화들을 서로 추천해줬다. 패션에 관한 이야기도 나누고 서로 휴대폰 번호도 교환했다. 우리는 크리스에게 한국말, 크리스는 우리에게 영어를 가르쳐 주기로 했다. 대화가 좀더 잘 통하면 하고 싶은 말을 다 해가며 속이야 시원하겠지만, 대화가 잘 통하지 않기에 서로를 배려하고 더욱 더 이해하기 위한 노력을 통해 심리적으로 더 가까워진 것 같았다. 크리스와도 e-mail 주소를 교환하고 다시 만나기로 약속했다.

　지금까지 Deep In에서 만난 몇몇 외국인과의 커뮤니케이션에 대해 두서 없이 이야기했지만, 내가 느낀 건 외국인과의 커뮤니케이션은 언어의 정확한 구사 없이도 얼마든지 가능하다는 것이었다. 나는 그들과의 대화를 통해 겹겹으로 둘러 쌓여 있던 외국인에 대한 편견의 굴레를 벗어날 수 있었다. 나 스스로 아직은 부족한 외국 문화에 대한 관심이나 배려가 더욱 높아지는 걸 느꼈다.

외국인과의 대화를 겁내지 말자

임순정 _ 신문방송학과 2학년, sjlove714@hanmail.net

지난 겨울방학 때 '다큐멘터리 제작'이란 아카데미 교육을 받았다. 교육을 받으면서 다큐멘터리 작품을 한 편 만들게 되었는데, 소재를 찾던 중 우연찮게 한국에서 생활하고 있는 외국인들의 삶에 대한 이야기에 관심을 갖게 되었다. 이야기의 중심은 전북대학교 언어교육원 한국어 반 외국인 학생들에 관한 것이었다.

본격적으로 작품을 찍기 위해 언어교육원을 찾아갔다. 한국어 반 외국인 학생들은 일본, 중국, 미국 등 다양한 국적의 학생들로 구성되어 있었다. 아직 한국어가 서툴러서인지 이들은 대화를 나눌 때 자기들 모국어를 사용했다. 그래서였을까? 나는 섣불리 말을 걸기가 겁이 났다. 그래서 한참 후에야 겨우 용기를 내어 말을 걸기 시작했다. 물론 한국어로 말이다. 대화가 아주 매끄럽지는 않았지만 그래도 어느 정도의 대화는 가능했다. 외국인들이 말하는 한국어 발음은 서툴러서 조금은 우스웠다. 며칠 동안 촬영을 하면서 어느덧 외국인 학생들 특히, 일본·중국 학생들과 친해지게 되었다. 촬영을 하러 가면 먼저 말을 걸기도 하곤 했다.

그러던 어느 날 중국인 학생(동설비) 집에 초대를 받아 가게 되었다. 한국어 반 학생들은 대부분 주부들이었는데 이 중국인 학생도 한국인과 결혼한 주부였다. 중국인 학생 집이 익산이어서 버스를 타고 한국어 반 학생들 몇몇과 함께 가게 되었다. 버스를 타고 가면서 나는 내 옆에 앉은 또다른 중국인 학생(김홍)과 한국어로 이런저런 얘기를 하였다. 말뜻을 알아듣지 못하면 손짓, 발짓 등 할 수 있는 수단은 모두 사용해 서로를 이해시키곤 했다. 드디어 동설비 집에 도착했다. 도착하자마자 동설비는 자기 나라 음식을 맛보게 해주겠다며 이것저것 만들기 시작했다.

음악을 틀어 놓고 요리를 하는데, 갑자기 어디선가 많이 들어 본 한국가요가 중국어로 들렸다. 이수영의 〈I believe〉란 노래였다. 이 노래를 아느냐고 물어보자 중국인 학생들 대부분은 자기가 가장 좋아하는 노래라고 말했다. 그 가요는 한국에서도 인기가 있었고 나도 좋아하던 노래였기 때문에, 왠지 모르게 그 학생들과 내가 통한다는 느낌을 받았다.

요리가 하나 둘 완성되고 모두들 한자리에 모여 앉았다. 우리는 먼저 서로 환영한다는 뜻으로 술을 한 잔 마셨다. 하나 둘씩 얘기 보따리를 꺼내 놓고 서로 웃고 즐기며 재미있는 시간을 보냈다. 서로 국적은 다르지만 마치 한 나라 사람들이 모여서 얘기하는 것처럼 재미있었다. 그 학생들은 어찌나 말들이 많던지 한국의 아줌마들 못지 않았다. 그들은 잠시 동안 자기들 고향에 다녀올 것이라고 했다. 서로 이것이 마지막이라 아쉬웠는지 서로의 연락처를 물었다. 나도 물론 휴대폰에 이들의 연락처를 입력했다. 이렇게 해서 이들과의 짧고도 재미있었던 만남은 아쉬움을 뒤로 한 채 끝을 맺게 되었다.

이번엔 내가 요즘 아르바이트를 하면서 만나는 외국인에 관한 이야기를 해보겠다. 내가 아르바이트를 하는 가게엔 '찰스'라는 외국인이 자주 온다. 찰스는 현재 언어교육원 강사를 하고 있다. 한국에 온 지는 꽤 되었지만 아직까지 한국어는 서툴다. 아니 솔직히 말하면 잘 할 줄 모른다.

처음엔 찰스가 가게에 들어올 때면 당황했다. 한국어를 하지 못해 항상 영어로 말하는 찰스였기 때문에, 아직 영어가 서툰 나는 혼자 마음속으로 '영어로 말해야 할 텐데 어떻게 해야하나?' 하며 걱정을 하곤 했다. 하지만 내 걱정은 괜한 것이었다. 찰스는 내가 알아들을 수 있을 만큼 최대한 쉽고 천천히 이야기를 했다. 어떤 날은 우리와 좀더 많은 대화를 나누기 위해 일부러 말을 걸기도 했다. 우리는 이렇게 찰스가 말을 걸 때면 가끔씩 한두 마디의 한국어를 가르쳐 주며 서로 재미있어라 했다.

특히 요즘엔 찰스가 내가 일하는 가게에 근무하시는 소장님께 일부러 책까지 주며 영어를 가르쳐 주고 있다. 하지만 가끔 찰스와 대화를 나눌 때 알아듣지 못할 때가 있는데, 이럴 때면 나는 찰스가 한국어를 조금만 할 수 있으면 좋을 텐데 하는 생각을 하곤 한다. 물론 찰스 입장에서는 내가 영어를 조금만 더 잘하면 좋을 텐데 하고 생각할지도 모르겠지만 …….

내가 지난 겨울방학 때 만난 외국인들은 한국어를 배우려고 노력하는데, 한국에 온 지 꽤 되었지만 아직까지 한국어를 배우려고 하지 않는 찰스를 보면 조금은 서운할(?) 때가 있다. 물론 영어가 세계 공용어이기는 하지만 한국에서 생활하고 있는 이상 한국어를 조금은 할 수 있어야 하지 않는가? 그래서 요즘은 찰스에게 한국어를 배우도록 권유해 보려고 노력하고 있는 중이다. 찰스가 아직까지는 배우려고 하지 않지만 언제간 배우리라 믿는다.

이렇게 외국인들을 만나면서 느낀 게 있다. 서로 국적과 언어는 다르지만 똑같은 사람이라는 이유만으로도 커뮤니케이션이 가능하다는 사실이 새삼 놀랍고 신기했다. 우리는 대부분 외국인을 대하기 전에 '과연 외국인과 대화가 가능할까?' 하는 의구심을 갖는다. 그렇기 때문에 막상 외국인을 만나면 당황하여 대화하기를 겁낸다. 물론 나도 그런 사람들 중의 한 명이었다. 하지만 막상 외국인을 만나고 접해 보니 외국인과의 대화가 겁낼 일만은 아니라는 생각이 들었다. 커뮤니케이션은 어떤 형태로든 가능하다는 것을 깨달을 수 있었기 때문이다. 말이 안 통하면 손짓, 발짓을 하면 되는데 무엇이 문제이겠는가?

사회가 점차 세계화, 국제화되고 있는 시점에서 앞으로 외국인들과 접할 수 있는 기회가 많을 텐데, 이때마다 외국인과의 대화하기를 겁내고 꺼린다면 낙후자가 될 것임이 분명하다. 누구든 낙후자가 되기를 바라지는 않을 것이다. 그렇다면 외국인과의 대화를 꺼리지 말아라. 무엇이 겁나는가? 겁낼 것은 하나도 없다.

제9장
영어와의 전쟁

영어가 나의 취향을 지배한다

송정신 _ 부산대 법학과 3학년, icing33@hanmail.net

1년 전 여름방학이었다. 나는 부산대학교 언어교육원의 '집중 영어 연수 프로그램'에 등록하여 분반 테스트차 원어민과 제법 깊은 대화를 나누게 되었다. 그는 내게 물었다. "영어를 왜 배우느냐?" 나는 대답했다. "나는 언어 배우는 것을 좋아한다. 그래서 영어와 불어를 배우고 있다. 그리고 인터넷 서핑을 하는 데 어려움이 없으려면 영어를 잘하는 것이 필요하다." 다른 사람들은 취직을 위해서라거나 영어는 국제 언어이기 때문이라고 답했지만, 나는 그런 생각 자체가 자신을 영어에 가두고 영어에 종속적이게 하는 것이라 생각했으므로 되도록 그들과 차별화하기 위해 노력했다.

영어를 꼭 배워야 한다는 것은 강자인 미국의 논리이다. 나는 내 취향에 따라 영어 배우는 것을 선택한 것뿐이다. 영어가 국제 언어일 수는 없다. 모든 나라가 영어를 국제 통용어로 하자고 합의한 것도 아니고, 그 언어가 국제적으로 특히 뛰어난 문법 체계를 가진 것도 아니기 때문이다. 지금 영어가 많이 쓰이는 것은 그들의 비인간적인 식민지배와 제국주의적 행태 덕에 누리게 된 초강대국 위상의 결과일 뿐이다.

그러나 이러한 나 자신도 이른바 서구에서 온 듯한 외국인을 보면 왠지 선망하게 되고, 그들과 친해지려고 노력하고, 영어 잘하는 사람들을 엄청 질투하게 된다. 우리나라 말로 된 대중가요보다 팝송이 더 고상해 보이고, 우리나라 말로 써진 상품보다 영어로 표기된 상품이 더 있어 보인다. 일상생활 속의 나는 철저히 영어에 종속적이다.

더욱이 영어는 그 자체가 사람 사이의 의사소통을 위한 도구인 언어이다. 언어를 배우는 데 있어 많이 듣고 많이 쓰는 것만큼 효과적인 방법이 또 있을까. 그래서 많은 사람들은 각종 대중매체를 영어를 익히는 데 이용하고 있다. 나 역시 마찬가지다. 영어를 배운 지 10년째가 되는 오늘까지 생활 속에서 영어를 체득하려고 무진장 애를 쓰다 보니, 어느새 내 문화적 취향은 자동적으로 서구화되기까지 했다. 강대국이 나를 지배하는가? 나는 미국에 종속적인가? 나의 대중문화 소비 행태를 분석해 본다면, 나는 이를 부분적으로 인정할 수밖에 없다.

내가 제일 처음 불법복제 음반을 산 시기는 초등학교를 졸업하고 중학교 입학을 앞둔 어느 날이었다. 초등학교에 다니던 때는 내가 아직 어린이라는 자아 정체성이 확고하였으므로, 나는 정말이지 이른바 대중가요 또는 유행가에 대해 알지 못하였고, 대신 교과서에나 나오는 동요를 즐겨 불렀었다. 그런데, 중학교에 입학한다는 것은 내가 더 이상 동요를 부르지 않아도 됨을 의미하는 것이었기에 드디어 나는 대중가요 시장의 소비자로서의 자격을 얻게 되는 것이었고, 당당한 소비자로서의 첫발을 다소 떳떳하지 못한 이른바 '길보드'로나마 내딛게 된 것이었다.

그러나 중학교에 입학한다는 것은 내가 드디어 영어를 꼭 배워야 할 때가 되었다는 것을 의미하기도 했다. 거의 대부분의 한국 가정에서 경험 가능한, 입시에 대한 압박과 스트레스가 앞으로 장장 6년에 걸쳐 진행되리라는 예고편으로, 나보다 두 살 위인 언니가 온갖 신경질을 내며 내게 영어를 가르치던 때가 바로 그때였던 것이다. 많은 영어 선생님들이 강조하듯, 나의 언니도 동생의 '생활 속의 영어'를 구현하기 위해 '최신 가요' 테이프를 사기보다 '최신 팝송' 테이프를 종용했다. 아니, 강요했다. 길보드 음반을 구입하러 언니와 함께 시내에 나간 것이 화근이 되어, 나는 이미 타오르기 시작한 대중음악에 대한 열망을, 평생 들어 본 적도 없고 뜻을 알 수도 없는 '최신 팝송' 테이프로 잠재울 수밖에 없었다.

그 날은 영어 때문에 내 음악을 맘대로 들을 권리를 철저히 유린당한 날이었으며, 동시에 앞으로 내가 음반을 구입할 때 결정적 영향력을 행사할 '취향'을 결정짓는 중요한 계기가 되기도 했다. 덕분에 나는 아직도 국내 대중가요 음반을 구입할 때에는 팝송 음반을 구입할 때보다 더 망설이게 된다. '혹시 내가 이것을 들음으로써 좋지 않은 영향을 받을까봐' 말이다. 또한 여태까지 내가 좋아한 가수들로 Spice Girls, Britney Spears, Christina Aguilera, Mandy Moore 등의 순 영어권 가수들을 꼽는 걸 보면 내가 얼마나 철저히 종속되었는지 알 수 있다. 가장 좋아하는 노래는? Leann Rimes의 〈Can't Fight The Moonlight!〉

나는 할리우드 영화는 좋아하지 않는다. 그 이유는 첫째, 나는 뻔한 영화를 싫어하고, 둘째, 블록버스터 영화를 지양하고, 셋째, SF영화를 만드는 기술력 따위에 관심 없으며, 넷째, 무엇보다도 군대와 관련된 영화를 싫어하기 때문이다. 그러나, 나는 영어를 배워 보겠다는 일념 하나로 좋아하지도 않는 영화를 수차례 보아왔다. 혹시나 그것을 보다가 기적적으로 귀와 입이 열리는 은혜를 입게 되지 않을까 하는 희망을 가지고 말이다. 심지어 집에는 비디오로 보기도 돈이 아까울 영화들의 대본과 테이프까지 있으니 이 부분에서는 내가 영어에게 억압당한다는 느낌이 들기도 한다.

다른 이야기지만 이런 현상은 내가 휴일에 집에서 한가로이 TV를 볼 때도 나타난다. CNN을 시청하다가 혹시나 기적을 체험할까 싶어 제대로 알아듣지도 못하는 뉴스를 보게 되는 것이다. 가끔 다른 가족들이 나의 이런 모습을 보고 "알아듣긴 알아듣나?"라고 물으면, 나는 짜증내며 "응!"이라고 대답하고 그들은 "알아듣는단다, 알아듣는다고" 하며 비웃는다.

지난 여름방학 기간 동안 나는 시사영어라는 계절학기 수업을 들었다. 주교재는 『TIME』과 『NEWSWEEK』. 교수님께서 첫 시간에 되도록 이 잡지들을 사서 공부하길 권하면서 이런 말씀을 덧붙이셨다. "아시아판의 이 잡지들에 때때로 한국에 대한 부당한 기사가 실릴 때가 있다. 반면 일본에 대한 기사는 대개 우호적이다. 그 이유는 일본인들이 우리보다 이 잡지를 더 많이 사서 보기 때문이다." 어쨌든 이제는 저작권에 대한 관념이 생겼기 때문에 복사물을 그리 좋아하지 않는 나는 이 잡지들을 사서 보게 되었다. 수강 기간 동안 산 잡지는 총 8권, 그 구입 비용은 약 4만 원이니 웬만한 양서 두세 권을 살 만한 돈이었다.

내가 왜 이것들을 꼭 사야 할까? 사실 꼭 살 필요는 없었다. 그러나 특정 언론사의 잡지를 사서 주교재로 한다는 것, 이것에 대해 아무런 문제 제기를 하지 않아도 되는 것일까? 물론 이것도 내가 선택한 것이고, 시사영어라는 제목의 과목에 합당했다. 그러나 우리가 이 두 잡지들에 대해 평소에 느끼고 있던 권위랄까 선망이랄까 하는 생각이 중요한 이유였음을 어찌 부인할 수 있으랴. 내가 이 잡지들을 통해 읽은 것은 서구의 시각에서 본 동남아시아의 부정부패였고, 점잖은 외국인이 본 붉은 악마의 '발악'이었고, 기독교 문화권에서 본 아프가니스탄의 테러리스트였다. 그럼에도 불구하고 우리는 왜 『TIME』지의 앞면을 자랑스레 펼치고 다니며 일단 이것을 읽으면 엘리트 취급을 하는 것일까?

영어를 배운 지 10년째. 아직도 배움은 끝나지 않았다. 나는 오늘도 영어 단어를 외우기 위해 아침부터 몇몇 사람들과 모여서 간단한 쪽지 시험을 쳤다. 내겐 10년 지기 친구도 없거늘 이 정도면 내 삶 속에 파고들 만큼 파고들지 않았을까?

그런데 내가 살고 있는 이 사회는 나보다 훨씬 더 영어와 친숙한 것 같다. 옷은 온통 영어로 장식되어 있고, 심지어 문구류를 하나 사더라도 그 상표명은 거의 대부분 영어로 예쁘게 표시되어 있다. 웬만한 유행가 가사에는 한 토막이라도 영어가 들어간다. 좀 복잡하다 싶은 기계는 예외를 볼 수 없을 만큼 영어 일색이다. 좀더 완벽한 영어를 구사하기 위해 새벽부터 졸음을 쫓으며 학원가로 몰려가는 사람들은 어떤가. 아직 우리말도 잘 알지 못하는 어린이들에게 벌써부터 정식 교육 과정으로 영어를 가르치는 우리의 교육은 어떤가. 우리는 영어를 잘하고 싶다. 그럼 우리는 남의 나라 말을 그렇게 열심히 익혀서 무엇을 하고 싶은 것인가. 생각은 말을 따라간다. 그럼 우리는 무엇을 따르고 있는 것인가.

영어로 말하는 게 왜 그리 두려웠나?

김민주 _ 신문방송학과 2학년, mjjw0807@hanmail.net

올해 초 나는 기차를 타고 수원까지 여행을 하게 되었다. 기차에 올라탄 나는 내 좌석을 찾으려고 이리저리 두리번거리다가 한쪽 창가에 앉아 있는 흑인 한 명을 보았다. 외국인이라는 이유 하나만으로 조금 거부감이 들어서 나는 내 자리가 저 옆자리가 아니기를 내심 바랐다. 그러나 나는 수원까지 그 외국인과 함께 나란히 앉아서 가게 되었다. 외국인이 내 옆자리에 앉아 있어서인지 왠지 긴장이 되고 어떻게 행동해야 할지, 혹시 나에게 말이라도 걸까봐 걱정이 되었는데, 불안한 마음을 달래기 위해 그냥 마음 편히 잠을 청하기로 했다. 그러나 그날따라 하늘도 나를 도와주시지 않았는지 뒷좌석에서 시끄럽게 떠드는 바람에 깊이 잠들지는 못하고 어쩔 수 없이 깨어 있게 되었다.

"Can you speak English?"

이 정도는 나도 알아들을 수 있었지만 외국인이 말을 걸었다는 것 자체가 당혹스러워서 자신 없는 조그마한 목소리로 "A little"이라고 대답했다. 그랬더니 그 외국인이 아주 반가운 표정을 지으면서 나에게 말을 걸기 시작했다. 내 영어 실력이 부족하고 문법이나 단어 등이 틀릴까봐 창피한 마음에 말을 잘 안 했더니 외국인이 나에게 이런 질문을 했다.

"예전에 나 말고 다른 외국인과 영어로 대화를 해 본 적이 있나요?"

나는 한참을 생각해 보았다. 그러나 내 기억으로는 외국인과 영어로 대화를 해 본 적이 없었다. 난 외국인과 대화를 해 본 적이 없으며 당신이 처음이라고 대답했더니 그 외국인은 아주 놀라운 표정을 지으며 의아해했다. 왜 외국인과 대화를 해 보지 않았느냐는 질문에, 외국인을 만날 기회도 없었고 말을 걸 정도의 용기도 없어 창피했기 때문이라고 대답했다. 왜 창피하냐는 외국인의 질문에 난 영어회화를 잘 못하고 처음 보는 낯선 사람에게 특히 외국인에게는 말 걸기가 쉽지 않다고 답했다.

나의 대답에 그 외국인은 많은 한국인들은 영어회화를 하는 것에 두려움을 느낀다고 하면서 자신이 말을 걸었을 때 도망가는 사람도 있고, 말을 하더라도 나처럼 "a little"이나 "I can't speak English well"이라고 대답한다고 했다. 그리고 영어회화를 실생활에서 자주 사용하냐고 물어보면 대부분의 사람들이 거의 사용을 하지 않거나 창피해서 말을 못하고 외국인을 만나면 피해 버린다고 답한다고 했다. 그러면서 그 외국인은 "너의 영어 실력은 훌륭하다. 그러나 자꾸 자꾸 말을 해야지 그렇지 않고 입을 다물고 영어로 말하는 것을 아낀다면 그 실력은 점점 퇴보한다"고 말해주었다.

그 외국인의 말을 곰곰이 생각해 보았다. 중학교 때부터 고등학교 그리고 지금 대학교에 이르기까지 나는 10년 가까이 영어를 공부해왔다. 중학교, 고등학교에서 배운 영어는 그저 대학에 진학하기 위한 하나의 수단으로밖에 생각되지 않았다. 그리 짧지 않은 시간 동안 나는 영어를 공부했다. 그러나 그 영어는 지금 아무런 빛을 발하지 못하고 있다. 현재 거의 모든 대학생들이 다 그럴 것이다. 물론 영어회화를 잘 해서 외국인과 능숙하게 대화하는 사람도 있겠지만 우리 주위를 둘러 보면 그냥 일상회화 정도, 인사 정도조차 못하는 사람들이 많이 있다.

그렇게 오랫동안 영어를 배우면서 그 정도도 못하는 실력이 되어버 린 이유는 무엇일까. 국제화다 세계화다 하면서 영어의 중요성이 커지 고 있는 지금, 우리는 영어의 커다란 힘을 느끼면서도 거기에 맞는 커 뮤니케이션에 적절하게 대응하고 있지는 못하다. 대학교 주위에 보면 많은 학원들이 있다. 토익이니 토플이니 영어회화니, 이런 영어 학원 들이 많이 있다. 지금 대학생들 중에는 영어를 공부하지 않는 학생이 없을 정도로 수많은 학생들이 아직까지도 영어에서 손을 놓지 못하고 있다. 하지만 아무리 공부를 해 봐도 실력이 늘지 않는 것을 부인할 수 는 없을 것이다.

중학교 때부터 주입식 교육에만 치중하여 그저 외우고 쓰고 시험에 대비하는 일밖에는 하지 않았다. 이런 교육 방식으로부터 벗어나지 못 해서 지금까지도 그저 앉아서 외우고 쓰고 문제 푸는 형식으로밖에 영 어 공부가 이루어지지 않는다. 영어에 있어서 무엇보다도 중요한 건 단어도 아니고 문법도 아닌 입과 귀라고 생각한다. 입과 귀가 뚫려야 한다. 많이 듣고 많이 입 밖으로 말을 내놓아야 영어 실력이 느는 것이 다.

나도 영어회화를 잘하기 위해 공부하는 중이다. 듣고 말하고 그리고 전화로 외국인과 짧게나마 대화를 하는 방법으로 공부하는 중이다. 전 화 통화를 처음 시작했을 땐, 수화기를 든 채 건너편에 낯선 외국인이 있다는 사실만으로도 떨리고 긴장되고 입이 벌어지지 않았다. 그러나 서툰 영어 실력에도 계속해서 말을 하고 틀리든지 말든지 생각하지 않고, 자신 있게 틀리면 틀리는 대로 대화를 하다보니 내 자신이 느끼기에도 영어 실력이 점점 늘고 있다는 생각이 들었다.

내가 기차 안에서 대화를 나누었던 외국인의 말에서도 그 문제점을 알 수 있다. 외국인이 우리 한국인을 그렇게 생각하고 있을 줄은 몰랐다. 조금 창피하고 부끄러웠다. 서투른 영어 솜씨로 외국인과 조금이나마 대화를 할 수 있어서 얼마나 좋은지 모른다. 이런 기회는 잘 오지 않는다. 아니 기다릴 필요는 없다. 내가 기회를 만들어 가야 한다. 무작정 외국인을 멀리하고 회피하려는 우리의 행동을 바꿔가야만 한다.

영어에 있어 우리 한국인의 가장 큰 문제점은 외국인 기피증이다. 외국인을 만나면 도망가거나 무시해 버린다. 자신이 영어 실력이 없다는 이유로 외국인과의 대화를 꺼린다. 그러나 내가 여기서 말하고 싶은 것은 보잘것없는 영어 실력이라도 자신감을 가지고 도전해 보라는 것이다. 자신감이 생기면 아무것도 두렵지 않다. 그렇게 함으로 해서 영어 실력이 느는 것이며 외국인에게도 배타적인 감정이 생기지 않을 것이다. 외국인과의 대인 커뮤니케이션에서 중요한 건 자신감이다. 자신감을 가져라. 무엇보다도 자신감만이 국제적인 외국인과의 원활한 의사소통에 큰 자산이라고 생각한다.

오늘도 이어폰을 끼고

마명규 _ 신문방송학과 98학번, koreakant@hanmail.net

오늘도 등굣길엔 어김없이 이어폰에서 흘러나오는 ABC 뉴스를 들으며 걷는다. 가을의 정취를 느낄 여유도 없이 그저 멍하게 얼굴도 모르는 그의 말에 귀를 기울이게 된다. 하루의 시작을 이렇게 늘 낯선 외국인과 함께 시작한다.

고등학교 때 원어민 선생님 한 분이 오셨다. 그녀는 미네소타 출신으로 혼혈인이었다. 모두가 외국인에 대한 두려움으로 말을 걸지 않았고 그녀는 늘 혼자 벤치에 앉아 책을 읽거나 음악을 듣곤 했다. 그녀는 우리에게는 다른 세상 사람이었던 것이다. 그저 구경만 하고 신기하게 생각할 뿐 감히 다가갈 수는 없었던 것이다. 왜? 그녀는 외국인이었고 그녀에게 다가가 대화를 할 수 있는 것은, 외국에서 살다 온 사람이나 아님 영어를 엄청 잘하는 특정인에게 한정된 것으로 인식되어 있었기 때문이었다.

적게는 수년 간 많게는 10년 가까이 영어를 배워온 우리였지만 영어는 시험과목 중에 하나였지 대화를 가능하게 하는 것은 아니었다. 그렇게 그녀를 바라보기만 하던 우리들 중에, 어느 날 나는 나의 몸 언어(body language)를 믿고 당당하게, 벤치에 앉아 있는 그녀에게 다가갔다. 그리고는 나의 언어, 즉 모국어로 인사를 하고 자연스럽게 영어 단어를 섞어가면서 몸짓 발짓 다 동원해 의사소통을 하게 되었다.

이렇게 시작된 그녀와의 인연으로 우린 친구가 되었다. 그녀도 낯선 이국 땅에서 대화를 하고 그것을 통해 자신의 감정이나 생각들을 표현하고 싶었기에, 우린 더욱 쉽게 서로의 이야기에 공감할 수 있는 친구가 되었다. 그 외국인 친구와의 만남 가운데 나는 그녀가 겪고 있는 문화적 언어적 갈등을 해결하는 데 도움을 주었고, 그녀는 내게 언어와 미국의 문화를 쉽게 설명해 주었다. 그렇게 서로의 문화를 이해하면서 우리는 공감대를 더욱 넓혀갈 수가 있었다.

그녀는 한국을 무척 알고 싶어했다. 문화와 역사 그리고 사회 전반적인 분위기까지 알기를 원했다. 앎의 욕구를 충족시켜주기 위해 나는 그녀와 박물관, 재래시장, 대학로, 문화유적지 등을 다니게 되었다. 그녀는 박물관에서 찬란했던 우리 왕조 문화에서 소박한 서민문화까지 보면서, 재래시장에서 외국 대형 시장(market)에서는 볼 수 없는 '덤' 문화를 보면서, 정적인 우리 문화를 조금씩 이해하게 되었다. 또 향락 중심의 거리로 상징되어진 대학로를 걸으며 미국 대학생들의 향학열과 비교하면서 입시 위주의 우리 교육 문제를 이야기하였다.

그녀는 이렇게 우리나라 땅을 밟으며 문화와 역사 사회적 분위기를 알아 가기 시작했다. 그 이해를 바탕으로 그녀의 언어 실력은 급속히 향상되었다. 친구랑 이야기 도중, 그녀의 외모가 전형적인 미국의 백인 아가씨가 아니라 혼혈인이라는 것을 우스갯소리로 짬뽕이라고 이야기했는데, 그녀가 듣고선 씩 웃었던 것이다. 그녀는 자신도 그 말뜻을 안다고 해 날 당황하게 하였다. 미안하다고 사과하자 그녀는 재밌다며 괜찮다고 하는 여유를 보여주었다. 당황하기도 하였지만, 그 순간 반대로 내가 미국에서 이런 경우를 당하면 미국인들은 짬뽕이라는 말을 영어로 뭐라 할까?, 그걸 내가 얼마만큼의 시간이 지나야 알아들을 수 있을까? 라는 생각을 해보니 어색한 미소를 지을 수밖에 없었다.

1년여의 시간 동안 그녀와 함께 많은 즐거운 경험을 하였다. 우리의 문화를 소개해주고 언어를 가르쳐 줄 수도 있었다. 또 그녀에게서 미국의 문화와 외국인을 만나는 것에 대한 자신감을 얻을 수 있었다. 서로의 문화와 언어를 뛰어넘은 만남은 영어라는 매개체를 통해서만 이루어진 것은 아니었다. 그 영어를 뛰어넘은 또다른 무엇이 있었던 것이다.

그녀와 나는 웃음이라는 공통의 언어를 통해 모든 커뮤니케이션의 장애를 뛰어넘을 수 있었다. 웃음을 통해, 표현의 한계성이라는 장애를 관용이라는 것으로 극복할 수가 있었고 문화적 차이에서 오는 갈등도 넘을 수가 있었다. 웃음이라는 것은 서로의 표현에 대한 긍정적인 자세요 수용의 자세를 의미하기 때문에, 언어라는 수단을 통하지 않고도 큰 문제없이 소통을 할 수가 있었다. 서로 열린 맘으로 상대를 이해하려고 하면 언어와 문화까지도 넘을 수 있는 것이었다.

그녀가 떠나던 날 밤 우리는 마지막 인사를 했다. 터미널로 같이 걸어가다가 우리는 터미널 가기 전 횡단보도에서 헤어지기로 했다. 우리의 만남을 더욱 기억에 남게 하기 위한 특별한 이별을 위해서 그렇게 합의했다. 물론 영어가 아닌 손짓 발짓 그리고 웃음 가득한 눈빛으로. 횡단보도에서 인사를 하고 멋지게 헤어진 우리는 각자의 나라에서 각자의 삶을 살아가고 있다.

나는 오늘도 하굣길에 이어폰을 귀에 꽂는다. 미국에 있을 친구를 생각하며, 그 미국인 친구와의 만남 가운데 언어라는 커뮤니케이션 대신 인간의 원초적 의사소통 수단인 바디 랭귀지(body language)와 웃음이라는 공감대를 사용한 것을 아쉬워하며 이어폰에서 흘러나오는 소리에 귀를 기울이는 것일까? 그 나라의 문화와 역사의 이해하고 더 넓은 세상을 향하기 위한 희망찬 몸부림일까? 취업의 보증수표가 되어버린 토익 점수와 토플 점수를 높이기 위해 발버둥쳐야 하는 현실이 안타깝다. 언어를 배워야 하고 익혀야 하는 이유가, 그 나라와 문화를 향해 나아가고자 하는 인간의 학문적 열정과 욕구가 아니라는 사실이 안타깝다.

집에 가는 길에 버스에 오른 나는 피곤에 지쳐 졸면서도 이어폰에서 흐르는 소리에서 벗어나질 못한다. 집에 도착해 이어폰을 귀에서 제거한다. 얼얼한 귀 ……. 미국에 있을 그 친구를 만나 심도 있는 정치, 문화, 사회 ……, 아니 한국 언론의 문제점과 『조선일보』를 보지 않아야 하는 이유를 이야기할 수 있는 날을 꿈꾸고 있다고 스스로 위안해 본다.

"선무당들이 판치는 한반도 영어굿판"

강준만

지금 전국적으로 유아들에게까지 불어닥친 영어교육 열기는 광풍(狂風)이라고 불러도 지나친 말은 아닐 것 같다. 그러나 그 광풍이 해외, 특히 미국 의존도가 높은 대한민국 사회의 치열한 경쟁 체제에서 생존과 성공을 위한 '합리적 선택'일 수 있다는 데에 우리의 비극이 있는 게 아닐까?

돈 값을 하면서 제대로만 배운다면 광풍인들 어떠리. 그러나 그게 그렇질 않다고 주장하는 전문가들이 많다. 그런 전문가들 가운데 조지윤을 빼놓을 순 없을 것이다. 그는 『선무당들이 판치는 한반도 영어굿판』(조지윤인터넷영어21, 2000)이라는 과격한(?) 제목의 책을 통해, 유아 영어교육뿐만 아니라 우리나라의 전반적인 영어 교육이 근본적으로 잘못되었다고 사자후를 내뿜는다. 그의 주장을 단 두 마디로 요약하자면 "생활영어가 죽어야 영어가 산다"와 "고교영어가 살아야 영어가 산다"이다.

그는 "영어가 마치 마술인 냥 OOO 생활영어, 영어도사 O인방, 영어 엔진, 영어공부 혁명, 발성기관 개조, 3개월 만에 귀가 뻥 뚫리는 비법, 심지어는 영어 공부를 절대로 하지 말라는 등 개탄스럽기 짝이 없는 온갖 요설들이 초심자들을 우왕좌왕하게 만들어도 누구하나 나서는 이가 없다"고 개탄하면서, 참다못해 자신이 나섰다고 말한다.

그는 조기 영어교육, 조기 유학 자유화, 영어의 공용화, 영어 수업 영어로 진행 등의 계획에 단호히 반대한다. 그 결과가 불을 보듯 뻔하기 때문이라는 것이다. 그는 '생활 한국어'라는 게 있을 수 있는지 역지사지(易地思之)를 해보라고 말한다. 영어는 전혀 못 하면서 한국어만 잘하는 한국인이 미국 유아들을 상대로 한국어를 가르칠 수 있느냐는 것이다.

그는 기본적인 독해력을 강조한다. AFKN이나 미국 영화에서 쏟아지는 빠른 대화를 알아듣겠다고 공부하는 사람들 가운데엔, 그 대화를 글로 써서 주어도 독해를 잘 하지 못하는 사람들이 많다. 이 경우 독해력이 문제인가 듣는 능력이 문제인가?

조지윤은 그런 질문을 던지면서 밀리언셀러 영어 교재를 낸 유명 영어 강사들을 비판한다. "M씨나 C씨나 O씨 등이 자랑하는 슬랭이나 속담, 생성 배경을 가진 관용어 등을 타이틀로 설정하여 억지로 만든 3～4세 수준의 토막 대화는, 아무리 연습하고 암기하여도 포괄적인 수용력 구축에는 추호의 도움도 되지 않을 뿐만 아니라, 억지로 별러 가지고 써먹기 전에는 그런 말을 쓸 수 있는 상황은 도래하지도 않는다"는 것이다.

그러면 어떻게 공부해야 한다는 걸까? 그는 Time Essay나 Washington Post 사설 등과 같은 논술 50편, 멜로 드라마를 위시한 다양한 장르의 미국 영화 30편, 대중소설 5편 정도를 선정하여 3년 동안 읽기, 듣기, 말하기 훈련을 반복할 것을 권장한다. 그러니까 영어를 쉽게 속성으로 배울 수 있다는 생각을 아예 하지 말라는 것이다.

조지윤은 국가적 차원에선 이른바 '영어고시제도'를 만들어 중고교 영어 교사를 재교육시키는 게 가장 중요하다고 역설한다. 영어와 한국어를 동시에 잘하는 교사가 가르칠 때에 효과를 거둘 수 있지 한국어를 모르는 원어민 교사를 아무리 교실에 투입해봐야 헛수고라는 것이다. 원어민 교사는 학생들을 상대할 게 아니라 한국인 교사의 보조 내지는 훈련을 위해 고용되어야 한다는 것이다.

조지윤의 주장에 반론이 있을 수 있겠다. 그러나 잘 알겠지만 한국 사회에선 아무리 의미있는 문제 제기를 해도 논쟁이 이뤄지질 않는다. 모든 걸 '힘의 논리'만으로 밀어붙여 버리기 때문이다.

나는 우리의 영어 광풍이 반갑진 않다. 그러나 그걸 싸잡아 비판하는 것도 마땅치 않다. 우리의 고질적인 '거대 담론' 병은 이 분야에도 예외는 아니다. '영어공용화론'이니 하는 택도 없는 거대 담론보다는 좀더 구체적이고 현실적인 대안 모색이 절실하다. '영어와의 전쟁'이 피해갈 수 없는 현실이라면 좀더 알차게 해보자는 것이다.

제10장
외국 미디어 연구

김명한 _ 행정대학원 언론홍보학과, km5358@hanmail.net

일본: 인터넷이 언론의 폐쇄성을 바꿀까?

근대 일본은 자민당의 일당 장기집권에 의하여 국민정서와 언론 주변 문화 그리고 언론문화가 상징적으로 조작되어 왔다. 자민당은 천왕을 정신적 구심체로 활용하여 국민들의 정신적 이탈을 방지하고 스스로 국가의 권익을 위해 희생을 감수케 하는 정책을 전개하였다. 또한 자민당은 가부장적 종속적인 전문 직업의식을 갖도록 함으로써 일반 대중에게는 정치문화로의 진입 장벽을 구축하였으며, 매일 발행부수 1천만 부 이상의 일본 최대 신문사이며 기회주의적인 요미우리 신문사를 극우적인 신문으로 육성함으로써 국민들의 눈과 귀를 멀게 한 언론 정책을 추진하여 장기집권을 할 수 있었다.

예컨대 『요미우리』는 2002년 8월 15일 또다시, 일제의 침략은 구미 제국의 침략을 받은 아시아를 구하기 위한 "아시아 해방 전쟁"이었으며 종군위안부 같은 것은 존재하지도 않았다고 주장하는 등, 일제의 침략을 미화·정당화하는 사설을 실어 파문을 일으킨 적이 있다. 『요미우리』는 앞으로도 극우적 목소리를 계속 낼 게 분명하다. 일본의 극우 세력만이 『요미우리』가 기댈 수 있는 언덕이기 때문이다. 하지만 시대착오적인 극우가 정치권의 일각을 지배하면서 일본이 정치·경제·외교 등 모든 면에서 국제사회의 미아로 전락한 데서도 알 수 있듯이, 『요미우리』의 운명도 정해진 게 아니냐는 것이 일본 언론계의 중론이다.[1]

『요미우리』의 운명은 일본의 폐쇄적인 기자 문화와 맞물려 있는 건지도 모른다. 일본의 폐쇄적인 기자 문화 가운데 가장 악명이 높은 건 두말할 필요 없이 기자단 제도다. 베른하르트 젭터 신임 EU 대표단장은 "언론들의 밀실클럽 관행은 일본의 국익과도 관계가 없다"면서 "자유로운 접근을 허용하지 않으면 일본에 주재하는 외국 기자들이 점점 떠나기 시작할 것"이라고 경고한 바 있다. 실제로 일본 주재 외국 특파원 수는 1990년대 초반 400명 선에서 현재 330명 수준까지 줄어들었다.[2]

무사(武士) 정신의 발로일까? 일본의 저널리스트들은 국익과 관련이 있는 문제에 대해서는 대부분 보도하는 예가 거의 없다는 점도 주목할 만하다. 물론 미국이나 유럽의 기자들도 국익과 직결된 문제에 대해서는 어느 정도 관용을 베푸는 것이 사실이다. 그러나 일본 기자들과 같이 과잉반응을 일으키지는 않는다. 어찌 보면, 일본의 저널리즘은 아직도 과잉된 책임감 속에서 국익과 공공의 이익에 대한 편견을 가지고 있는 것이 아닌가 생각된다.

그렇다고 해서 일본 언론에 변화의 조짐이 전혀 없는 건 아니다. 일본 언론의 낙후성에 대한 언론 스스로의 책임론이 강하게 일고 있다는

---

1) 박태견, 〈해외언론소식〉, 『프레시안』, 2002년 8월 15일.
2) 도쿄 교도=연합뉴스 oakchul@yna.co.kr. 미디어 뉴스. 해외언론소식.

점을 들 수 있겠다. 그 결과 매체들이 그간의 획일성을 탈피해 각각의, 그리고 나름대로의 주장을 개진하는 방향으로 바뀌기 시작했다.

가장 주목할 만한 것은 인터넷의 영향일 것이다. 인터넷은 주요 매체들에 의한 정보 독점에 균열을 내면서 일본 대중을 폐쇄적이고 자기만족적인 언론 엘리트들의 지배하에 가두는 것을 점점 어렵게 만들고 있다. 물론 다음과 같은 비관적인 견해가 있기는 하다.

"인터넷이 일본을 개방시켜 주지 못했다. 기밀에 뒤덮여 일본의 새로운 아이디어는 계속 느리게 움직일 것이다. 그들은 관료주의가 정부를 기밀로 유지하고 정책에 대한 소모적인 논쟁에 대중을 관여시키지 않고 국가의 이익을 위해 정보를 조작한다."[3]

그러나 영원히 그럴 수는 없을 것이다. 일본인들은 인터넷을 비롯한 다른 열린 매체들을 통해 다른 시각에 점점 더 많이 노출될 것이다. 일본 사회의 폐쇄적인 모습은 국제적, 장기적 시각으로 볼 때 일본의 국익에 전혀 도움이 되지 않음을 알게 될 것이며, 국민들은 기존 언론 체제의 부당함을 인터넷 등 다양화된 미디어를 통해 알게 되고 이의를 제기하게 될 것이다.

언로(言路)의 민주화라고 하는 점에선 일본은 한국에 한참 뒤처진 나라다. 과연 일본은 한국의 뒤를 이을 것인가? 그래서 인터넷이 일본 언론의 폐쇄성을 바꾸고 더 나아가 일본 언론 스스로 자기 개혁을 하지 않으면 생존할 수 없게끔 근본적인 패러다임 전환의 모색을 시도케 할 것인지 관심을 갖고 지켜볼 일이다.

---

3) 알렉스 커, 이나경 옮김, 『치명적인 일본』(홍익출판사, 2002).

중국: 미디어 합병으로 통제를 대신하는가?

이창익 _ 행정대학원 언론홍보학과, *leeci3102@hanmail.net*

'경제향우 정치향좌'(*經濟向右 政治向左*) 노선은 개혁개방 이후의 중국 사회에 많은 구조적인 모순과 혼란을 초래했으며, 그 중에서도 언론이 대표적인 예라 할 수 있다. 언론은 한쪽으로는 당·국가의 한 기관으로서 개혁개방 정책을 당·국가의 지시대로 전력을 다해 선전하는 동시에, 사회의 한 구성 요소로서 개혁개방 정책의 영향을 받기도 하였다. 언론인들은 정부의 통제를 벗어나 더 많은 자율권을 향유하고 싶어하고 당·국가는 언론이 여전히 자신의 충실한 대변자로 남기를 원한다. 그 동안 언론은 자율성을 확보하여 제 목소리를 내기 위해 수많은 타찰변구(*打擦邊球*: 시험 삼아 상대를 자극해보는 행동)식 전략을 구사하기도 했고 당·국가도 나름대로 이에 대응하였던 것이다.

중국의 언론인이 생각하는 언론개혁은 국가의 정치 체제를 바꾸지 않는 범위 안에서 정부로부터 자유를 성취하는 데 목적을 두는 제한적 성격의 것으로 이해할 수 있을 것이다. 언론매체가 중국의 근본적인 체제 변동까지 요구하고 나설 때마다 반드시 뒤따랐던 언론계에 대한 대숙청은 바로 오늘날 공산당 정권의 언론매체에 대한 태도를 보여주는 가장 대표적인 예라 할 수 있으며, 언론인은 이 점을 명확히 인식하고 있는 것이다.[1]

그러나 시장경제 체제를 축으로 하는 경제 부분에서는 언론을 포함한 국가 전반에 이미 큰 변화가 일어나고 있다. 언론은 점점 더 경제논리의 지배를 받게 되었다. 즉 언론사가 생존하기 위해서는 이윤을 남겨야 하고 그러기 위해서는 보다 많은 광고수익을 남겨야 하며, 광고수익을 늘리기 위해서는 발행부수와 독자를 늘려야 한다는 '게임의 법칙'에 충실하게 된 것이다.

그런 '게임의 법칙'을 사실상 도입한 중국 정부는, 미디어의 산업적 규모를 키우고 내부 경쟁 논리를 강화하는 것으로 미디어 통제의 상당 부분을 대신하려는 것으로 보인다. 이는 특히 방송 분야에서 두드러지게 나타나고 있다.

1990년 이후 중국의 방송산업은 사회경제 발전 및 텔레비전·컴퓨터 등 가전제품의 보급률 확산 등에 힘입어 급속한 발전을 거듭했다. 텔레비전 방송사는 1980년의 38개사에서 90년대 말에는 3,000여 개로, 라디오 방송사는 80년대 초 114개에서 90년대 중반 이후 1,200여 개로 급증했다. 중국의 텔레비전 시청자는 11억 명으로 추산된다. 유선 텔레비전 시청자는 8,000만 명을 돌파했고 인터넷 사용자는 3,300만 명에 이른다.

그러나 급속한 방송산업의 발전과는 달리 국가의 방송사업에 대한 투자 부족과 방송사들간의 과중한 경쟁, 방송시장 개방에 따르는 문제

---

1) 박용수, 『중국의 언론과 사회변동』(나남, 2000), 87~91쪽.

점을 해결하기 위해서 1999년에는 국무원 규정으로 텔레비전 방송사와 라디오 방송사를 포함하는 광파전시집단을 설립했다. 또한 방송망 사업을 기업화하고 프로그램 제작과 방송을 분리하는 등 프로그램 제작의 사회화 과정을 통해서 방송사업 단위의 기업화 관리를 실현하고 방송사의 경쟁력을 강화해왔다.[2]

중국의 대표적인 국영방송인 CCTV는 새로운 중국 방송사업체의 추세인 방송사 합병에 적극적으로 참여해 2001년 12월 6일 중국전영집단공사 등과 연합하여 거대한 중국광파전시총국(CRFTG)을 출범시켜 사업확장을 시작했다. 또 2만 명이 넘는 직원과 214억 위엔에 달하는 고정자산(약26만 달러), 매년 수입 110억 위엔에 달하는 방대한 기업합병을 통해 국제적인 방송의 변화에 대응하고 있다.[3]

CRFTG는 최근, 향후 5년 간 300억 위엔(한화 약 4조5천억 원)을 투입해 TV방송과 프로그램 제작, 주문형 비디오, 프로그램 배급, 출판, 인터넷 서비스 등 다양한 분야에서 AOL타임워너 등과 나란히 어깨를 겨루는 세계적인 미디어 그룹의 신화를 이룩한다는 청사진을 마련했다.[4] CRFTG는 이러한 청사진을 위해, 2008년 베이징 하계올림픽 개최를 계기로 방송 시설의 현대화와 프로그램 제작 능력의 선진화를 달성해 베이징 올림픽을 중국 미디어 산업 발전의 원동력으로 삼을 방침인 것으로 알려지고 있다.

CRFTG의 주훙 비서장은 이 같은 계획의 실현을 위해 외국 투자가들을 상대로 합작 파트너나 지분 참여자, 또는 프로그래밍 및 인터넷 서비스 등 기술 분야의 협력사들을 물색하고 있다. 주 비서장은 지난

---

2) 「KBS해외방송정보」, 2002년 5월.
3) 「KBS해외방송정보」, 2002년 8월.
4) 「KBS해외방송정보」, 2002년 4월.

해 프로그램 프로덕션 계약을 위해 할리우드를 방문했는데 방송사에서
는 이를 CRFTG의 세계 진출 전력의 첫 번째 단계로 보고 있다.

CRFTG의 5개년 발전 계획의 제 1단계는 70억 위엔을 들여 본부
건물을 첨단방송센터로 꾸미는 것이다. 아울러 200억 위엔을 투입해
중국 전역에 산재해 있는 케이블TV들을 하나로 연결하는 구상도 마련
돼 있다.

중국 정부는 CRFTG의 설립을 계기로 국내 미디어사의 종합 경쟁
력을 크게 높여 해외시장에서 외국 미디어사들과 경쟁하겠다는 야심을
드러내 보이고 있다. 중국 정부의 계획에 따르면, CRFTG는 2007년
이면 전 세계 특파원망 규모가 현재의 두 배인 70개 도시로 늘어나
CNN 등에 의존하지 않고도 독자적인 국제뉴스 취재 및 보도가 가능
해진다. CRFTG는 AOL타임워너, 뉴스 코퍼레이션, 디즈니 등 미국의
거대 미디어 그룹들과의 경쟁까지 염두에 두고 있다.

또 중국 정부는 CRFTG 외에도 국내 2천여 개 신문을 5~6년 안에
10여 개의 빅 페이퍼 중심의 과점체제로 재편한다는 계획을 세우고 있
다. 중국 정부는 국제 경쟁력 강화를 그 명분으로 내세우고 있지만,
"홍콩 언론들은 중국 정부의 언론사 합병정책에는 국유언론을 대규모
언론집단으로 키운 뒤 이를 통해 과거의 직접 언론통제를 대체할 새로
운 형태의 간접통제를 하겠다는 속셈이 깔려있다"는 분석을 내놓고 있
다.[5]

그 속셈이 무엇이건 중국은 이미 그 큰 덩치 하나만으로도 누구나
인정하는 차세대 거대 미디어시장임에 틀림없고, 미디어 왕국을 향해
차근차근 앞날을 준비해가고 있는 것만은 분명한 사실이다. 세계 미디

---

5) 『중앙일보』, 2002년 7월 1일.

어시장 또한 거대 미디어그룹의 몰락과 쇠퇴로 다양한 제3세력의 진출을 기다리고 있는 상황이어서 미디어 왕국을 꿈꾸는 중국의 꿈이 실현 불가능한 것만은 아니다.

　이런 변화가 중국의 언론은 물론 사회 전반에 어떤 영향을 미치게 될 것인지 지금으로선 중국 정부조차 정확히 예측하기 어렵겠지만, 앞으로 우리가 중국의 미디어 연구에 있어서 주목해야 할 점임엔 틀림없을 것이다.

영국: 디지털방송의 두 얼굴

양병호 _ 행정대학원 언론홍보학과, yangpping@hanmail.net

방송정책에 관한 한 늘 세계의 뜨거운 주목을 받고 있는 영국 정부는, 1995년에 디지털 지상파방송에 대한 정부의 백서를 발표하고 1996년 7월 방송법으로 디지털 지상파방송을 법제도화한 후, 1997년 6월에 BDB(British Digital Broadcasting)를 지상파 디지털 민영사업자로 선정했다. 그리고 1998년 9월부터 BBC가 세계 최초로 디지털 지상파방송을 시작했다. 영국이 디지털 지상파방송을 서두른 것은 디지털방송의 도입으로 방송기술과 서비스 측면에서 세계적으로 유리한 위치를 차지하기 위해서였다.[1]

세계 최초로 디지털방송을 출범할 때만 해도 영국 디지털방송산업의 미래는 장밋빛으로 보였다. 그러나 올해(2002년) ITV 디지털의 파산과 맞물리면서부터 방송 디지털화의 미래는 불투명해지기 시작했

---

[1] http://prome.snu.ac.kr/~www_comm/pds/demension/dm7/w4.htm

다.[2]

　인기 스포츠인 축구경기의 중계권에 대한 과다한 투자로 위기를 자초한 ITV 디지털은, 최근 방송규제기관인 독립텔레비전위원회(ITC)에 방송면허권을 반납하였으며 이 사업권은 새로운 사업자인 BBC 컨소시엄에 넘어갔다.

　이 회사의 파산은 근본적으로 과도한 축구 중계권료 때문으로, ITV 디지털은 2002년 3월 27일 영국축구연맹과 합의한 중계권료를 지불할 수 없는 상태라면서 파산을 선언하고 법정관리에 들어갔다. ITV 디지털은 영국축구연맹과 1~3부 리그 경기를 중계하는 조건으로 3년 간 3억1천500만 파운드를 지불키로 했으나 이 가운데 1억7천800만 파운드를 지급하지 못했던 것이다.[3]

　영국의 방송규제기관인 독립텔레비전위원회(ITC)는 2002년 7월 4일 민간 디지털방송인 ITV 디지털의 허가권을 BBC 컨소시엄에 주기로 결정하였다. ITC의 이 같은 결정은 절치부심 재허가를 추진했던 그라나다&칼튼 커뮤니케이션사측에 상당한 실망을 안겨주었지만, 대부분의 디지털TV 관련자들에게는 '안정과 이익'을 보장해 주었다.

　우선 영국 정부의 입장에서 보면 유료방송으로 운영하겠다던 애초의 계획을 수정해야 했지만, 영국 내 가장 신뢰받는 BBC를 선택함으로써 디지털TV 정책을 안정적으로 추진할 수 있게 되었다. 또 유료방송인 ITV 디지털을 무료로 전환함으로써 디지털TV 정착을 위한 안정적 가입자 수를 확보할 수 있게 되었다.

　시청자의 입장에서도 이익이 있다. 20만 원 미만 비용으로 수신기를 구입함으로써 BBC의 모든 디지털 채널과 위성방송인 BSkyB의

---

2) 장일, 한국언론재단 해외언론소식 미디어뉴스, 2002년 8월 29일.
3) 연합뉴스, 2002년 5월 1일.

Sky뉴스, Sky스포츠뉴스, Sky트래블을 24시간 무료로 시청할 수 있기 때문이다.

루퍼트 머독이 운영하는 BSkyB는 BBC 컨소시엄에 참여함으로써 이미지 제고에 성공하였을 뿐만 아니라 세 개의 채널을 통해 자사의 유료채널을 홍보할 수 있게 되었다.

그러나 무엇보다도 ITC의 결정은 BBC에게 가장 큰 이익을 안겨주었다. ITC가 엄청난 재원을 필요로 하는 디지털TV를 무료로 운영하기로 결정함으로써, BBC는 수신료 징수시 예상되는 보수당의 정치적 공세를 무력화했고 표류 직전의 국가 디지털정책을 구제함으로써 국민의 신뢰를 한층 더 강화시킬 수 있었다.[4]

이러한 상황하에서 BBC와 BSkyB는 지난 7월 초 영국의 TV 시청자들에게 디지털방송의 무료채널 수를 혁명적으로 늘리겠다는 약속을 했다. 양사의 이 같은 계획은, 5개 지상파 채널만 수신하는 것에 불만을 느끼는 사람들이 이제는 유료TV 가입 조건이 붙어 있지 않은, 다른 대안을 갖게 됐다는 것을 의미한다.

ITC가 BBC, BSkyB와 크라운 캐슬의 손을 들어준 이유는 명백하다. BBC측이 제시한 계획이 ITV 디지털 도산 이후 위기를 맞고 있는 대중의 신뢰를 회복할 수 있는 한편, 2010년까지 영국을 디지털TV 국가로 전환한다는 영국 정부의 중장기 계획을 살릴 수 있을 것으로 판단했기 때문이다.[5]

하지만 여기에 바로 BBC의 위기가 숨어 있다. BBC는 영국 디지털TV를 책임져야 하는 부담을 떠안게 되었으며 수신료 재원을 디지털TV

---

4) 김대식(KBS방송문화연구소 연구원), 「한국일보」, 2002년 7월 11일.
5) 〈영국 디지털방송 미래 책임진 BBC와 BSkyB〉, 「The Guardian」, 2002년 7월 4일~7월 5일.

와 관련해서 사용해야 하는 비합리성으로, 실패시 국민들로부터의 비
난과 수신료에 대한 반발에 맞닥뜨려야 하기 때문이다. 만약 실패하게
된다면 BBC는 헤어나올 수 없는 나락으로 떨어질 수밖에 없을 것이다.

BBC는 70여 년의 역사를 통해서 정치적, 사회적 상황의 변화에도
불구하고 공영방송의 정체성을 확립하기 위한 부단한 노력을 경주해
왔다. 70년의 역사를 지닌 영국 방송사를 꿰뚫고 면면히 흐르고 있는
근본적인 사고는 정권 교체나 경제적인 위기에도 불구하고 '공공 서비
스 방송'이란 개념이다. 이 개념은 한마디로 방송을 상업의 영역이 아
니라 공익에 바탕을 둔 사회적 커뮤니케이션 행위로 보는 견해이다.
영국이 이렇게 방송에서 방송 사업자의 이윤추구보다는 공익을 우선시
하는 전통을 세울 수 있었던 것은, 방송을 경제적 행위로서가 아니라
사회문화적 행위로 보는 데 국민적 합의를 이룰 수 있었기 때문이다.
즉, 영국은 방송을 국가와 국민을 사회문화적으로 통합하고 국민들에
게 정보와 오락을 제공하며 그들을 교육시키는 사회적, 문화적 기구로
보았던 것이다.[6]

하지만 이러한 국민적 합의의 틀이 조금씩 깨질 수 있는 상황이 도
래하고 있는 듯하다. 현재 세계 각국의 방송 시스템은 일국의 범위를
넘어서 세계적인 방송영상산업 경쟁의 교두보를 확보하기 위해서 보이
지 않는 각축전을 벌이고 있기 때문이다.

세계적으로 광고시장의 불투명, 자국을 벗어난 세계시장에서의 경
쟁력 확보를 위해 미디어의 합병·통합이 지속적으로 이루어지고 있는
것이 최근 미디어시장의 현실이다. 시대의 흐름이 공영론자들보다는
시장주의자들의 손을 들어주게 될 수밖에 없는 쪽으로 치닫고 있는 것

---

6) http://noxlee.hihome.com/ImportedFiles/global.htm

이다.

이는 일국의 공영방송이 지구화의 차원에서 단순한 '공영' 방송일 수만은 없다는 사실을 반영한다. 더욱 중요한 사실은, 일국의 공영방송으로서의 안정적인 지위는 세계적인 차원에서의 경쟁력의 확보와 시장개척이라는 측면에 의해 뒷받침될 수 있다는 아이러니일 것이다.[7]

BBC에게 주어진 앞으로의 5년은 이러한 아이러니를 현실화해야 하는 중요한 시기라고 할 수 있겠다. 각각의 채널별로 공영방송의 이념적 체계를 확보할 수 있는 프로그램의 공공성에 내실화를 기함으로써, 칙허장 갱신시에 우려되는 수신료에 대한 국민적 저항감을 불식시킬 이론적 논리를 정립해야 하며, 영국 국민들에게 디지털방송을 안정적으로 연착륙시켜야 하는 과제도 안고 있다. 또 세계화된 글로벌 시장 내에서도 최고의 경쟁력 있는 방송사로서 블레어 정부가 얘기하고 있는 '쿨 브리타니아'의 선도자가 되어야 한다. 영국 정부는 이러한 과제를 BBC에 집중시키고 있으며, 실패 없이 선도적으로 이끌어주기를 기대하고 있다. BBC는 이러한 과제 중에 어느 한 가지라도 소홀히 할 수가 없다.

따라서 현재의 BBC가 처한 상황은 위기라고 볼 수밖에 없다. 이 위기를 어떻게 현명하게 대처하고 극복하느냐에 BBC의 미래, 아니 세계 각국의 공영방송의 미래가 달려 있다고 해도 과언은 아닐 것이다. 그러나 BBC의 미래가 어떻게 되건 한국의 공영방송은 일희일비하지 말고, 주체적이고 '시장 논리'를 뛰어넘는 국가적 차원의 총체적 관점에 근거한 방송정책으로 성공을 거두어, BBC를 대체하는 세계 공영방송의 최상 모델이 되었으면 하는 바람을 가져 본다.

---

7) 『KBS해외방송정보』, 2002년 8월.

호주: '다양성'과 '정체성'을 위하여

박임근 _ 행정대학원 언론홍보학과, pik007@hani.co.kr

　다양한 민족으로 구성된 호주의 미디어는 민족적 '다양성'을 살리면서도 국가적 '정체성'을 확립해 나가야 하는 두 가지 역할을 부여받았다. 이 두 가지 역할을 동시에 수행하는 건 결코 쉬운 일이 아니다. 상호 모순과 갈등도 발생하고 있는 가운데 호주의 미디어 정책은 그 두 마리 토끼를 잡기 위한 시도로 점철돼 왔다고 말할 수 있을 것이다.

　호주 방송에 있어 ABC(Australian Broadcasting Corporation)가 호주를 대표하는 공영방송이라면, SBS(Special Broadcasting Service)는 호주의 다문화주의를 가장 잘 반영하는 방송사라고 할 수 있다. 1978년 라디오 방송으로 시작한 SBS는 호주 정부의 이민정책 변화와 그 때를 같이 했다. 이민자에게 호주 사회에 빨리 적응할 것을 기대하며 '무조건 동화'를 요구해왔던 이전의 이민정책과는 달리, 1970년대 말 이후 호주 정부는 이민자들이 정착 단계에서 그들이 떠나온 나라의 문화를 계속 유지해야 할 필요가 있다고 판단, '다문화주의'

를 장려하게 되었고 그 결과 SBS가 탄생하게 된 것이다.

그러나 SBS를 제외하곤, 호주의 전반적인 미디어 정책은 그 동안 '소수 독점 보호'라는 비난을 받을 만큼 미디어 재벌들에게 우호적인 조치로 일관해 왔다. 이윤 추구를 위한 시장 논리로 다문화주의가 보호되기 어렵다는 점을 감안한다면, SBS는 '다양성' 보호의 명분용으로만 기능하고 있다는 시각도 가능할 법하다.

반면 미디어 컨텐츠에 관한 규제는 호주의 '정체성' 확보를 위한 것으로 비교적 엄격하게 시행돼 왔다. 방송을 비롯한 영상매체에서 호주적 컨텐츠를 강조하려 한 것은 다민족 다문화로 구성된 호주 사회의 특성 때문이기도 하지만, 외국문화 특히 미국과 영국의 문화로부터 호주적인 것을 보호하고 지키려는 의도 때문이기도 하다.

텔레비전 방송 초기 단계인 1960년대와 1970년대에 이미 미국과 영국의 문화가 호주 사회에 커다란 영향을 미치고 있었으며, 같은 영어권의 역사와 전통과 문화적 가치를 공유한 호주인들은 이를 별다른 저항 없이 수용하였다. 호주 미디어에서의 외국 프로그램 범람에 대한 호주 정부의 컨텐츠 규제는, 문화적 정체성과 국내 미디어산업의 육성 차원에서 행해진 당연한 조치라고 볼 수 있을 것이다.

호주 컨텐츠 규정은 상업방송에만 적용되고 공영방송에는 해당되지 않는다. 방송법은 호주 텔레비전 프로그램에 대해 '호주인의 창의력으로 제작되고, 호주적인 관점을 나타내야 한다'는 기본원칙을 명시하고 있다. 컨텐츠 규제의 대표적인 적용 대상은 어린이 프로그램, 프로덕션 보조, 스포츠 이벤트 방송이다. 현행법은 프로그램의 내용, 프로그램에 사용되는 언어 및 유머 등 프로그램 자체에서 나타나는 호주적인 특성보다는 프로그램 제작과 관련된 사람들, 제작 장소, 그리고 출연진의 일정수가 호주인이어야 한다는 등 프로그램 제작과 관련된 사항에 중점을 두고 있다.

방송서비스법의 '호주 프로그램에 관한 정의' 조항(7조)은 호주 프로그램을 다음과 같이 규정하고 있다.

△제작자가 호주인이어야 한다(비호주인과 공동제작할 경우도 포함). △감독이나 프로그램의 원작가는 호주인이어야 한다. △프로그램에 출연하는 조연급 이상 출연자 중 최소한 50%는 호주인이어야 한다. △드라마일 경우 보조출연자의 75% 이상이 호주인이어야 한다. △뉴스, 시사 프로그램, 스포츠 프로그램을 제외한 그 밖의 모든 프로그램은 촬영한 장소에 상관없이 호주에서 제작되어야 한다.

호주 텔레비전의 컨텐츠 규제는 1956년 텔레비전 방송 시작 당시부터 적용되었으나 실질적으로 적용된 시기는 1960년대 초부터이다. 그 당시 호주 프로그램의 수준은 양적으로나 질적으로 미약한 것이어서, 영국과 미국으로부터 수입한 프로그램이 대부분이었다. 40%가 호주 컨텐츠여야 한다는 쿼터량은 그 후 점점 늘어 지금은 쿼터량을 55%로 규정짓고 있다. 쿼터제는 상업방송사에만 적용되며 공영방송인 ABC와 SBS, 커뮤니티방송, 유료방송은 적용받지 않는다. 또한 호주 컨텐츠 쿼터제는 일반 프로그램뿐만 아니라 방송광고에도 적용된다. 이처럼 호주의 정체성을 유지하려는 호주 정부의 노력은 방송 채널이 더욱 늘어나고 방송기술이 빠른 속도로 첨단화되어 갈 21세기에도 지속될 것이다.[1]

그러나 호주의 다양성 보호의 상징이라 할 SBS는 많은 문제를 안고 있으며 호주 정부는 이에 대한 해결책을 내놓지 못하고 있다. 호주 정부가 일종의 생색내기용으로만 '다양성'을 외치면서 실제로는 백인과

---

1) 곽기성, 『호주의 미디어』(커뮤니케이션북스), 129쪽.

미디어 재벌 위주의 ‘정체성’에만 집착하는 건 아닌지 앞으로 지켜볼 일이다.

　‘다양성’과 ‘정체성’ 사이의 갈등은 비단 호주만의 고민은 아닐 것이다. 이는 ‘지방 분권’과 ‘국가 통합’ 사이에서 벌어질 수 있는 갈등과 유사한 구조를 지닌다. 두 가지 가치를 한 시스템 안에서 동시에 구현하는 조화로운 정책 구상과 집행은 얼마든지 가능하다. 문제는 미디어 정책이 이해집단간 이권투쟁의 장(場)으로 전락하지 않게끔, 그 입안과 실천 과정을 투명하게 공론화 영역에 돌리게끔 하는 일을 어떻게 해낼 것인가 하는 점일 것이다.